Start!
01

POP《ポップ》は売場を元気にする！

Before

最初はただ商品が整理して並べられているだけの売場でしたが、たくさんのPOPを飾ることによって、一気に元気な売場に変身しました。

POPがあればどこにどんな商品があるのかも一目瞭然！

After

撮影協力：
JA佐波伊勢崎
さかい営農生活センター資材館

Start！
02

あなたもPOP《ポップ》を書いてみよう！

初めてPOPを書くことになった、日本電気店（仮称）の掃除機体験コーナー担当のみなみさん。果たしてうまくPOPが書けるのでしょうか？

1 ？ POPを書きたいんだけど、何から始めればいいのかなあ？ ぜんぜん見当がつかないよぉ……。

お客様に「伝えたいこと」を書き出しましょう

まずはPOPに書きたい内容を考えて、どんどん書き出してみましょう！（図A） あまり多くのことを言おうと欲張らず、少しずつ整理して、伝えたいことに優先順位をつけます（図B）。

著者

図A

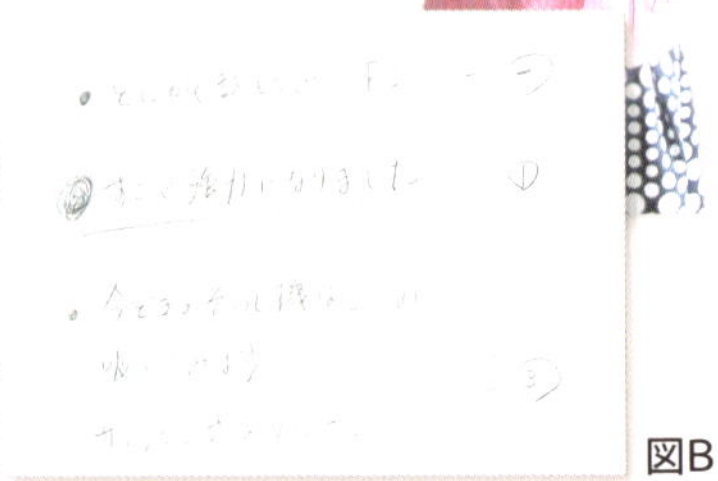

図B

2 ？ POPに書く内容は決まったけど、どうやって書けば目立つPOPになるのかしら？

一番言いたいことを、一番大きく書く！

一番言いたいことを一番大きく書いて、そのほかは小さく書くことが基本です。慣れないうちは別の紙に何枚か鉛筆で試し書きをしてみて、全体のバランスを決めていきましょう。

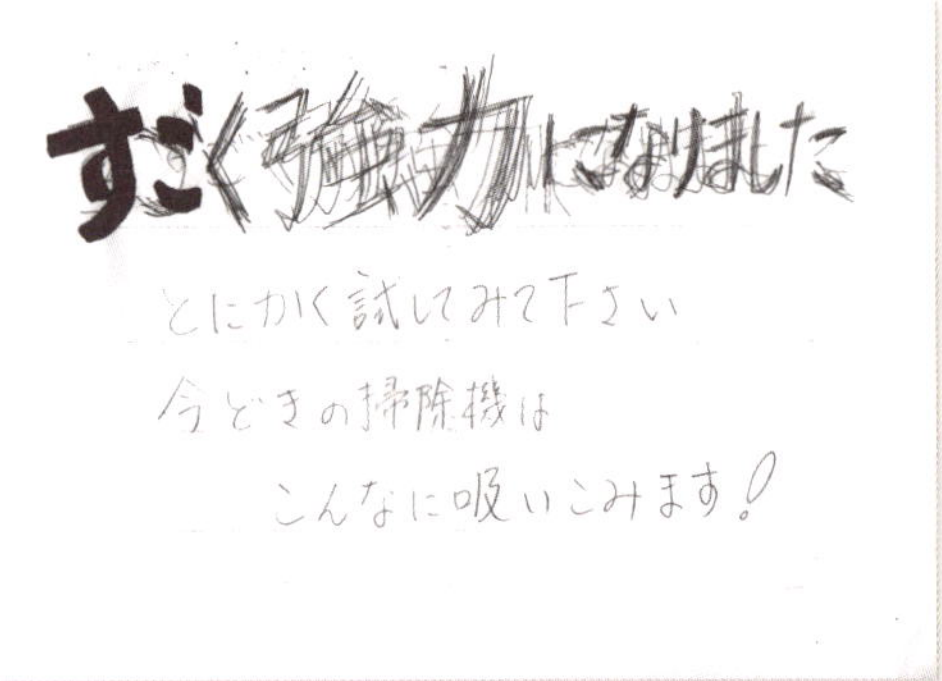
すごく強力になりました
とにかく試してみて下さい
今どきの掃除機は
こんなに吸いこみます！

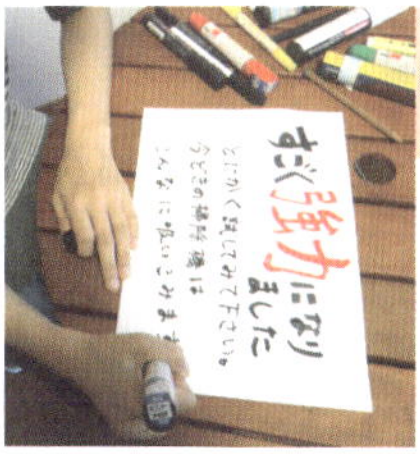

? 四苦八苦してようやくできあがったけど、何だか少し読みにくいなあ。どうしたらいいの？ **3**

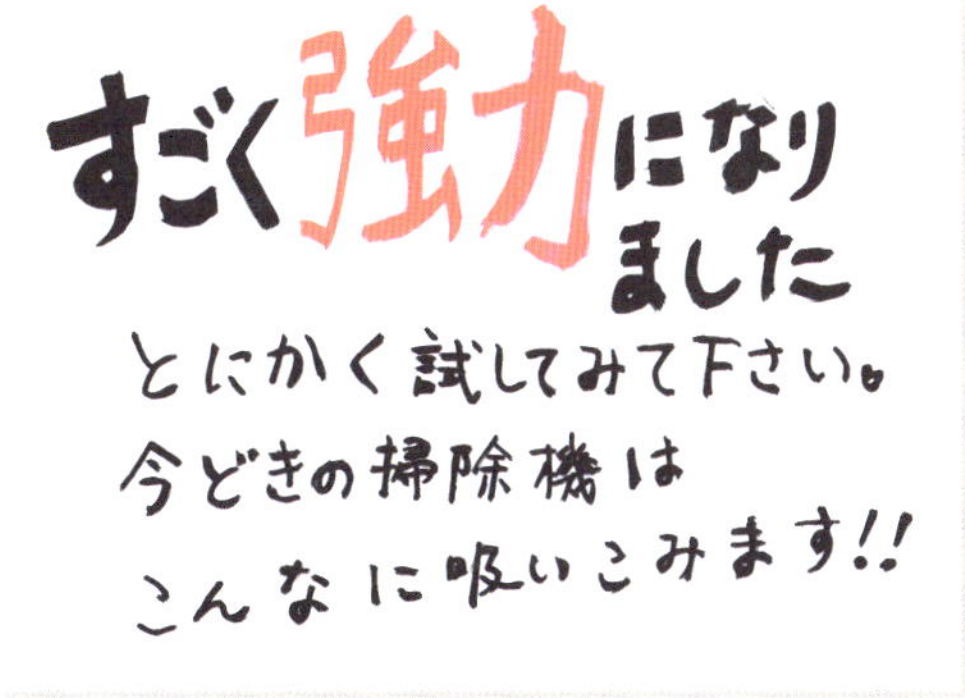

すごく強力になりました
とにかく試してみて下さい。
今どきの掃除機は
こんなに吸いこみます!!

ちょっとした工夫で、もっと読みやすく、もっと目立つPOPになりますよ！

文字のルール（p.136参照）を守れば、もっと読みやすくなります。ペンの持ち方や筆の運び方をもう少し練習（p.138～144参照）すれば、もっと太くて目立つ字が簡単に書けるようになります。色紙に書いたり、目立たせたいところに吹き出しをつけたりすると、もっとメリハリがついて、さらに目立つPOPになります。

♪ 初めてPOPにチャレンジした私でも、石川先生のPOPのルールに沿ってがんばったら、できちゃった！ **4**

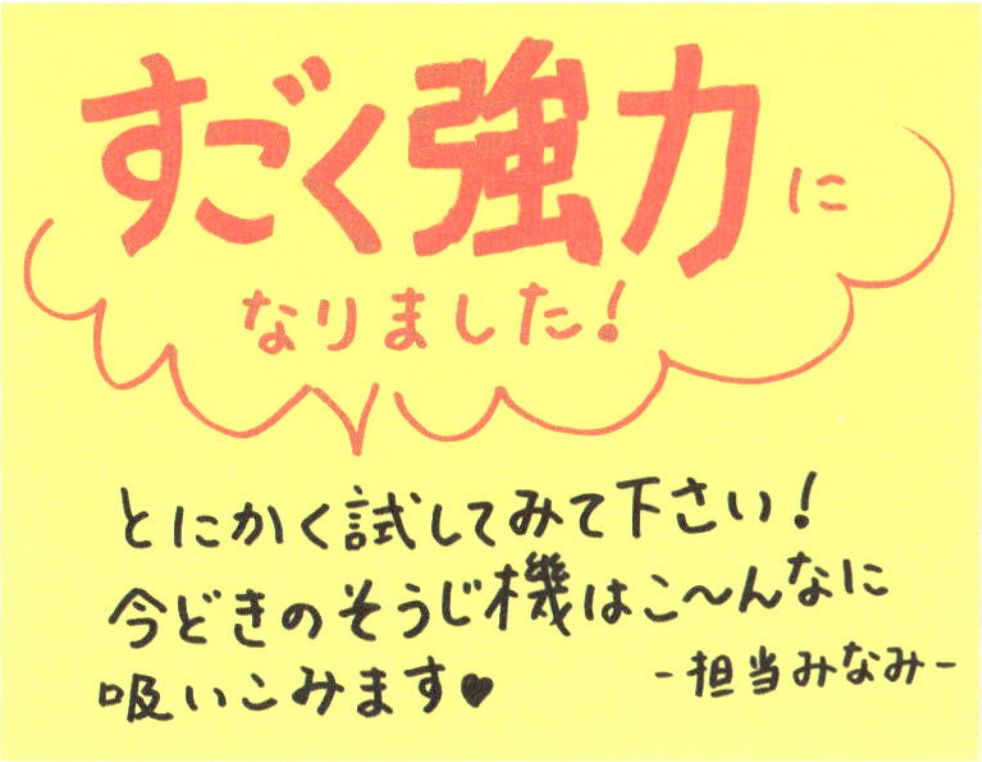

すごく強力になりました!
とにかく試してみて下さい!
今どきのそうじ機はこ〜んなに
吸いこみます♥
-担当みなみ-

あなたも書いてみよう！

よくできました！

目立つPOPになりましたね。初めてにしてはとっても上手！「担当みなみ」と担当者の名前を入れたのもGoodです！

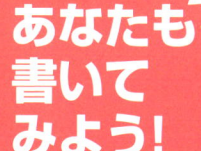

Start! 03

POP《ポップ》は優秀な販売員!

▶p.86

おふくろの味
毎日
限定50コ
手づくりなので少ししか作ることができません。
着色料・保存料は使っていません!

▶p.71

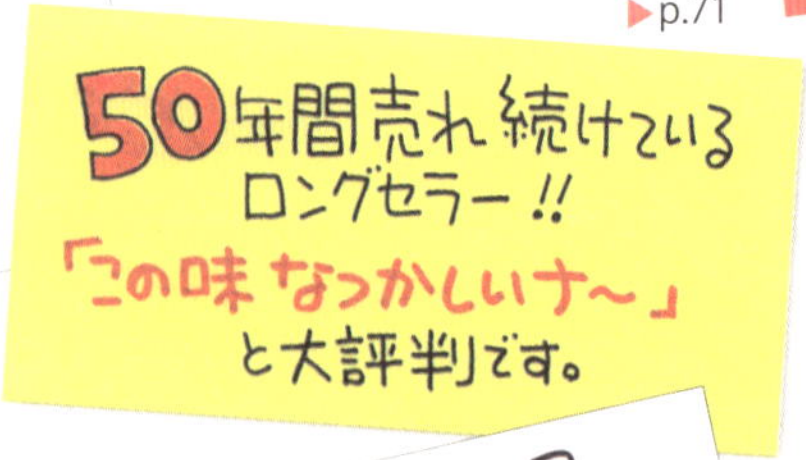
50年間売れ続けている
ロングセラー!!
「この味なつかしいナ~」
と大評判です。

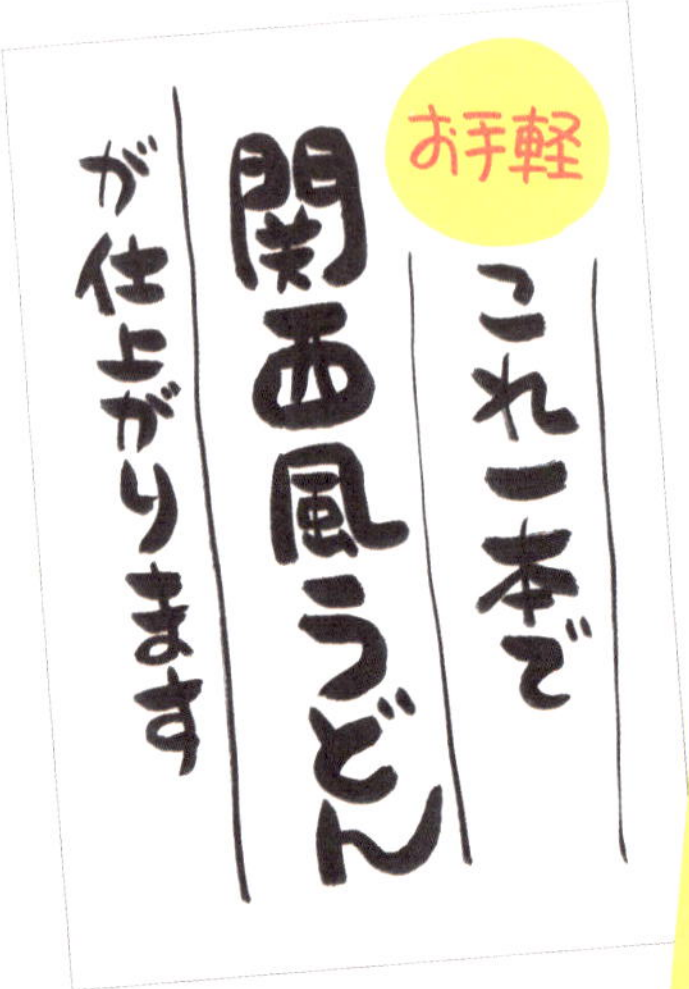
お手軽
これ一本で
関西風うどん
が仕上がります

▶p.95

当店のスタッフは全員
カラーコーディネーター
の資格を持っています。

▶p.89

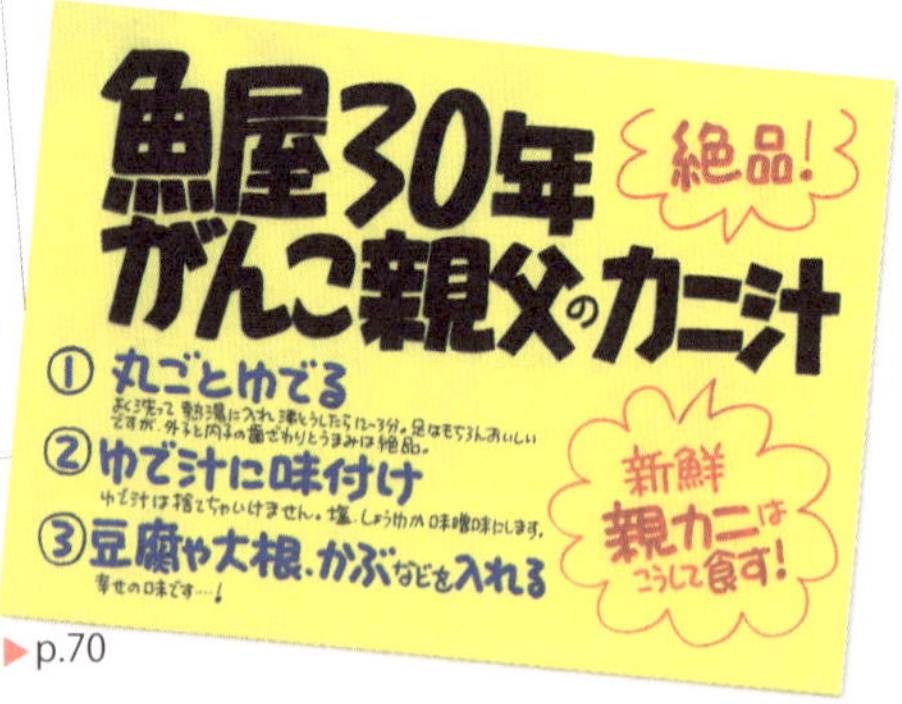
魚屋30年
がんこ親父のカニ汁
絶品!
① 丸ごとゆでる
② ゆで汁に味付け
ゆで汁は捨てちゃいけません。塩、しょうゆか味噌味にします。
③ 豆腐や大根、かぶなどを入れる
幸せの味です…!
新鮮
親カニはこうして食す!

▶p.70

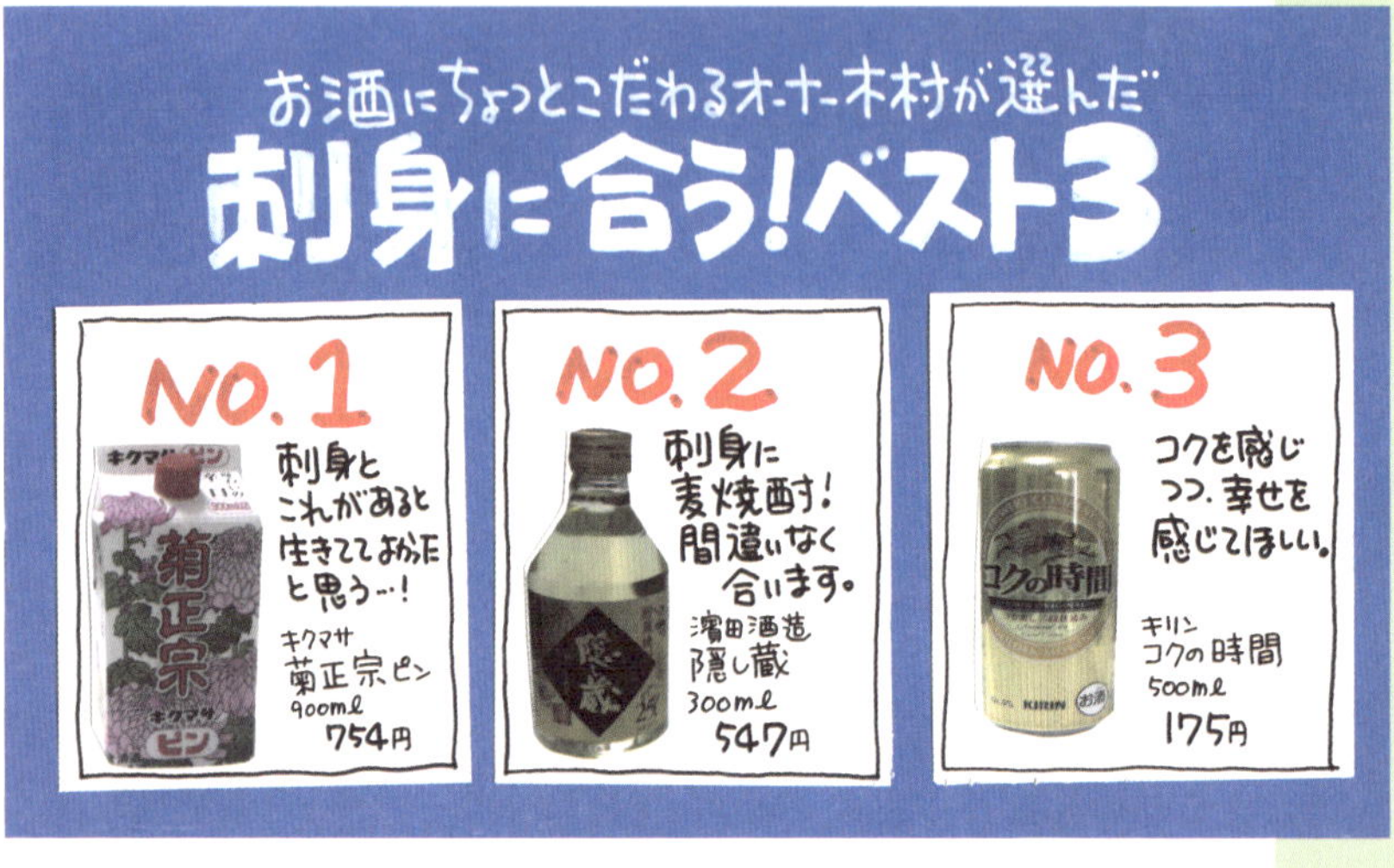
お酒にちょっとこだわるオーナー木村が選んだ
刺身に合う!ベスト3
NO.1
刺身とこれがあると生きてて良かったと思う…!
キクマサ
菊正宗ピン
900ml
754円
NO.2
刺身に麦焼酎!間違いなく合います。
濱田酒造
隠し蔵
300ml
547円
NO.3
コクを感じつつ、幸せを感じてほしい。
キリン
コクの時間
500ml
175円

▶p.83

豊富な知識を持った販売員さんでも、来店するすべてのお客様に同じ説明はできません。しかしPOPを書くことで、お客様に商品の特徴やどんな価値のあるものなのかを伝えることができます。POPはあなたの助っ人をする優秀な販売員です。

頑張った日の…
ごほうびスイーツ
NO.1

▶p.85

ファンに惜しまれつつ….
また逢う日まで…
さよなら〜
プリンプリン
スタッフめぐみもびっくり！
「わお〜！
ほんまおいしい！
カラメル味も
めちゃうれしい♥」
と叫びました。
まもなく販売終了です！
ぜひ今のうちに食べてね。
こんなにおいしいのに
150えん

▶p.87

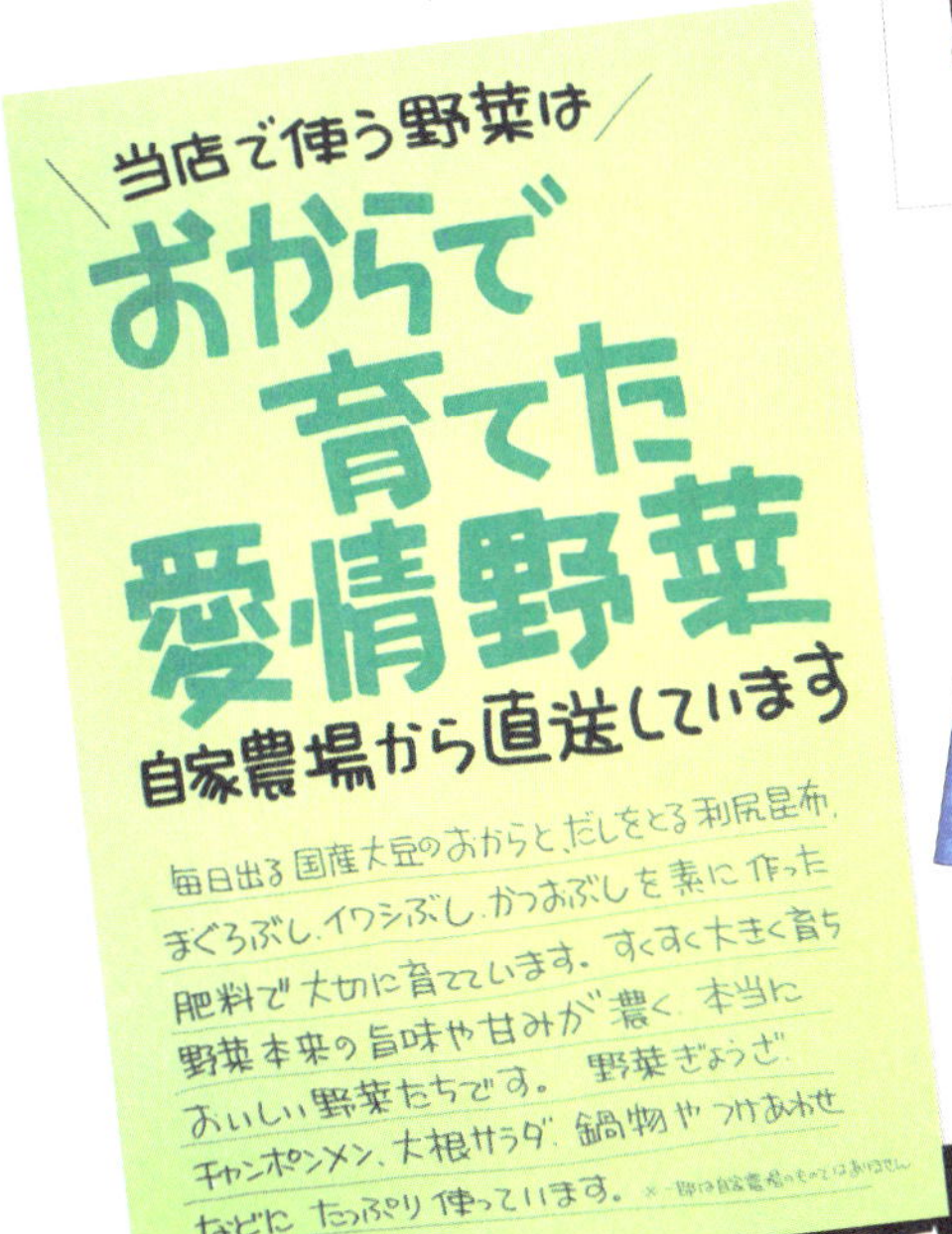
当店で使う野菜は
おからで
育てた
愛情野菜
自家農場から直送しています
毎日出る国産大豆のおからと、だしをとる利尻昆布、
まぐろぶし、イワシぶし、かつおぶしを素に作った
肥料で大切に育てています。すくすく大きく育ち
野菜本来の旨味や甘みが濃く、本当に
おいしい野菜たちです。野菜ぎょうざ、
チャンポンメン、大根サラダ、鍋物やつけあわせ
などにたっぷり使っています。

▶p.75

新鮮!!
今朝まで日本海で泳いでいました

▶p.69

昭和の音楽と香り高い
珈琲とレトロな空間
タイムスリップ
してみませんか？
いやしの珈琲 1杯 250円

▶p.71

国産
です！

▶p.73

Start! 04

POP《ポップ》はローコストな販促ツール！

▶p.101

▶p.130

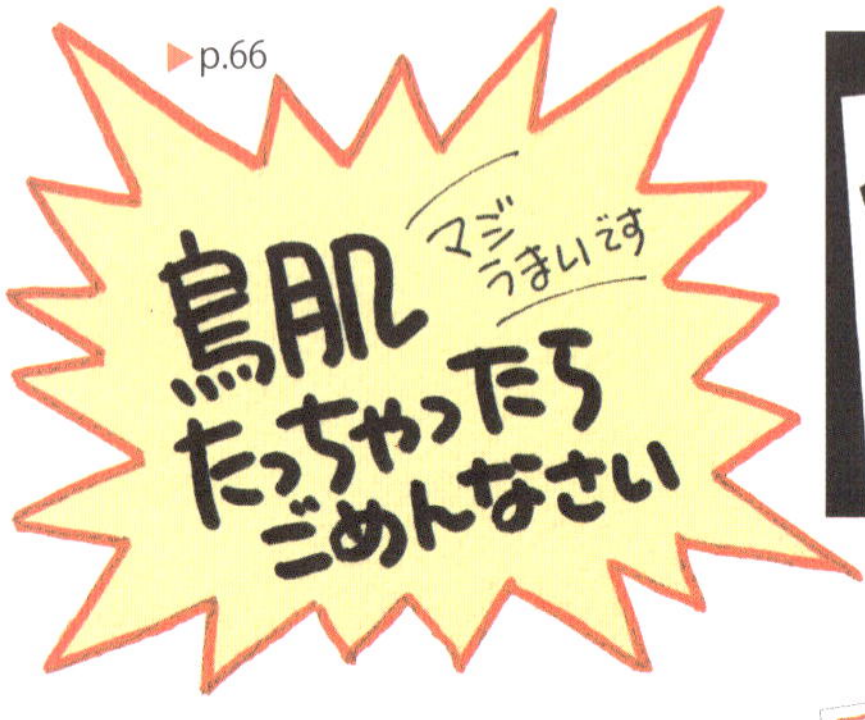

▶p.66

▶p.101

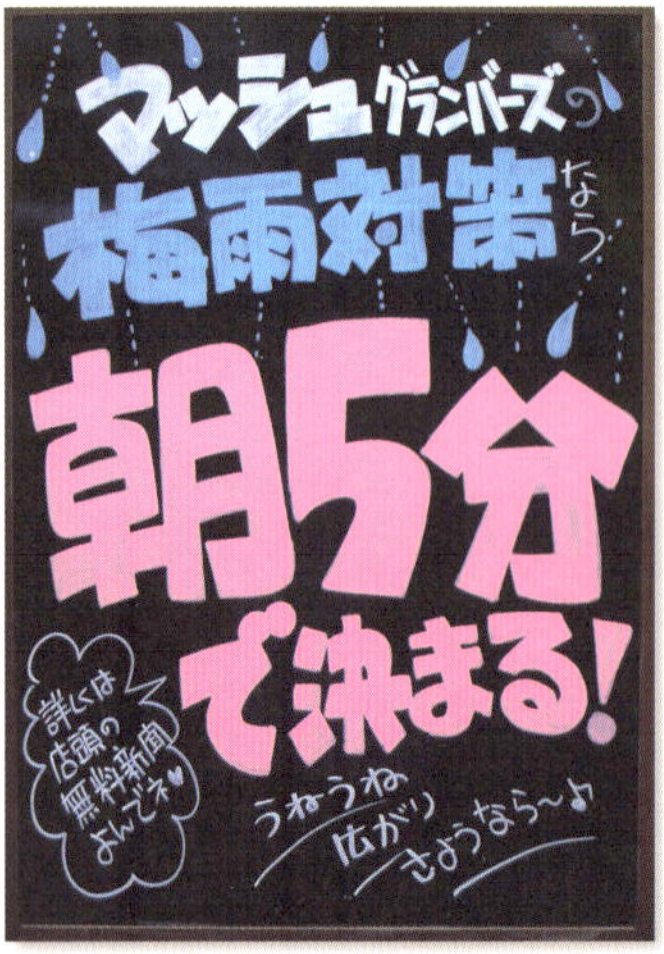

▶p.105

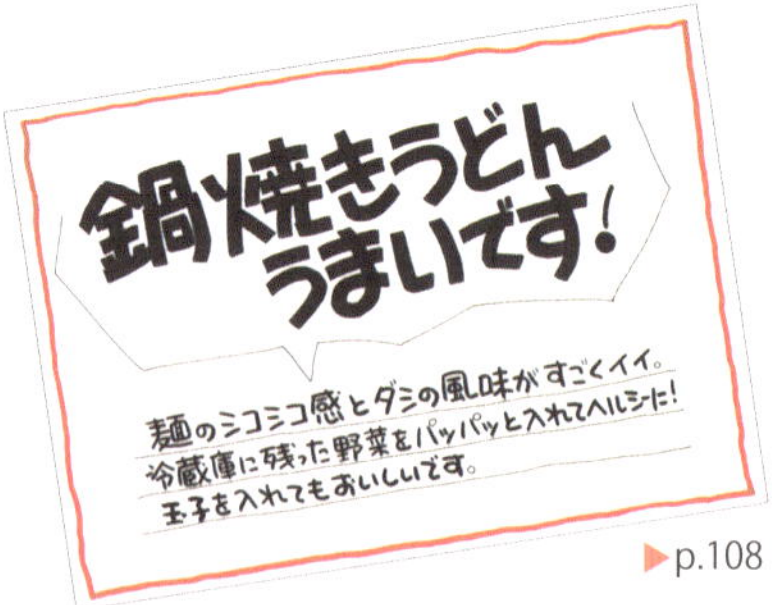

▶p.108

▶p.25

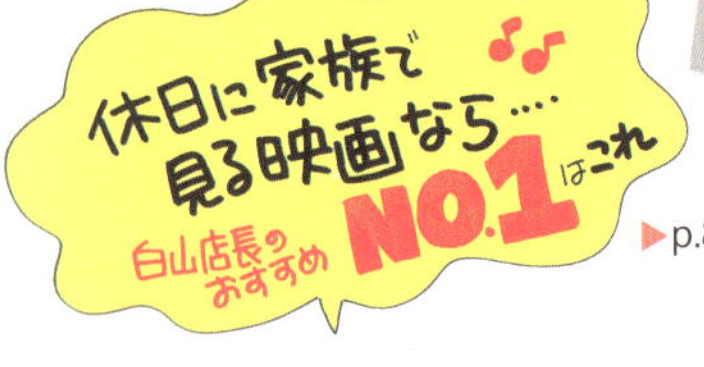

▶p.84

POPは低いコストで売上を上げることができます。POPはペン1本、紙1枚で作れるものですから、お客様の反応があまりよくないなら書き換えればいいのです。継続することで売場はどんどん活気づき、お客様に喜ばれ、売上が上がるのです。

▶p.114

▶p.69

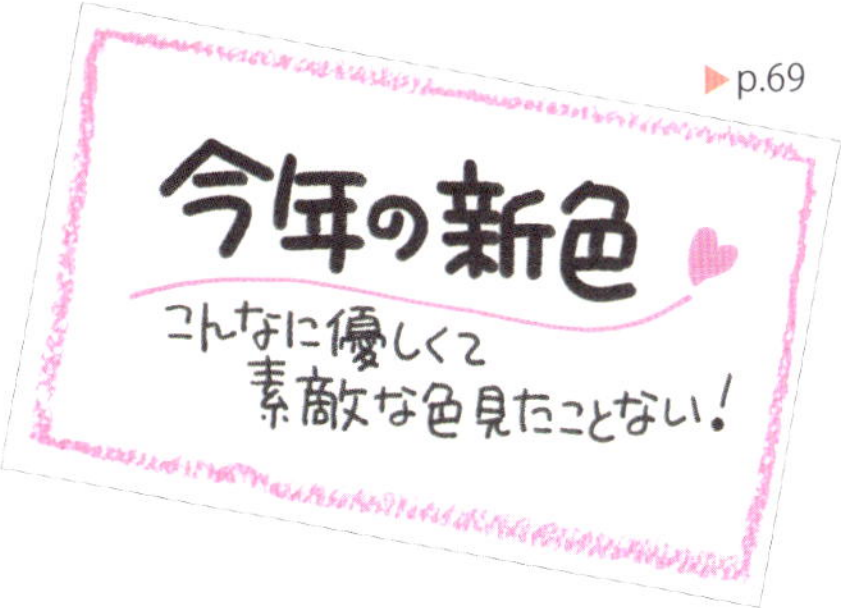

▶p.99

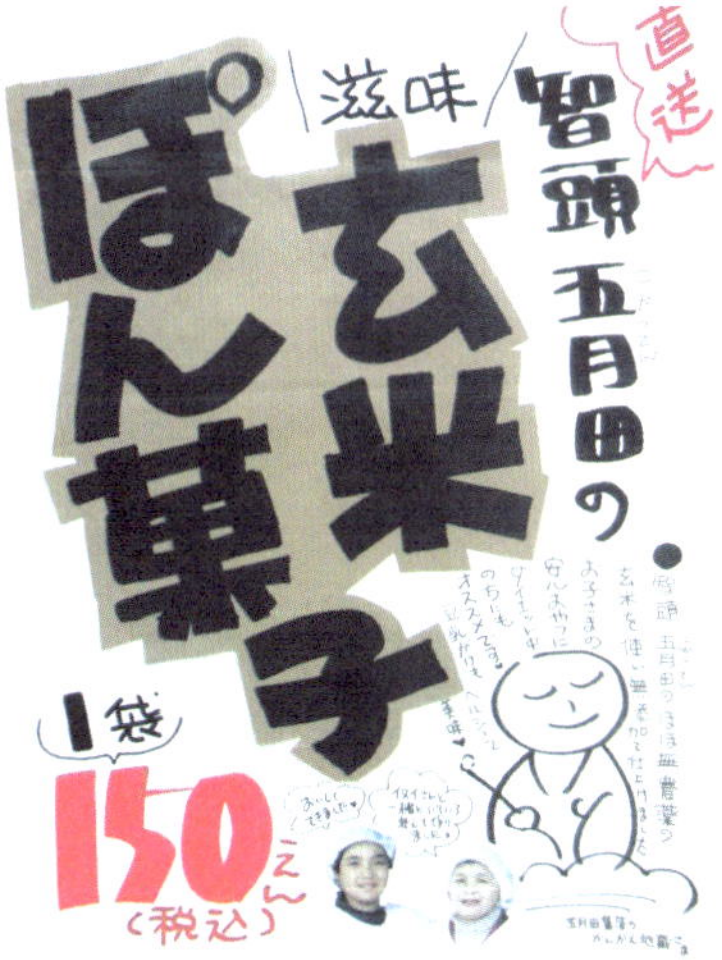

▶p.31

▶p.119

▶p.105

Start! 05

POP《ポップ》で従業員のモチベーションもアップ！

従業員がPOPに何を書くのか考えることで、自然と商品知識が豊富になり、商品のことが好きになります。「お客様にもっと知ってもらおう」という気持ちが盛り上がり、販売意欲が向上します。

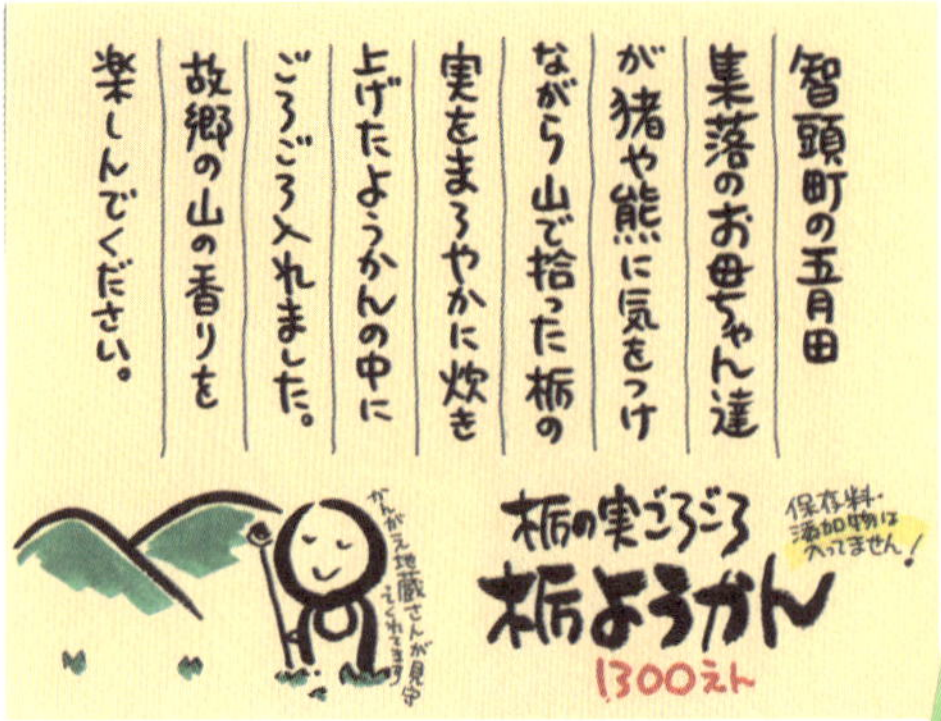

▶p.77

▶p.115

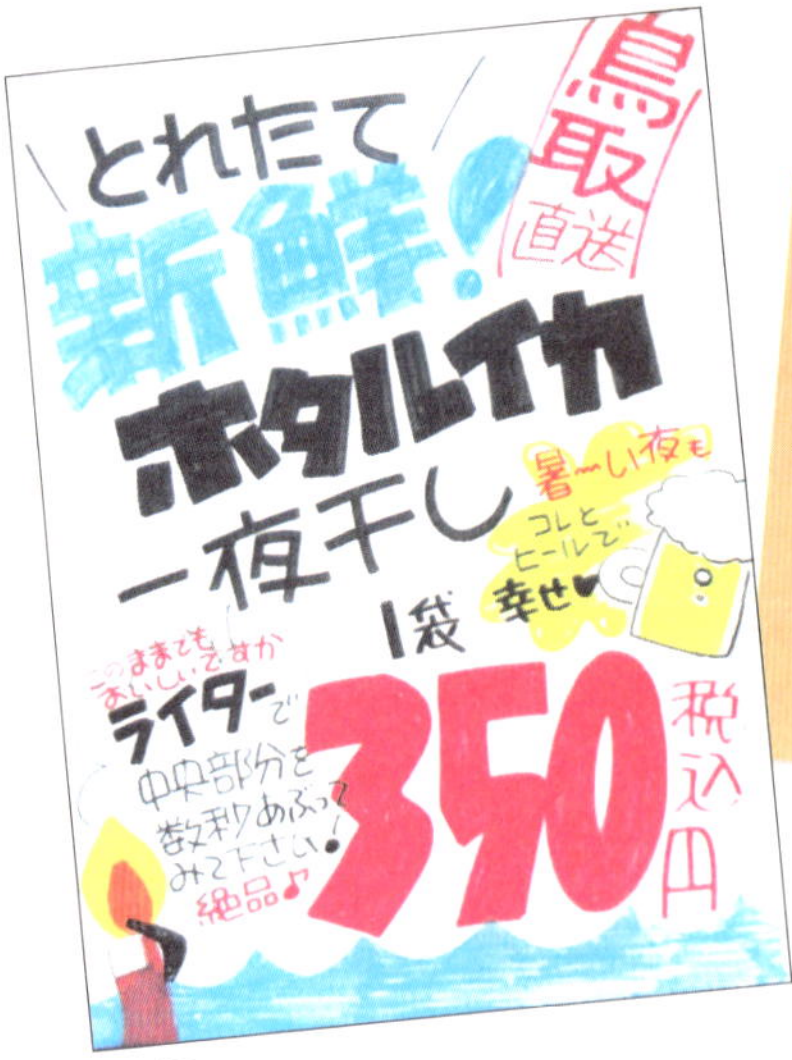

▶p.35

▶p.159

▶p.103

▶p.191

ぐんぐん売れる！
POPのきほんとツボ

かんたん 目をひく！

石川香代 著

キャッチコピーのヒントも満載

廣済堂出版

ぐんぐん売れる！
POPのきほんとツボ

Contents

Start!

Part 1

Part2 POP効果で変わる店！ 42

Part3 〝売れる〟キャッチコピーの作り方 62

新しい
自然
人気

Part5 “目を引く”POPの法則 116

Part6 手書きPOPマスターガイド 132

大量陳列!!
お買得

はじめに

ＰＯＰは売上アップにとても有効な手段です。

売場で商品が陳列されているとき、商品の価値を接客によって伝える必要がありますが、忙しいときや、他のお客様の接客をしているとき、ＰＯＰはあなたの代わりに商品の価値をお客様に伝えてくれます。一部のファッション商品のように商品の見た目が価値になるものはＰＯＰがなくても価値が伝わることも多いのですが、見た目だけでわからない場合はなんらかの方法で伝える必要があるのです。無形のサービスであればより一層言葉を尽くしたり、ビジュアル（写真、イラスト等）で伝える必要があるでしょう。

あなたの店ではＰＯＰを活用していますか？　ＰＯＰは難しいものではありません。一度ＰＯＰを作ってみるとその即効性に驚かれると思います。ＰＯＰはローコストで売上アップに即結する優秀な販促ツールです。店によって、来店されるお客様によって、季節や天候によっても、お客様からの反応がいいキャッチコピーは変動するものですが、ＰＯＰはペン１本、紙１枚で作れるものですから、お客様の反応を見て書き換えればいいのです。一度書いてみる。ダメなら書き換える。効果を検証し改善を続けていくことで、売場はどんどん活気づき、お客様に喜んで頂き、売上が上がります。

１枚のＰＯＰをきっかけにスタッフのやる気が出てくることも多いものです。ＰＯＰは徹底してお客様の目線に立って考えて作るものなので、本当に良いＰＯＰを１枚作り上げる過程で、陳列やディスプレイ・通路幅・照明等の売場づくりの面においても、お客様の目線になっていなかった箇所を発見できることも多々あるのです。

お客様の目線を持つことができたら……。口では簡単に言えますが、これがなかなか難しいものです。しかしこれができれば売場において膨大な改善点が見えてくることでしょう。

「店作り」という観点では、一番最後に考えられがちなＰＯＰですが、お客様との接点が一番深い広告であり、反響も即効性があります。

本書は、ＰＯＰによって売上効果を上げようと実践する中で、「お客様の目線」をどんどん養えるようにまとめました。ＰＯＰ作りをきっかけにしてスタッフのやる気を上げたり、お客様の目線を持つとはどういうことかを知ることができます。あなたがお客様のためになると思う商品をＰＯＰにどう表現するかという実践とその改善の繰り返しから、お客様に支持される繁盛店を目指して頂きたいと思います。

石川　香代

平成二十二年　秋

Part 1

POPで売上倍増！

ごはんが
ススム♪ススム♪
さらに
美味しくなりました！
◎無添加の丸大豆再仕込しょうゆで
しょうゆのコクと香りが違います
◎お肉の増量で旨みと
コクがし〜〜〜っかり!!
うま〜い！
お母さんの味!!
軽くあたためるとさらにおいしい！
新肉じゃが
100g
170円

Part 1
01

POP《ポップ》って何?

POPとは……

よく「POPアート」や「ポップソングのポップ」と間違えられますが、これらとはまったく別物で、本書でいう「POP」とは「POP広告」のことです。POPは"Point Of Purchase Advertising"の略で、直訳すると購買時点広告。**売場に貼るプライスカードや商品説明などの広告のことです。商品やサービスの価値を的確にお客様に表現し伝えるものがPOPなのです。**

POPがなぜ必要か

世の中の景気が素晴らしく良くなったとしても、モノを置くだけで売れた時代は二度と戻りません。現代はどんな商品でも、競合する商品が多数あり、店の生き残りを賭けた激しい競争にさらされています。お客様はあなたの店で買わなくても他店で買うことができるのです。だからこそ、モノの良さをお客様にわかりやすく伝える「POP」が必要なのです。

どれだけ素晴らしい商品でも、どれだけ人に喜ばれるサービスでも、その存在をお客様に的確に伝えることができなければ、お客様にとって世の中に存在しないも同然です。

モノを置くだけで何も表現せずに、心の中で「買って、買って!」と念じても念力で商品は売れませんよね。片想いの人に「好き」と言えずに、心の中で「大好き!」と叫んでいても伝わらないのと同じです。

声に出して、POPにしてきちんと伝えましょう。

POPとは？

Point Of Purchase Advertising ＝ 購買時点広告

↓

Point **O**f **P**urchase Advertising

POP

ポップ
もしくは
ピーオーピー

・売場に貼るプライスカード
・商品説明などの広告

POPは売り場を元気にする！

撮影協力：JA佐波伊勢崎・さかい営農生活センター資材館

Part 1
02

キャッチコピーって何？

▼キャッチコピーとは？

「キャッチ」とは「つかまえる」こと。**人の目をとらえ、心をつかむ言葉がキャッチコピーです。**

キャッチコピーは、お客様に思わずその商品のことが気になるようにさせたり、そのＰＯＰを読ませたりする力を持つものでなくてはいけません。キャッチコピーはお客様に「さあ、今から読もう」と意識を持って読んでもらうものではなく、思わず見てしまい、読んでしまい、「何これ？　気になる！」、「え？　どんな商品なの？」、「私もそれにすごく困っていたの！」と**瞬間に感じてもらうものなので、できるだけ短く的確なコピーにする必要があります。**

商品名と価格を知らせるだけが目的のプライスカードも、キャッチコピーを一文入れることでその商品の特徴や類似商品との違いを知らせたり、商品を欲しいと思ってもらったりすることができます。人の持つ本能的な欲求を知り、お客様に喜んでもらおう、幸せになってもらおうと、**お客様の気持ちに立って、お客様の目とココロをとらえる言葉を考えます。**

キャッチコピーは短いほうが読みやすいので、長くても15文字くらいにまとめたいものです。お客様は何を求めているのか、その商品はお客様に何を提供できるものなのか、どれだけ安心して買って頂けるものなのか、お客様の心をつかむ言葉を選ぶことが大切です。

▶キャッチコピーとは?

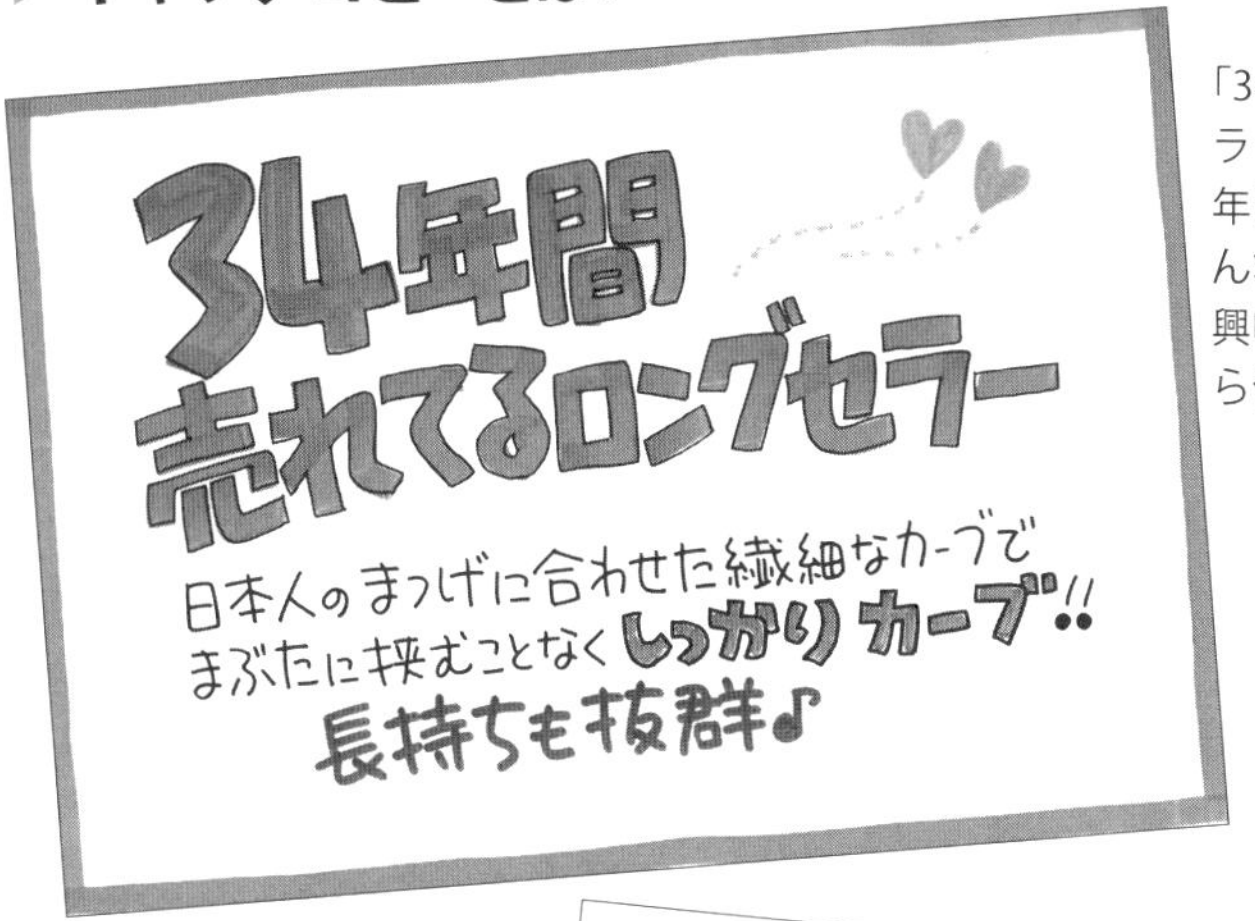

「34年間売れてるロングセラー」がキャッチコピー。34年間支持されているなんてどんな物だろう? と、お客様に興味を持って本文を読んでもらうことができます。

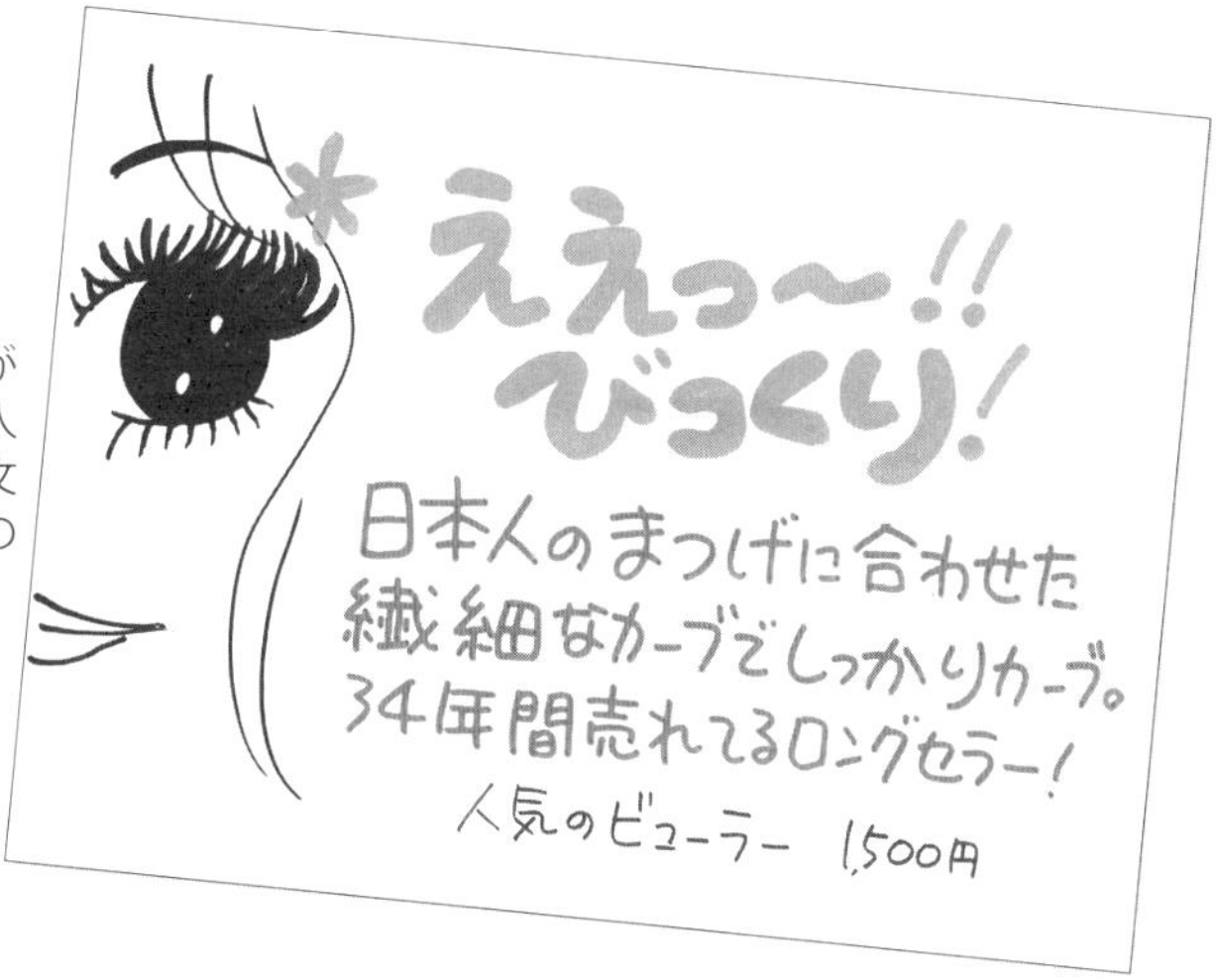

「ええっ〜!! びっくり!」がキャッチコピー。「日本人のまつげに〜」という本文へ誘導することが目的のキャッチコピーです。

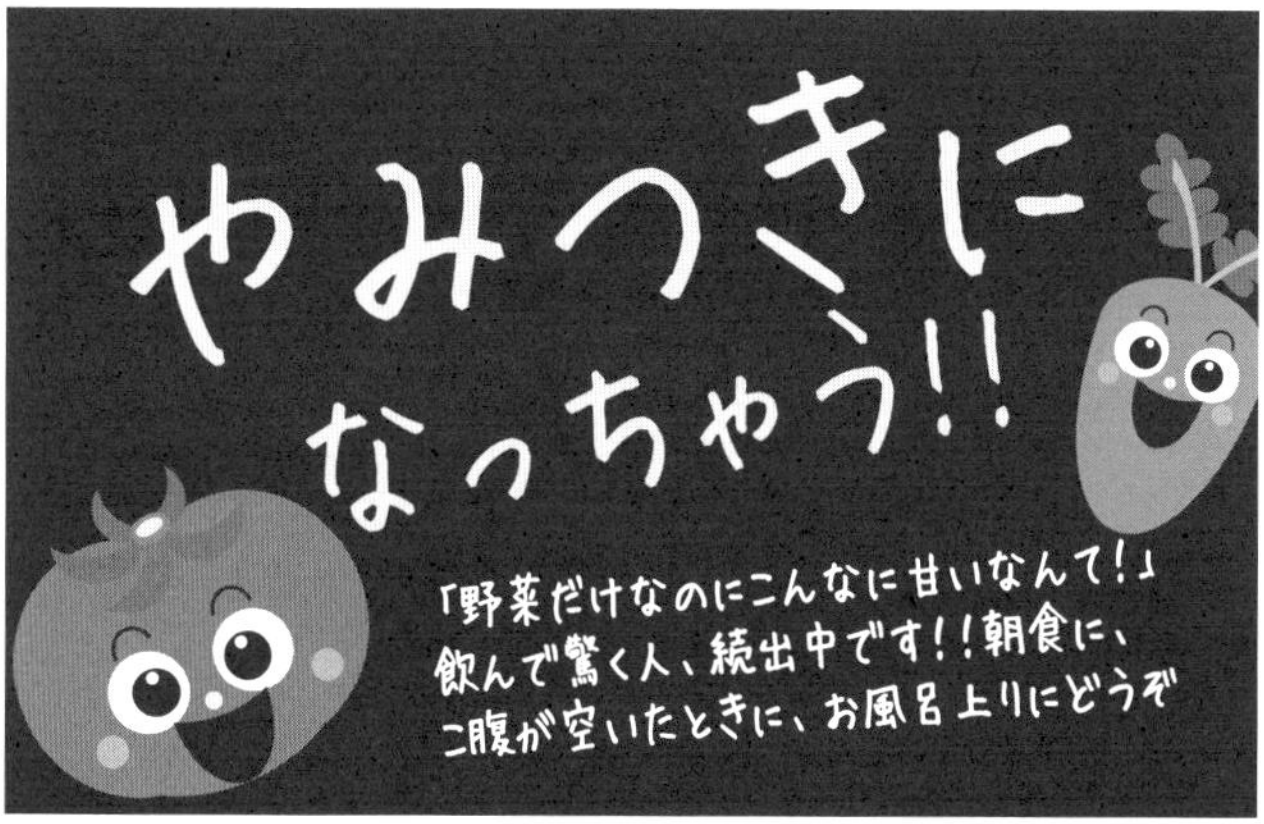

「やみつきになっちゃう!!」がキャッチコピー。「やみつき」になるほどおいしい商品について知りたいとお客様に思ってもらえます。キャッチコピーだけでは商品の価値は伝わりませんが、商品に興味を持ってもらい、本文を読んでもらえます。

Part 1
03

ＰＯＰのバリエーション

お客様に伝えたい情報を書いたものがＰＯＰ

昭和30年代後半、アメリカからスーパーマーケットが入ってきました。日本ではそれまで主にマンツーマンの接客をしていましたが、スーパーマーケットの参入でセルフ販売になったのです。そこで必要性が増したのがＰＯＰです。お客様が自分で自由に歩いて商品を選ぶため、それまでお客様に口頭で伝えていた内容も、ＰＯＰで読んでもらう必要ができたのです。

ＰＯＰには、主に商品名と価格を伝えるプライスカード、セール時に価格を大きくアピールするセールＰＯＰ、商品の特徴や価値を伝えるＰＯＰ、商品の使い方・食べ方・注文の仕方等の情報をお知らせするＰＯＰなどがあります。 店頭に置く黒板やメニュー表示のボードもＰＯＰです。看板もＰＯＰの一つという考え方もあります。

何を陳列してある売場かを伝えるコーナー表示もＰＯＰの一つ、また営業時間や定休日のお知らせ、「ラッピング無料」、「全国に配送します」といったお店のサービスを表示したもの、「禁煙」、「携帯はご遠慮ください」とお客様へのお願いの表示、お店のポリシーを書いたものもＰＯＰの一つです。アメリカの食品スーパー、スチューレオナード（Stew Leonard's）の店内の石碑に刻まれた「私達のポリシー」（OUR POLICY）、「①お客様は常に正しい。②お客様がもし間違っていると思ったら①を読み直しなさい」は、お店のポリシーを書いたＰＯＰとして有名です。

お客様にお伝えしたいことを書いたものは、すべてＰＯＰなのです。

POPのバリエーション

商品がおいしくなったことを知らせるPOP。お客様は新しいもの、よりおいしいものが好きです。

新商品を案内するPOP。新しいものに興味を持つお客様にアピールします。

イベント開催を予告するPOP。次回の来店につながります。お酢が好きな人は大いにそそられますね！

イベントを告知するPOP（左）と、商品の説明もついた価格を伝えるPOP（右）。夕方限定で市が開催され、安くてお得なことがわかると、思わず買いたくなります。

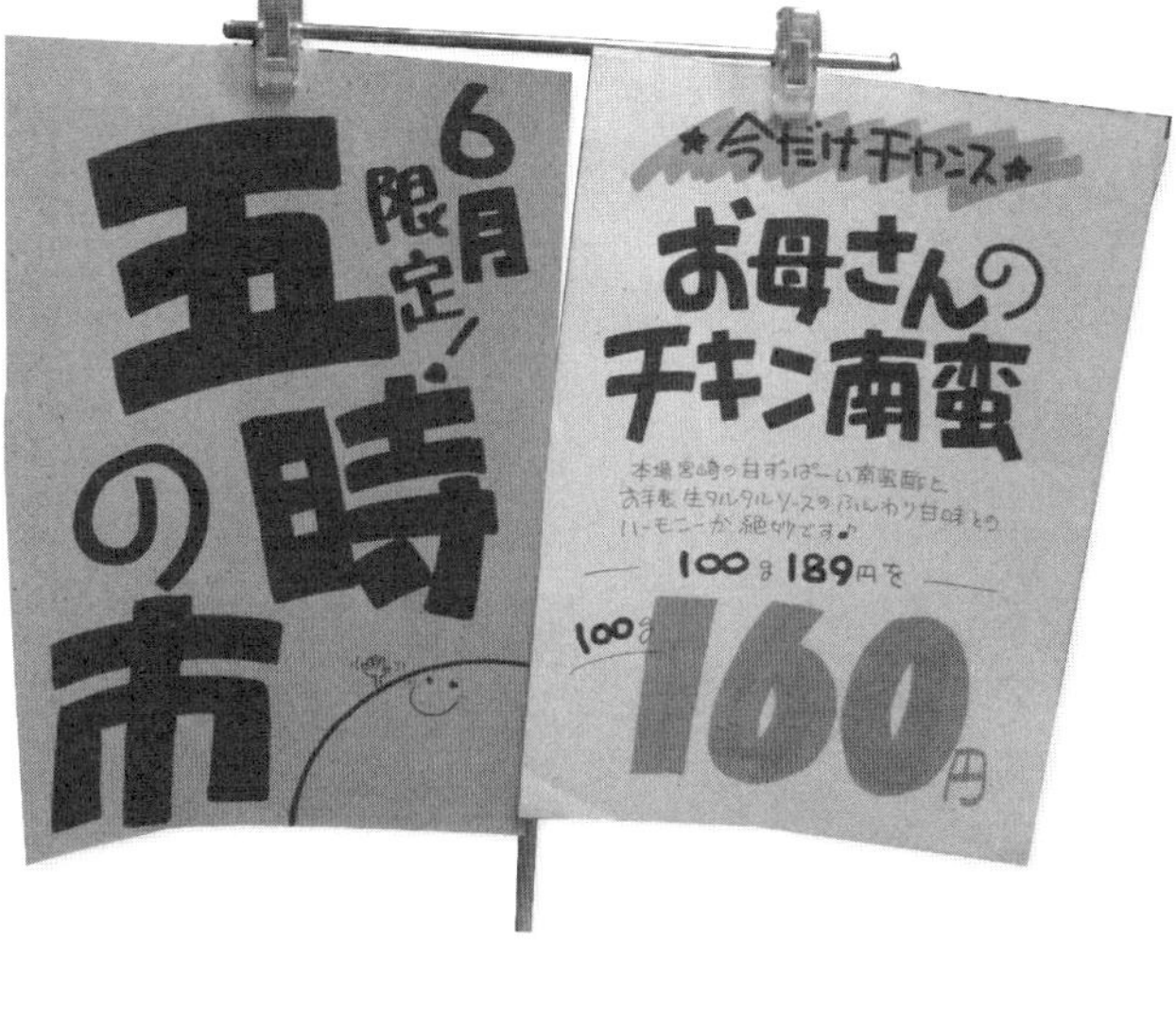

ＰＯＰは手書き？ パソコン？

手書きＰＯＰとパソコンＰＯＰ

ＰＯＰを作る方法として、大きく分けると**手書きＰＯＰとパソコンＰＯＰ**に分けることができます。

パソコンが普及する前の時代は、ＰＯＰはすべて手書きでした。専門の職人が平筆とポスターカラーなどで書いていましたが、その後、様々な種類のマーカーが発売され、比較的簡単に誰でもＰＯＰを書きやすくなりました。

パソコンが普及するに従い、大型店や大手チェーン店はもちろん、小規模なお店でもほぼパソコンＰＯＰになりました。**手書き文字を美しく書く技術がなくても、手に入りやすいパソコンソフトであるワードやエクセルなどを使えば、誰でも自由にＰＯＰを作れるようになりました。**デザイナーでなくても簡単に作れるため、ＰＯＰが内製化（自社内で作ること）されることも増えました。しかしあらゆるデザインができるため、かえって読みにくいＰＯＰも増えました。

また、**様々なデザインを施したパソコンＰＯＰが多くなると、その中で目立つのは手書きです。近年、手書きの温かさや親しみやすさが見直され始めました。**またここ数年、黒板を利用した黒板ＰＯＰも非常に増えました。手書きで書いたり消したりが簡単にできる黒板は、店内が外から見通しにくい専門店や、商品が目に見えないサービス店（美容院やエステ、飲食店等）でとても有効です。

手書きにもパソコンにもメリットがあります。状況に合わせて使い分けてください。手書きであれパソコンであれ、一番大切なことはお客様に情報を伝えることです。

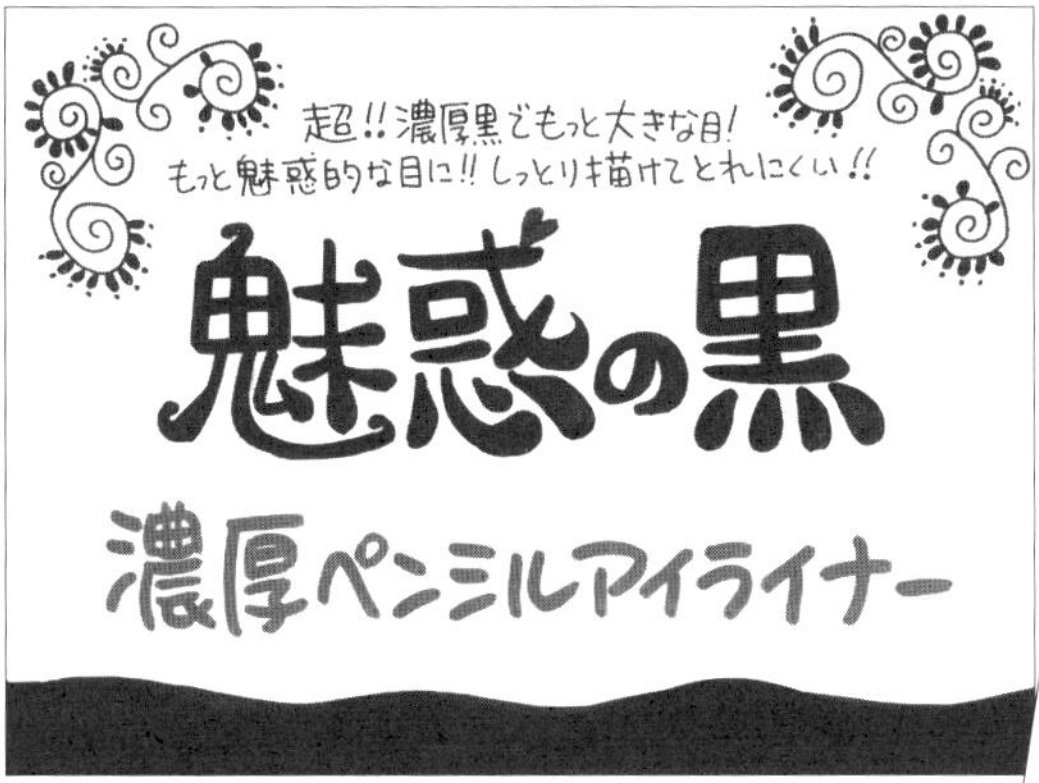

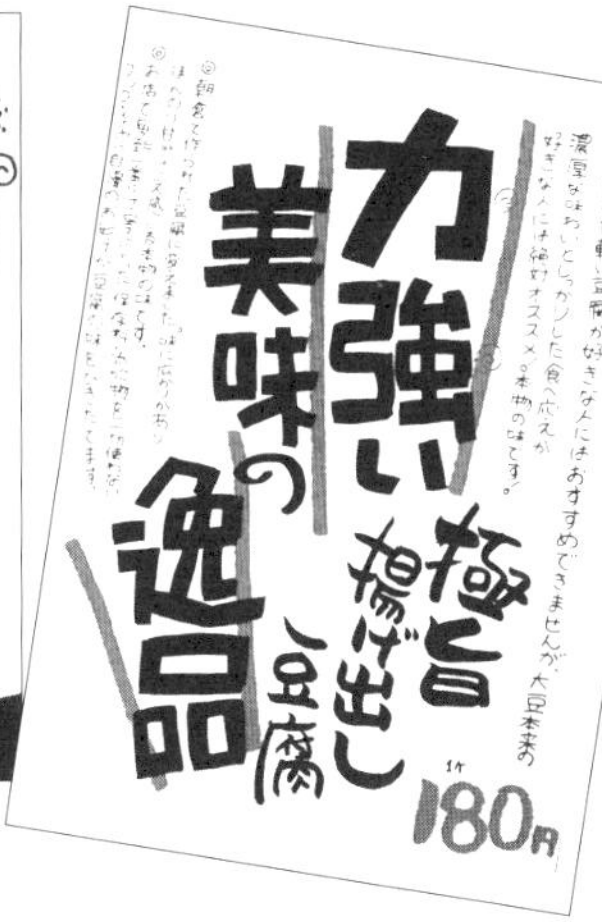

●手書き POP
手書き独特の親近感を感じさせることができます。

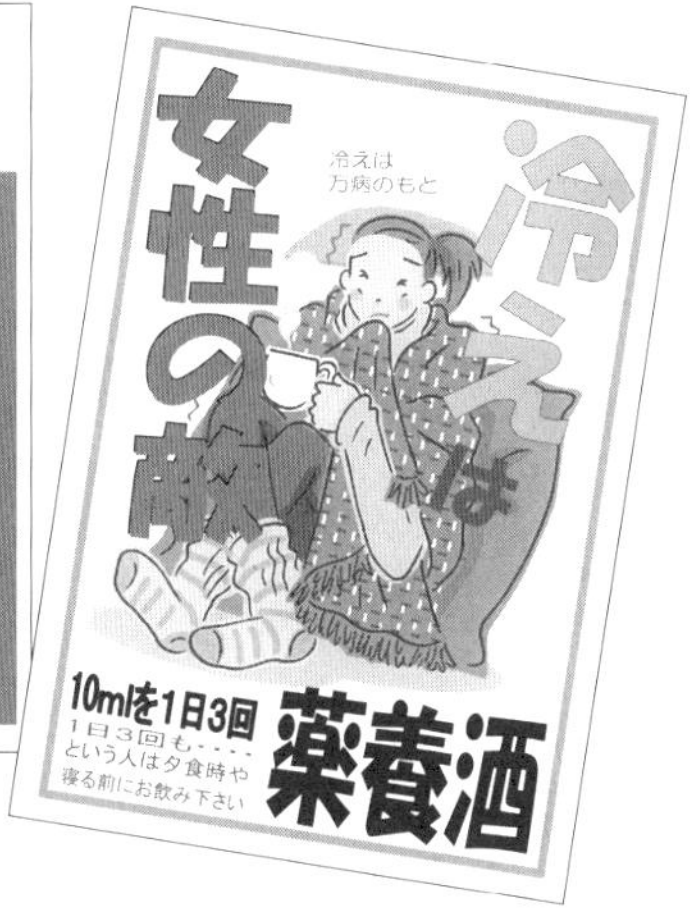

●パソコン POP
マイクロソフトワードやエクセルで作れます。

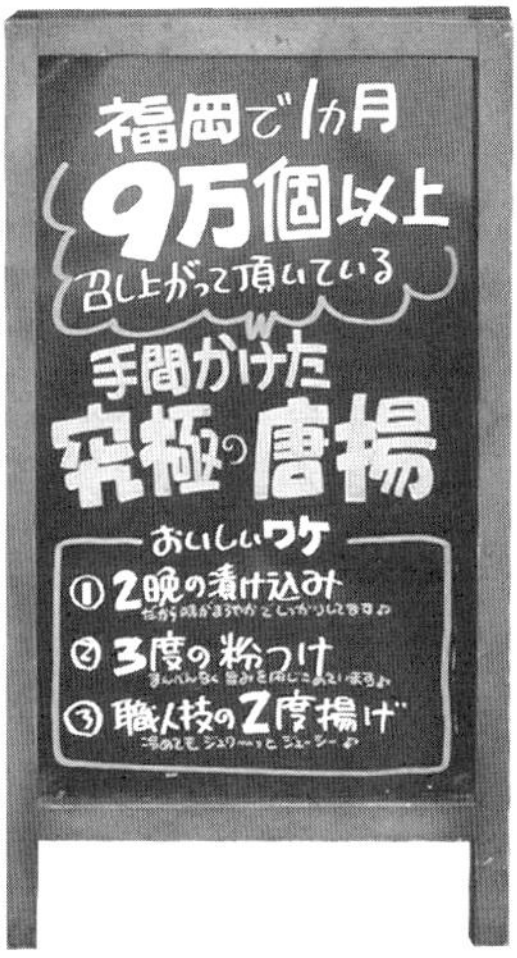

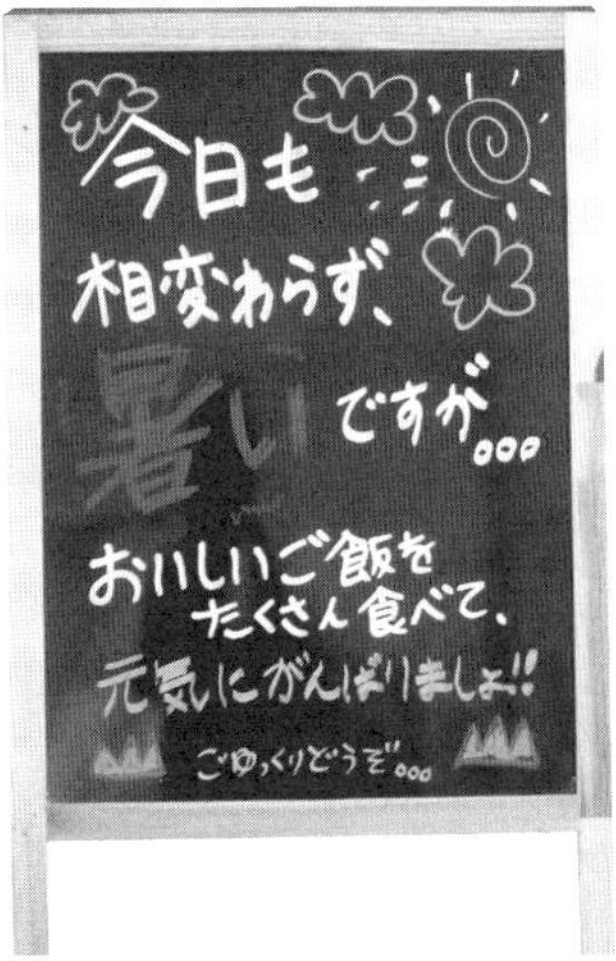

●黒板 POP
道行くお客様、ご来店のお客様に、黒板を通して声をかけます。

Part 1
05

POPは誰にでも書ける！

▼POPはセンスじゃない！

私は今まで講習会で何万人もの人にPOPの指導をしてきました。そういった講習会では、毎回と言っていいほど「POPはセンスがないと書けないよね？」という定番の言葉を生徒さんから聞きます。

POPはアート（芸術）ではありません。私たちは芸術家になるわけではないのです。センスのあるカッコいいイラストや文字を描くことがPOPではなく、**商品やサービスの価値を「速やかに」、「的確に」お客様に伝えるものがPOPです。それには「センス」は必要ありません。**

▼POPは「ルール」を知れば誰でも書ける！

POPに必要なものは「ルール」です。見やすい文字を書くためのルール、商品名や価格を書くときのルール、キャッチコピーを作るときのルール、配色のルール、売場に貼る位置や角度などのルール……といった**いくつかの「ルール」がわかると誰にでも書けるのです。**

ルールの大元になるものは「お客様の目線」です。上手に完璧に書こうと思うから書けなくなるのです。**下手でもいいので、伝えるべきことをきっちりとていねいに書くことが最も大切なことです。**

「お客様に伝えたい」という熱意さえあれば、POPは誰でも必ず書けるようになります。

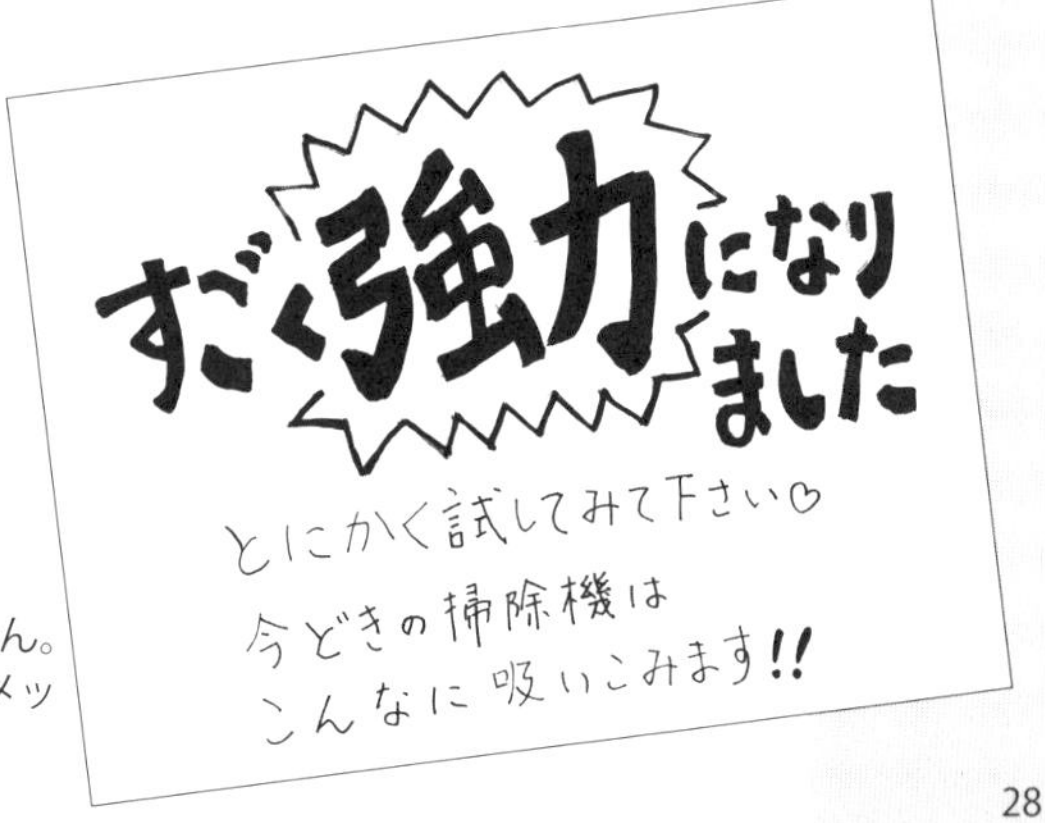
すごく強力になりました
とにかく試してみて下さい♡
今どきの掃除機は
こんなに吸いこみます!!

POPは上手い下手じゃありません。まず自分の言葉でお客様にメッセージを伝えましょう。

▼POPを書かない言い訳をしない！

「センスがないから」、「文字が汚いから」、「何を書いていいかわからない」、「ヒマがないから」。

これらの理由は、POPが必要なことはわかっていても書こうとしない「言い訳四天王」と私は呼んでいます。

◎**「センスがないから」**……前述通り、POPを書くのにセンスは必要ありません。「ルール」さえ守っていれば、効果的なPOPは必ず書けます。

◎**「文字が汚いから」**……普段の文字が汚くても、POPの文字はきれいに書けます。文字をきれいに書くための「ルール」があるのです。また手書き以外にもパソコンを使ってPOPを作る方法もあります。

◎**「何を書いていいかわからない」**……まずはお客様の目線になって自分のお店を見渡すことです。POPに書くべきことは限りなくあります。

◎**「ヒマがないから」**……POPは少ないコストと短い時間で売上を上げる優れた販促物です。POPを上手に活用して成功しているお店は、忙しくてヒマがない中で工夫して時間を作り、寸暇を惜しんでPOPを作って、さらなる成功を呼び込んでいます。

最初はモノマネから始めよう

すべては真似から

ダンスでも茶道でも書道でも、上達しようと思ったら、すべては真似からですよね。踊りたいからと思い立って即踊れる人はいないのです。先生の踊る通りに踊ったり、茶碗を持ったり、先生の見本通りに書いてみたり……ＰＯＰも全く同じです。

ＰＯＰを書かないといけないと思い立ち、画用紙に向かってペンを持ってみたとしても、頭が真っ白になり手が止まります。ＰＯＰ初心者でいきなり書ける人はなかなかいません。**最初は真似からでよいのです。近くに上手な人がいて、その人の書いたＰＯＰが好きだと思ったら、どんどん真似してみましょう。本書のＰａｒｔ６には文字の書き方ルールとサンプルが少し入っていますので、真似してみてください。実際のＰＯＰも各ページにふんだんに盛り込んでありますので、真似してみてください。**自分の業種と違うものでも、レイアウトやデザイン、雰囲気が気に入ったものは、どんどん真似してください。

ＰＯＰの中にイラストを入れる機会は多いですが、単純なイラストだったら自分で描いてしまうこともできます。単純明快で描きやすそうなイラストを見つけて、真似するのです。続けているといつのまにかコツが身につき、自力で描けるようになります。イラストが全く描けなかった私も、桜やチューリップ、ひまわりや太陽、もみじや紅葉した山、雪や雪だるま、笑った人の顔などの簡単なイラストを真似して描きました。今でもレパートリーはあまり増えていませんが、問題なくいろいろな業界のＰＯＰにイラストを描いて入れています。

POPは真似から。ケーキの写真を切り抜いてパネルに貼って、文字を書いたPOP。手前にはクリスマスのディスプレイ。いいアイディアは真似しちゃいましょう。

筆ペンで書かれた味のあるPOP。いいな、と思ったら即、真似してみましょう。

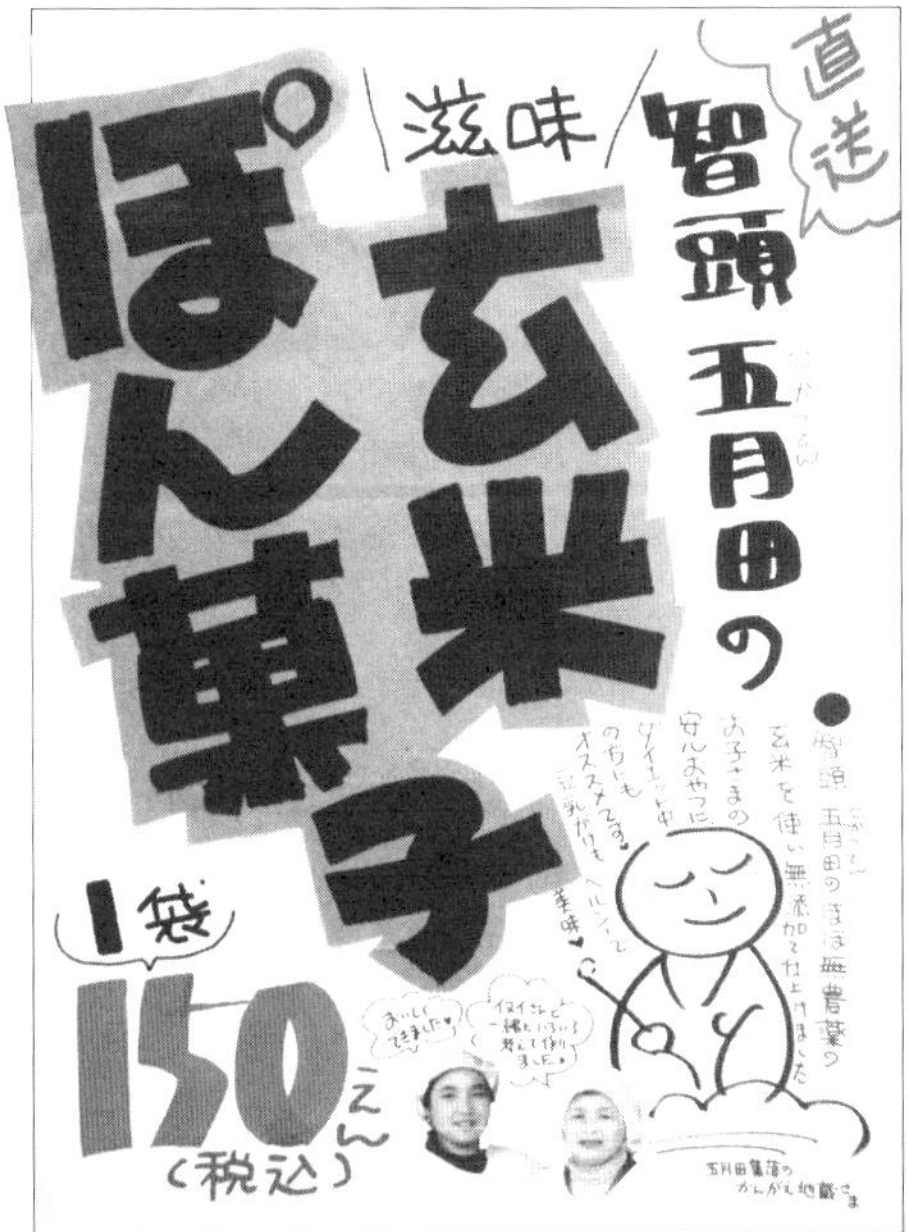

お地蔵さんのイラストは簡単そう……。そう思ったら真似してみましょう。案外描ける！

Part 1
07

POPの心得① お客様の質問に答える

▼お客様の質問に答えるPOPを作ろう

「POPに商品名と価格以外に何を書いたらいいかわからない」と悩んでいる人を多く見かけます。

それなら、**日々お客様から受ける質問とその答えを、そのままPOPにしてみてはいかがでしょうか。**一人、質問する人があれば、その背後には「聞くのは面倒だ」と通り過ぎている人が大勢いると思われます。

質問の内容をPOPにすることによって、お客様にとってもお店にとっても、とても便利な売場になります。お客様の質問に答えるPOPが1枚あれば、あなた（店員）の代わりにPOPが無休で答えてくれるのですから。

▼お客様の立場になって、読みやすさを考えよう

例えば食品売り場で、「これどうやって食べるの？」と聞かれたら、**その食品を使ったおすすめのレシピをPOPにするのです。**

ちなみに、店内に貼るレシピは、できるだけ簡単なレシピにします。長いレシピだとお客様がその場で覚えられませんし、読む気も起こらないでしょう。ときどきインターネットのレシピサイトをそのまま印刷したような長いレシピをPOPにしているものを見かけますが、じっくり読む人はほとんどいません。お客様の気持ちになってみるとわかると思います。

「今晩の献立はどうしよう…」
と考えるお客様は多いのです。
声なき質問にも答えましょう。

営業時間をPOPに。
営業時間を聞かれるならPOPにしましょう。
聞かれなくてもPOPにしましょう。

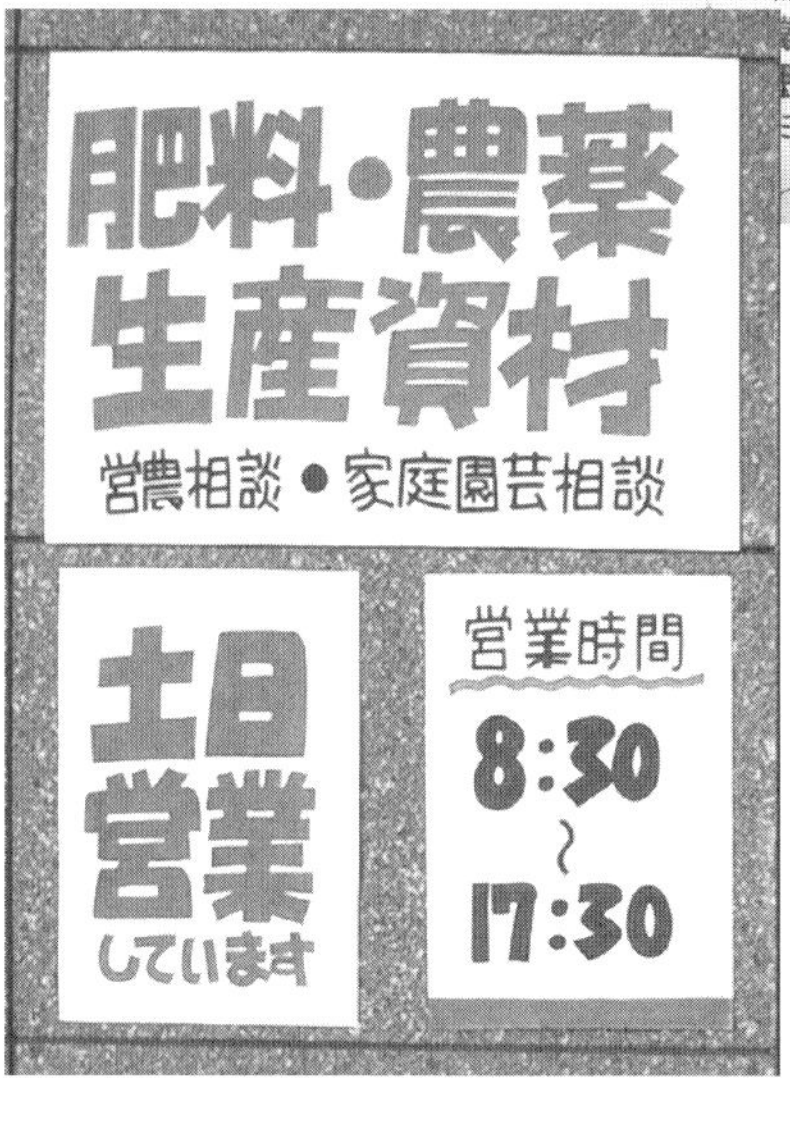

看板で取扱商品がわかりにくく、また営業日時を知らないお客様が多かったため、店頭でお知らせしたPOP。

ＰＯＰの心得② お客様の喜ぶ情報を探す

▼お客様の気持ちになってＰＯＰを作ろう

ＰＯＰには、お客様が知ると便利なことや得すること、自分のお店で商品を安心して買ってもらえることなどを書きましょう。また「お店がおすすめする商品」には「なぜおすすめなのか、その理由」を、「売れている商品」には「なぜ今売れているのか、その理由」、「季節によって需要のある商品」には、「その商品の使い方や食べ方等の情報」を書いて、ＰＯＰにするのもよいでしょう。**常にお客様の立場に立って売り場を見渡し、お客様が喜ぶ情報を盛り込んだＰＯＰを考えることが大切です。**

▼お客様が知りたい情報は何なのか

ある産直所では、「この野菜いつ採れたものなの？」とよく聞かれるそうです。「産直だから新鮮なのは当たり前、わざわざ書かなくても」と思うかもしれません。自分がよく知っていることは、他人もよく知っていると思いがちです。**売り手が「新鮮なのは当たり前」と思っていても、お客様は知らないのです。たとえ知っていることでも、お客様は常にそれを確認したいという気持があります。**

たとえば新鮮食材を扱うと評判のレストランのメニューでも、「本日の焼き魚」とあるより「本日の『新鮮』焼き魚」とあったほうがお客様にとっては嬉しい情報でしょう。もっと具体的に「岩見漁港から直送した新鮮なブリの照り焼き」とあれば、さらに嬉しいものです。美味しさも倍増です。

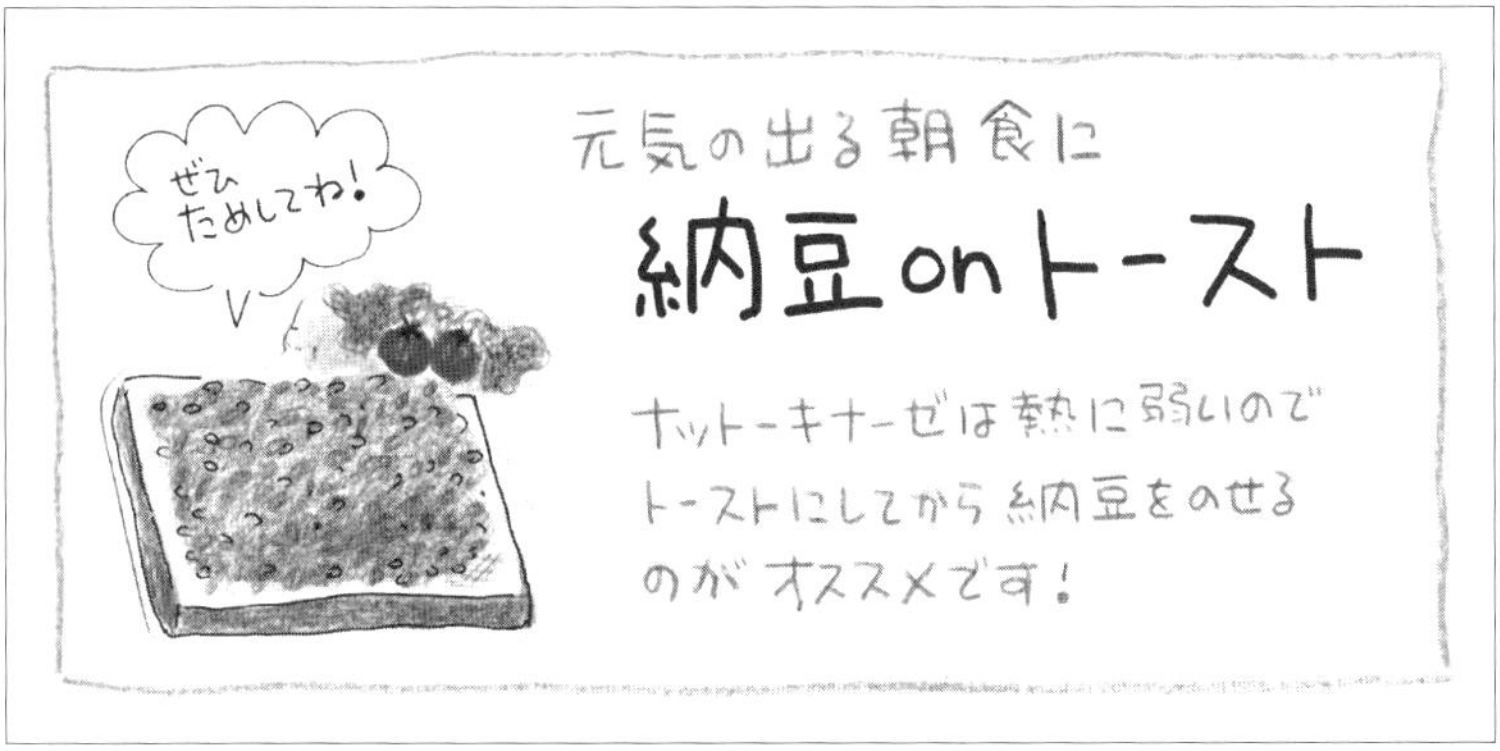

「トーストしてから納豆をのせるといいのね！」
と得した気分の情報 POP。

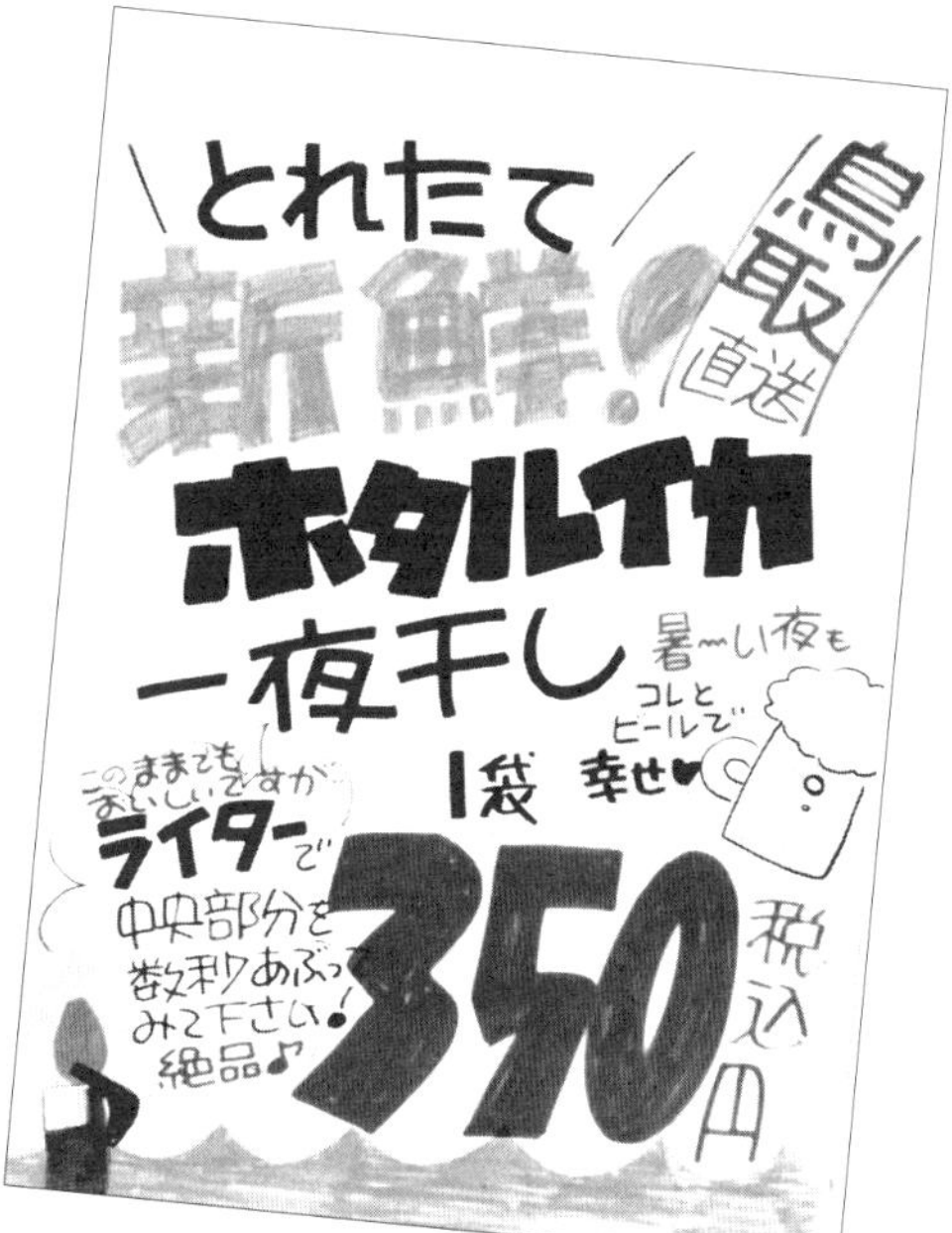

ライターで数秒あぶると美味しいこと等
はお客様にとって嬉しい情報です。

店頭から見えにくい裏の屋外や店奥の
座敷を使ってもらうための POP。

POPの心得③ 時間をかけすぎない

まずPOPを書くことを好きになろう

あなたはPOPを書くことが好きですか?「書かないといけないから」といやいや書いていると、余計な時間がかかってしまいます。POPを書くことが楽しいと思える人は、POP作りに取りかかるのが早いのです。**「お客様を喜ばせてあげよう」という気持ちで、まず書いてみてください。必ず売上は上がります。**効果が感じられれば好きになっていくものです。

好きになり過ぎは要注意!?

ただ、POPを書くのが好きな人には落とし穴があります。ある店舗のスタッフの作ったPOPの写真を見せてもらったときのこと……。それは素晴らしい出来でした。文字もイラストもデザイン性に優れたPOPでした。

しかし私は「このPOPはよくない」と申し上げました。そのPOPは文字が美しく装飾され、小さなイラストまで画用紙を細かく切り貼りして仕上げられたとても手の込んだもので、膨大な時間をかけて作られたものであることは間違いありません。

POPを作ることが楽しくなりすぎて、制作に時間をかけ過ぎてしまうと、それが必要な時期に仕上がらない可能性が高いのです。

また手をかけすぎたPOPは、はずす時期が来てももったいなくてはずせなくなります。実際、そのPOP

は必要な時期が終わっているのにまだ貼ってあると聞きました。

▼スピーディーに書こう！

POPに必要以上に時間をかけるべきではありません。POPを書く時間があったとしても、**POPはスピーディーに書くことが大切です。**POPを書くのが好きになるのはとてもよいことですが、POPにのめりこみすぎて時間とコストを考えずに大作を作ってしまっては本末転倒です。

POPは紙1枚とペン数本で書ける、経費のかからない売上アップのためのツールですが、それを書いている時間には人件費がかかっていることも意識したいものです。

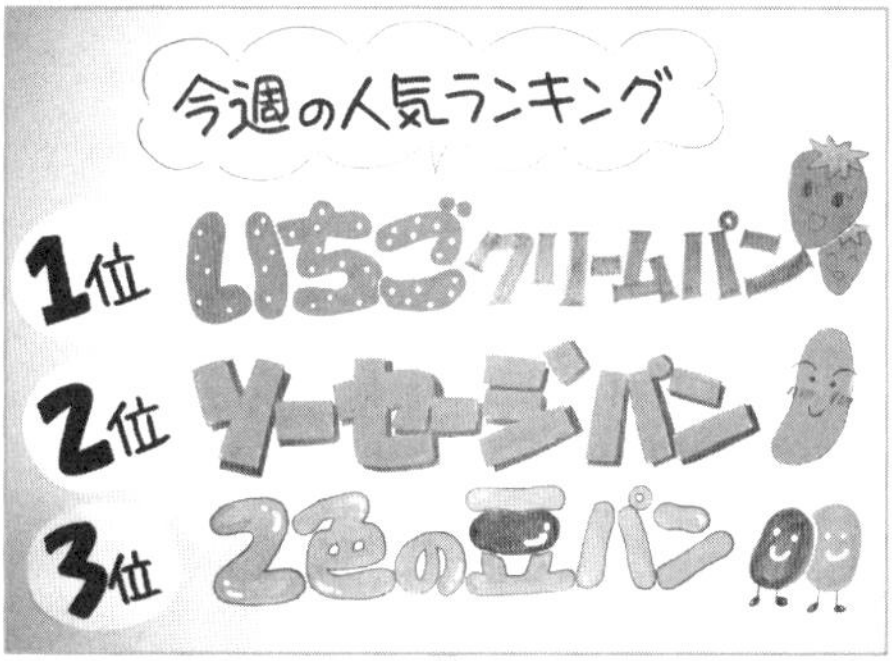

一工夫で時間短縮

「今週の人気ランキング」のようなPOPで、上のPOPは手の込んだデザイン文字やイラストを手書きで入れています。これでは頻繁に書き換えるのが面倒になります。下のPOPのように黒板を使えば、書き直しが簡単でスピーディーにできます。「今週の人気ランキング」、「1位」、「2位」、「3位」といった要素は紙で作って貼っておき、毎週書き直すのは商品名とコピーだけですみます。

POPの心得④ 内容を整理して大きく書く

▼お客様の目に止まりやすいPOPとは

POPはお客様に目を止めてもらい、読んでもらわなければいけないものです。じっくり座って手に取って読むものではないので、文章量が多くて文字が小さいPOP（図A）は、お客様は読む気をおこしません。特にお店の外を通行するお客様に向けた「店頭」のPOPは、「店内」のPOPよりももっと強くお客様の目と心を引き留める必要があります。店内にいるお客様と違い、店外のお客様の心の中は、あなたのお店や商品とは全く別のことを考えている場合がほとんどなのですから。

店頭のPOPは、お客様が通行しながら読める文字の大きさで書かなければいけません。お客様が徒歩なのか、自転車なのか、車なのかによって、読める文字の大きさが変わります。通行スピードが速いほど小さな文字では読めなくなります。またどれくらい遠くから見るのかによっても文字の大きさは変わります。

▼言いたいことを整理して簡潔に書く

大きい文字でPOPを書くためには、たとえお客様に言いたいことや知って欲しいことがたくさんあったとしても、**文章を厳選して整理し、情報量を減らす必要があります。**

店頭のPOPに書く情報は思い切って1つに絞ることがおすすめです（図B）。商品の紹介なら、1品だけを紹介するようにします。

図A

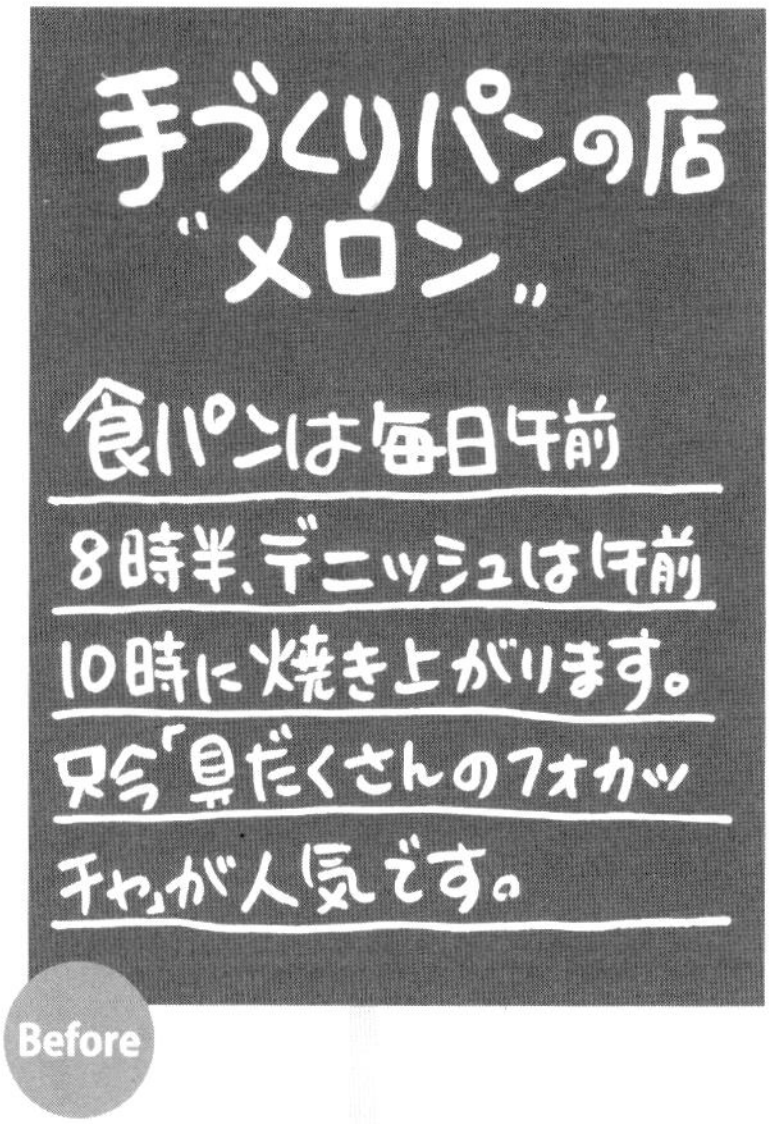
手づくりパンの店
"メロン"
食パンは毎日午前
8時半、デニッシュは午前
10時に焼き上がります。
只今「具だくさんのフォカッ
チャ」が人気です。
Before

図B

大人気
イタリア生まれの
野菜やチキンなど
具だくさん
フォカッチャ
食事パン
9種類
175~
円
After

言いたいことを整理して、
大きい文字で書きましょう。

飲食店やサービス業の場合は…

飲食店やサービス業の店頭のＰＯＰには、２つの目的があります。「単品メニューや1つのテーマを見せて通行客を引き留めること」と、「入店しようかと迷うお客様に多くの情報を表示して、入店を促すこと」です。特に店内の様子がわかりにくい店の店頭では上記の2種類のＰＯＰがあるとベストです。

POPの波及効果

▼POPは少ないコストで売上を上げる優れた販促物

「書いたほうがいいのはわかっているけれど……。書いたら売上が上がるともわかってはいるけれど……。通常業務が忙しくて書く時間がとれない」そういうことをよく聞きます。必要に応じて誰が書くのか、**いつ書くのか、どこで書くのか、どうやって書くのか……といったルールを決めてPOPを作る体制を整えたいものです。**ＰＯＰは少ないコストでお客様に喜んでもらえて、売上を上げる優れたツールです。

▼POPは従業員のモチベーションをアップする

大型ＰＯＰや特に技術を要する必要があるもの以外の日常的なＰＯＰは販売に携わる人が考えて書くことがおすすめです。良いＰＯＰを書くためには商品の特徴や使い方、食べ方など、お客様に伝える情報をいろいろと探す必要があります。**商品の良い面を探し出すうちに、自然と商品知識が豊富になるので、接客力も上がります。**

また**商品の良い面を探し出すうちにその商品のことが好きになり、「お客様にもっと知ってもらおう」、「買って頂きたい」という気持ちも大きくなります。**書いたＰＯＰが反響を呼んでお客様に買って頂けるとそれがまた嬉しく、「もっと頑張って書こう」と思うも

POPを作っていると、自然と商品知識もついてきます。風邪薬と一緒に買ってもらいたいドリンクのPOP。

のです。

ＰＯＰを真に活用している店舗では、レジなどの通常業務の合間に、立ったままカウンターで少しずつ書くということも多く、ＰＯＰ作りに当てられる業務時間は決して多いものではありません。店の規模や業態に応じてＰＯＰ作りの体制は様々ですが、**費用対効果をできるだけ高くすることは必要であり、そうすることができるのがＰＯＰです。**

POP を書くのに時間をかけすぎては本末転倒。日常の勤務時間内で上手に時間をやりくりして書きたいものです。

商品の説明書を読み、サンプルを使って使用感を確かめたり、インターネット上の声も参考にしたりしながら、お客様に伝える情報を探して POP を作るうちに、商品のことが好きになってきます。

Part 2

POP効果で変わる店！

01 事例 1 よみがえった古い酒店

02 事例 2 見た目よりも内容で客足をキャッチ

03 事例 3 低価格メニューでお客様を誘導

04 事例 4 催事はイベント感覚で盛り上げる

05 事例 5 黒板 POP で入りやすいお店に

06 事例 6 個性を明確にして売上アップ

07 事例 7 お客様の立場で考え直す

08 事例 8 POP の文字を大きくして、伝える

09 事例 9 商品に愛情を持ち、熱く伝える POP

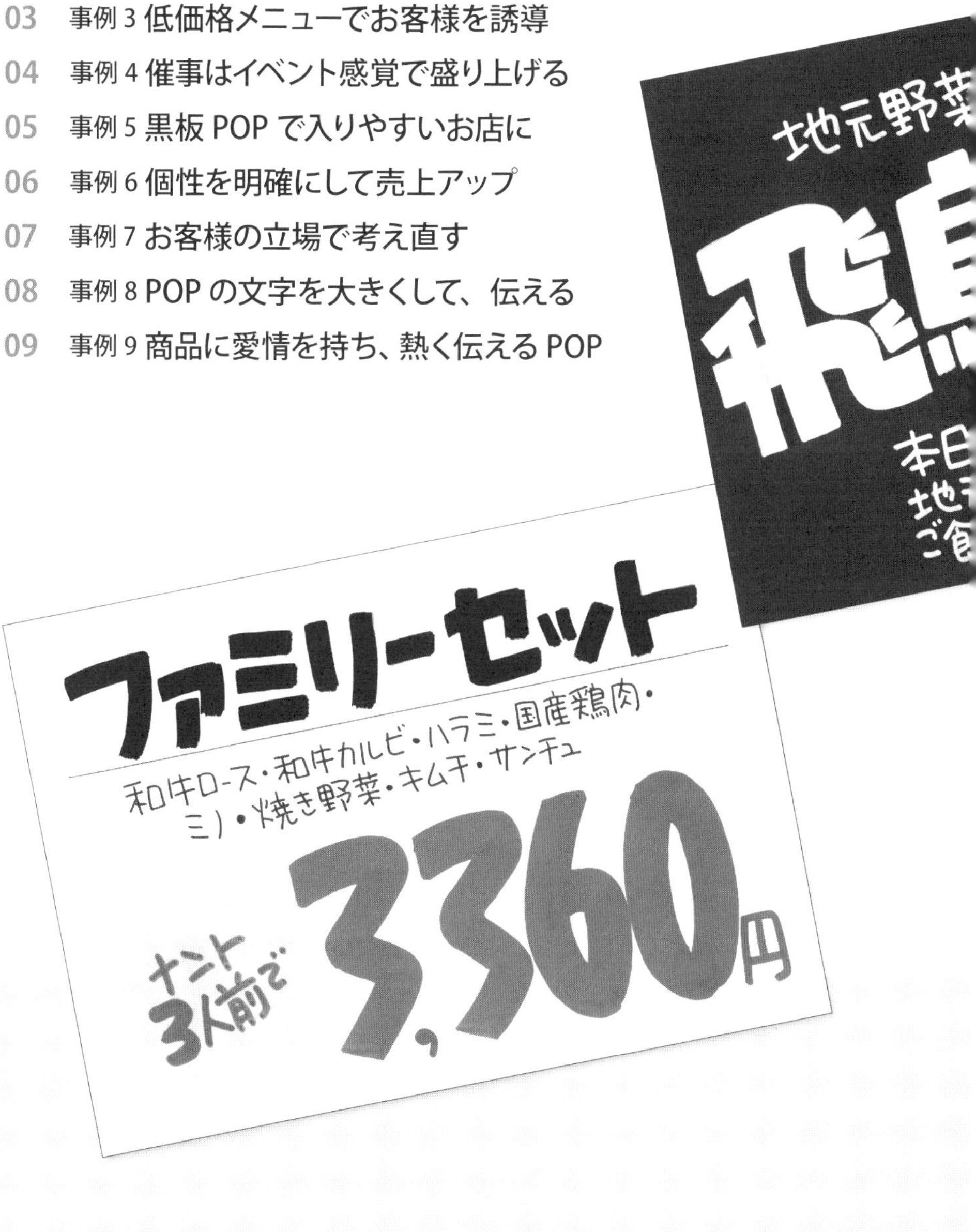

Part2
01

事例7 よみがえった古い酒店

お店の強みをアピールするキャッチコピーとは

古くからある酒店の経営が大変な状況です。昔は酒税法に守られアルコールを扱う店が限られていましたが、2006年から完全に自由化されました。今やスーパーやコンビニはもちろん、ドラッグストアでも買えるところがあります。格安のディスカウントストアもあります。インターネットでも買うことができます。昔ながらの酒店は自販機でお酒を売ることもできなくなり、苦しい経営をしているところが多いようです。

ある昔ながらの酒店では、店前の通行量が多いにも関わらず思うようにお客様が来店されないようです（図A）。黄や赤のPOPで安さ感を出し店を活気づけることはできますが、それだけでは売上アップに結びつきません。POPでお客様を呼び寄せるためにはどうしたらよいでしょう。近くに競合店が多いので、その**競合店にはない自分のお店ならではの提供商品やサービスをアピールする必要があります。**

競合店にはないあなただけの強みを探そう

店長に「競合他店にはないあなたの店の強みは何ですか？」と聞きました。店長は少し悩んだあとに「焼酎の品揃えだ」と言いました。私には焼酎が大量に品揃えされているとは思えなかったので、「…プレミアム焼酎を扱っているのですか？」と聞きました。店長はムッとした様子で「扱っていない！　僕はお客様の話を聞いて、そのお客様に一番合った安くておいしい焼酎を選んであげることができるんだ」と言いました。

「それです！あなたの店の強みは！」

そこで店頭のＰＯＰに「安くても美味しい焼酎あります！あなたにぴったり合うもの選びます」とキャッチコピーを書きました（図Ｂ）。以後、道行く人がとても気にしてくれるようになり、入店率がアップしたそうです。

さらに繁盛店になるには

この店が繁盛店になるためには、**さらに継続したアピールが必要です。**たとえば新しい焼酎を仕入れたときに、店頭に「本日入荷！鹿児島から魚料理にぴったりの芋焼酎が入りました。限定15本」と書いた黒板ＰＯＰを出します。そのようなＰＯＰを頻繁に書き換えることで、焼酎好きの支持を得られる店になれるのです。

図A

図Ｂ

Part 2
02

事例2 見た目よりも内容で客足をキャッチ

▼お客様の心を動かすキャッチコピーとは

あるケーキ店の若い女性スタッフから「どうしたらもっとお客様が来てくれますか?」という質問を受けました。駅の改札口からスーパーマーケットにつながる100mほどの通路の両側に並んだ店舗の中にそのケーキ店はありました。立地と通路幅から判断して、「駅からの通行客にもスーパーマーケットからの通行客にも見えるように、A型の黒板POPを置いてみてはどうですか」と提案しました。再度その店を訪れたとき、せっかくの黒板POPが集客につながっていないと感じました。キャッチコピーが〝ハッピープリン〟になっていたからです(〝ハッピー〟は仮の店名)。**店名の入ったプリンの名前が大きく書かれていても、お客様は「欲しい!」という気持ちにはなれません**(図A)。

なぜこのプリンをキャッチコピーにしたのか理由を聞くと、「店で一番売れているから」とのことでした。**〝売れている〟という事実はお客様にとって嬉しいものです。**

その女性スタッフにいくつ売れているのか聞いてみると「一回買ってくれたお客様がリピートしてくれて、一度に5個も6個も買ってくれるので1日90個以上売れることがあります」ということでした。私もいただきましたが、口の中でトロトロとろけてそれは本当に絶品のプリンでした。

▼見た目よりも内容が大切！

お客様がそんなに喜んでくださっているということ、**そして90個以上売れているという事実は他のお客様にとってもすごく嬉しいことです。安心してその商品を買えるからです。**数字のインパクトもとても強いので、そのことをキャッチコピーにしてPOPを書いてもらいました**（図B）**。

POPを書き換えてから1日160個以上売れるようになったそうです。その後もますます売れ続けていて、今では1日200個売れているそうです。

黒板に書いた最初のPOP**（図A）**のほうが見た目にはおしゃれにかわいく仕上がっていましたが、商品が売れたのは後の紙に書いたPOP**（図B）**でした。**POPはデザインやおしゃれさよりも「何が書かれているか」が重要なのです。**

図A

ハッピープリン
美味しいプリンです！
250円
Before

図B

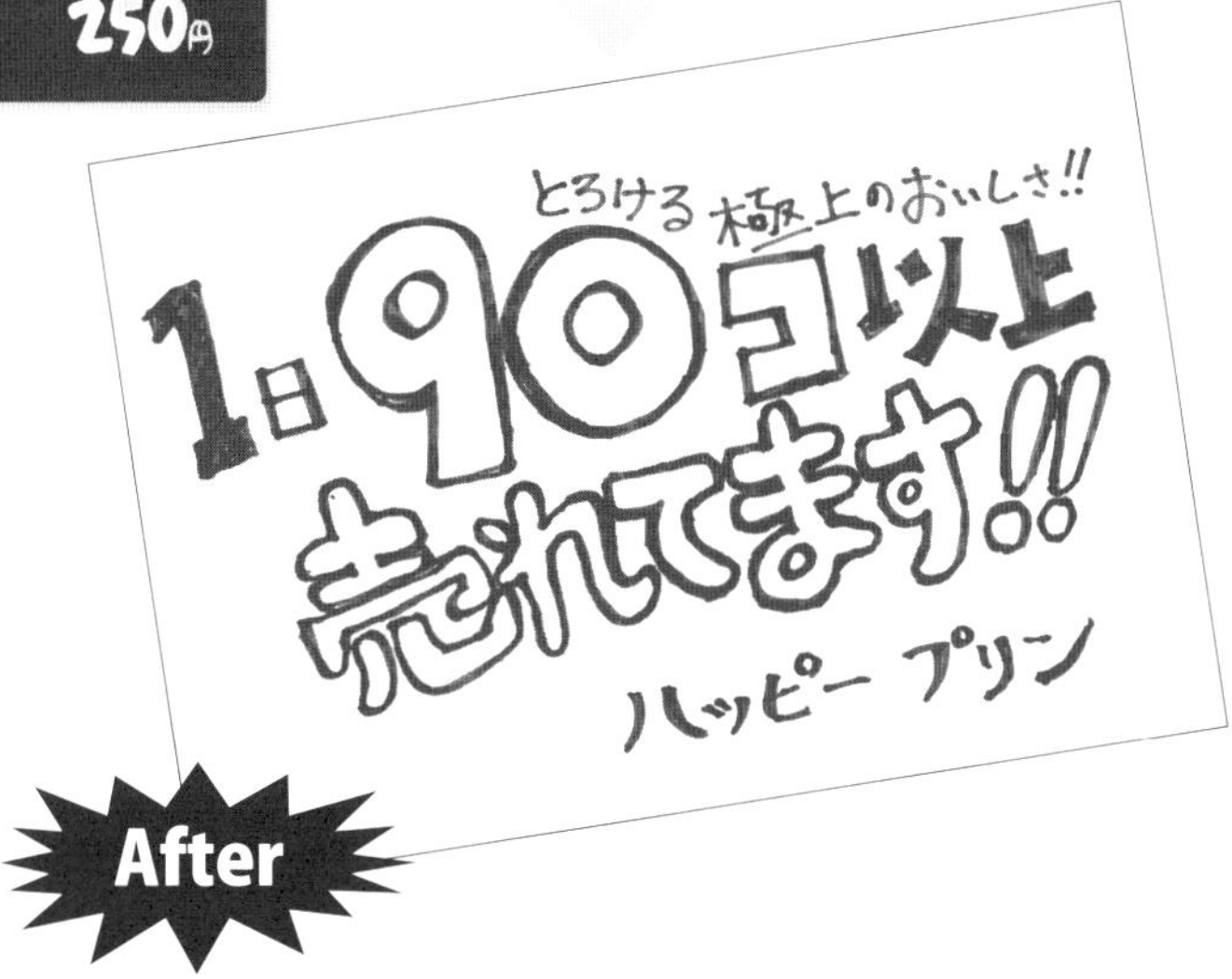
とろける極上のおいしさ!!
1日90コ以上
売れてます!!
ハッピー プリン
After

事例3 低価格メニューでお客様を誘導

▼低価格商品でお客様をキャッチせよ

ある焼肉店の店頭に、プリントを貼ったボードが置いてありました。そのプリントには、牛肉の品質の高さやその証明についての情報が細かく印刷されていました。店頭の集客力を上げるためにはこのままでは弱いのです。

まずこの店の一番売れている商品を、もっとわかりやすいＰＯＰでアピールしたいところです。店長にこの店で一番人気の商品を確認すると、売れ筋の焼き肉セットが2種類あるとのことでした。「極みセット」は５０００円台、「ファミリーセット」は３０００円台です。**どちらを選ぶか悩むくらい同じ程度に人気があるなら、低価格のセットのほうを前面に押し出すほうがおすすめです。**店として売りたいのは利益率の良い５０００円台のセットであっても、**お客様が気軽に入店できる低価格のセットをアピールするほうが集客力があるからです。**このファミリーセットについて店長に聞くと、肉は質が高くボリューム感があり、地元で採れた野菜もたっぷりついているとのことで、「食べてもらって文句を言わせないですよ！」とおっしゃったので、その言葉をそのままキャッチコピーとしてＰＯＰに書くことにしました。「きっと文句は言わせません！」（図A）。通行中の家族連れのお父さんがこのＰＯＰで立ち止まり、先を行く家族を呼び寄せ入店する、といった光景が見かけられるようになり、集客力がアップしたそうです。

高い商品もすかさずアピール！

店頭のPOPと店内のPOPはリンクしていないといけません。お店に入ったあとに**「えっと……外に書いてあったあのメニューは……」とお客様に思わせてはダメです。**ファミリーセットがすぐに注文できるように、店内POPで大きく目立たせます（図B）。

そしてここはもう一段階戦略的に考えたいところ。ファミリーセットのPOPはきちんと見せながら、それよりも大きくて魅力的なPOPで、本来最も売りたい5000円台の極みセットをアピールするのです（図C）。焼肉通の人に、ファミリーセットから極みセットに選択を変えてもらうのです。**売りたい商品にお客様を誘導できたら大成功です。**

図A

図B

図C

事例4 催事はイベント感覚で盛り上げる

▼催事を盛り上げるPOP

お店の売出しセールや催事、イベントを計画したら、オリコミチラシなどでお客様に知らせます。そのチラシを見て「行ってみよう」と思ったお客様が来店してくださったとき、お店がいつもと変わらない普通の雰囲気だったらどうでしょうか（図A）。お客様はせっかく気持ちを高ぶらせて来ているのに「本当に今日が売出し（催事）かな？」と気が抜けてしまうでしょう。

特別な催事のときは「ようこそ！当店の催事に来てくださいました！」とお迎えする気持ちを店頭で最大限に表現してあげてください。

そんなときにもPOPは便利です。POPは店頭を元気に活気づけます。

のぼり旗が合う店はのぼり旗もおすすめです。パタパタとひらめくのぼり旗は店頭の活気づけにはぴったりです。店の間口や立てられる場所にもよりますが、できるだけ多く立てたほうが活気が出ます。同じのぼり旗を何本も出してください。「さあ！催事に来たぞ！」と盛り上がった気持ちのまま入店していただいたほうが、お客様の買い物も楽しめるというものです。

万国旗や紅白幕もイベント感が演出できます。風船も効果的です。いつもと違う活気をぜひ出してあげてください（図B）。

お客様を楽しい気持ちに！

人は感情が盛り上がったとき、楽しいときに財布のひもも緩むというものです。

「今日は消しゴムを買いに来た。消しゴムちょうだい」と理性的に買い物をしている最中はなかなか衝動買いも起こりません。「わあ！楽しいなあ！」というお祭り気分を盛り上げてあげてください。あなたも旅行先で楽しいとき、お小遣いの予算をオーバーして買い物をした経験があるのではないでしょうか。人は楽しいときに気分よく買い物ができるのです。**楽しい気分になるような**POPをたくさん作って飾りましょう。

図A

図B

事例５　黒板ＰＯＰで入りやすいお店に

入りにくいお店を入りやすくする「黒板ＰＯＰ」

開放的で気軽に入店できる量販店のようなお店とは違って、専門店は入りにくい雰囲気のお店が多く、敷居の高い感じがしますが、あまり開放的にしないほうが高級感があって良い場合もありますし、またドアや窓を開放的なものに付け替えるのは高額な費用がかかります。こんなときは、黒板ＰＯＰをおすすめします。**黒板ＰＯＰはお店の高級感はそのままに、入りにくい雰囲気のあるお店を入りやすいお店に変えてくれます。**

また、飲食店などのサービス業も商品が目に見えないため、店頭をどのように演出するかしっかり意識しないと、非常に入りにくいお店になってしまいます。そんなときも黒板ＰＯＰはおすすめです。

「黒板ＰＯＰ」は親近感と低いハードルがポイント

あるダンス教室の元の看板はとても小さく、新しい受講生を獲得するにはクチコミに頼るしかありませんでしたが、夜の部のレッスンが始まったことをきっかけに、**図Ａ**のような両面の黒板ＰＯＰを置きました。置いた初日から、「見学したい」という電話が鳴りやまない」というほど反響があったそうです。

黒板ＰＯＰの内容のポイントは『親近感』と『低いハードル』です。

図Ａ

表面（図B）は「ご一緒に楽しく踊りませんか？」というキャッチコピーを入れました。元々の教室の認知度が高いのであれば、「夜のレッスンが始まった」ことをアピールするほうがいいですが、ここはまず「教室の存在」をお知らせするために、このコピーにしました。**道行く人に問いかける感じで親しみやすいPOPを心がけて作りました。**メインコピーの周囲の音符が、ダンス教室らしい楽しい雰囲気を出しています。

また、ダンス教室に興味があってもなかなか最初から「入会します」とはならないものです。そんな人の心理を考えて、裏面（図C）にはダンス教室の存在をアピールするとともに、「初心者大歓迎」、「見学大歓迎」というコピーを入れました。**そうすることでお客様の心のハードルを下げることができ、気軽に問い合わせしてもらえるようになったのです。**

図B（表面）

図C（裏面）

事例6 個性を明確にして売上アップ

通り過ぎる観光客の注意を引くには?

信州松本で和紙小物や和雑貨を扱うお店「和来《わらい》」は、観光客の通行が比較的多い商店街にあります（図A）。和モダンの雰囲気が素敵なお店ですが、お店の前を歩いただけでは個性が見えにくく、お客様はただ通り過ぎてしまいます。

この店の近辺には和雑貨のお店も多いので、自分のお店が他店と違うところを明確に伝えることが大切です。「同じような和雑貨の店はさっき入ったからここはもういいか」と感じる観光客に、「あ、ここはこんな商品があるのか。**さっきとは違う店だ。気になるから入ってみよう」と思ってもらえれば、入店率が高まるのです。**

お店で現在売れているものは高品質な手ぬぐいでした。使うほどに風合いを増す日本手ぬぐいです。その手ぬぐいで作った名刺入れやポーチなども売れていました。往来からその手ぬぐいが見えにくかったので、ショーウインドーには手ぬぐいと手ぬぐいで作った小物をあしらったＰＯＰ（図B）を飾り、通行客に見えやすいようにA型黒板も置きました。使えば使うほどふんわりやわらかく風合いのよくなる高品質な手ぬぐいなので、キャッチコピーは「あなたの手ぬぐいに育ててください」としました（図C）。「使うほどに風合いがよくなる手ぬぐい」でもいいですが、それでは普通すぎるので、「タオルを育てるの?」と気になる言葉にしてみました。

大きな商品は店頭からも商品そのものを見ることができますが、小さなサイズの商品は歩いているお客様の目に止まりません。そのため、A型黒板のもう片面には取扱商品をはっきりと表記しました。

その後、入店してくれるお客様が増え、売上がぐんとアップしたそうです。

図B

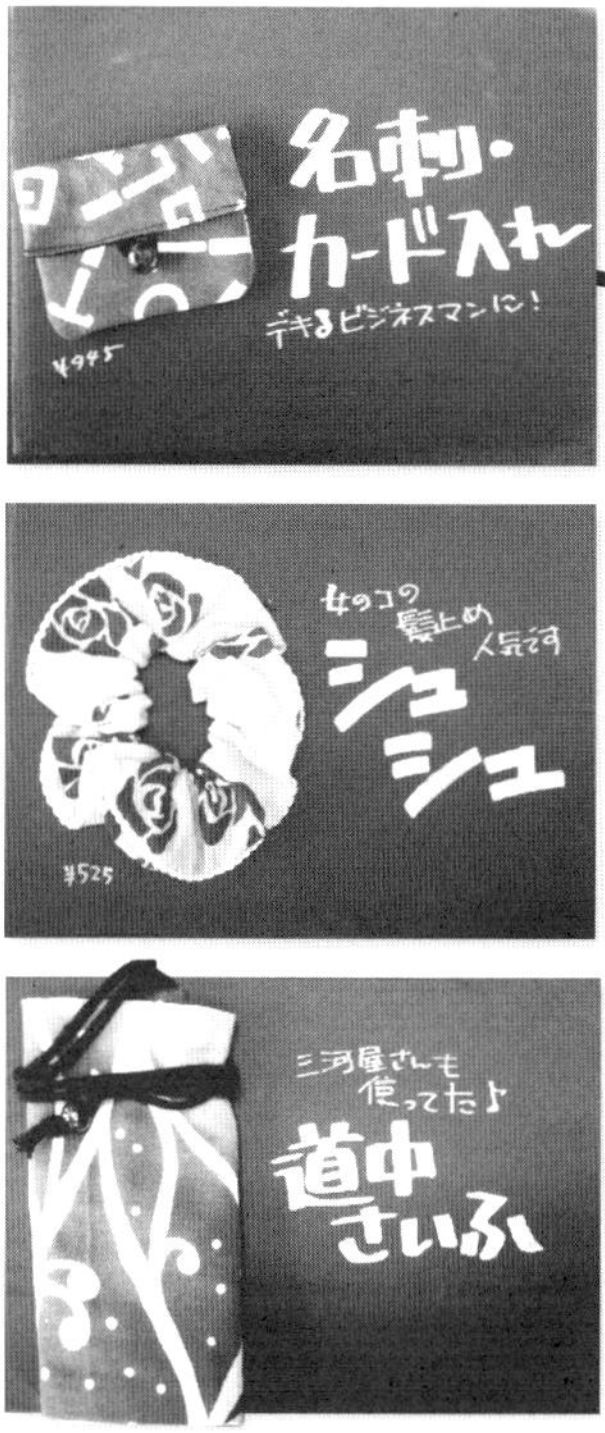

ショーウインドーに、商品の実物をあしらったPOPをたくさん飾って、観光客の目を引きます。

図A

撮影協力：長野県松本市「和来」、「紙館 島勇」

お店の前を往来する通行客に見てもらえるようA型黒板を利用しました。片面はお客様の興味を引くキャッチコピーを入れ、もう片面は取扱商品をはっきりと入れました。

図C

Part2
07

事例７　お客様の立場で考え直す

お客様の目線と気持ちを把握せよ

ある食堂があります。店の向い側の通りは観光客のよく通る道です。幸い周囲に飲食店が少なく、向い側の歩道から簡単に渡れる横断歩道もあるため、観光客を集客したいと考えています（図A）。看板や外装にお金をかける余裕はないのですが、店頭に大型の黒板を置くスペースがあるので、黒板ＰＯＰを活用することにしました。

まず、観光客を集客したいので、観光客の目線で考えて、ＰＯＰを作り上げていきます。

「Ａランチ　Ｂランチ　Ｃランチ……」と小さい文字で書いてあっても、向い側の通りを歩く観光客の目線に入ることはありません（図Ｂ）。**文字はお客様との距離に比例して大きく書かないといけないのです。**文字を大きくしようとすると、ランチ3点のメニューをすべて入れるのは困難なので、この際一品に絞りました（図Ｃ）。

また観光客の気持ちになれば、普段の食事と同じものではなく、その観光地でしか食べられないものが書かれていたほうが嬉しいでしょう。地元の食材を使っていることや、地元の特徴のある作り方などをアピールしたいものです。メニュー名もただの「Ａランチ」ではなく、観光客が見て嬉しい気持ちになるものにしたいので、地名（飛鳥）を入れてみました（図Ｃ）。この黒板ＰＯＰによって観光客の立ち寄りが急に増えてきました。

お客様の目線と気持ちになってＰＯＰを考え直すことによって、入店率がアップします。

図A

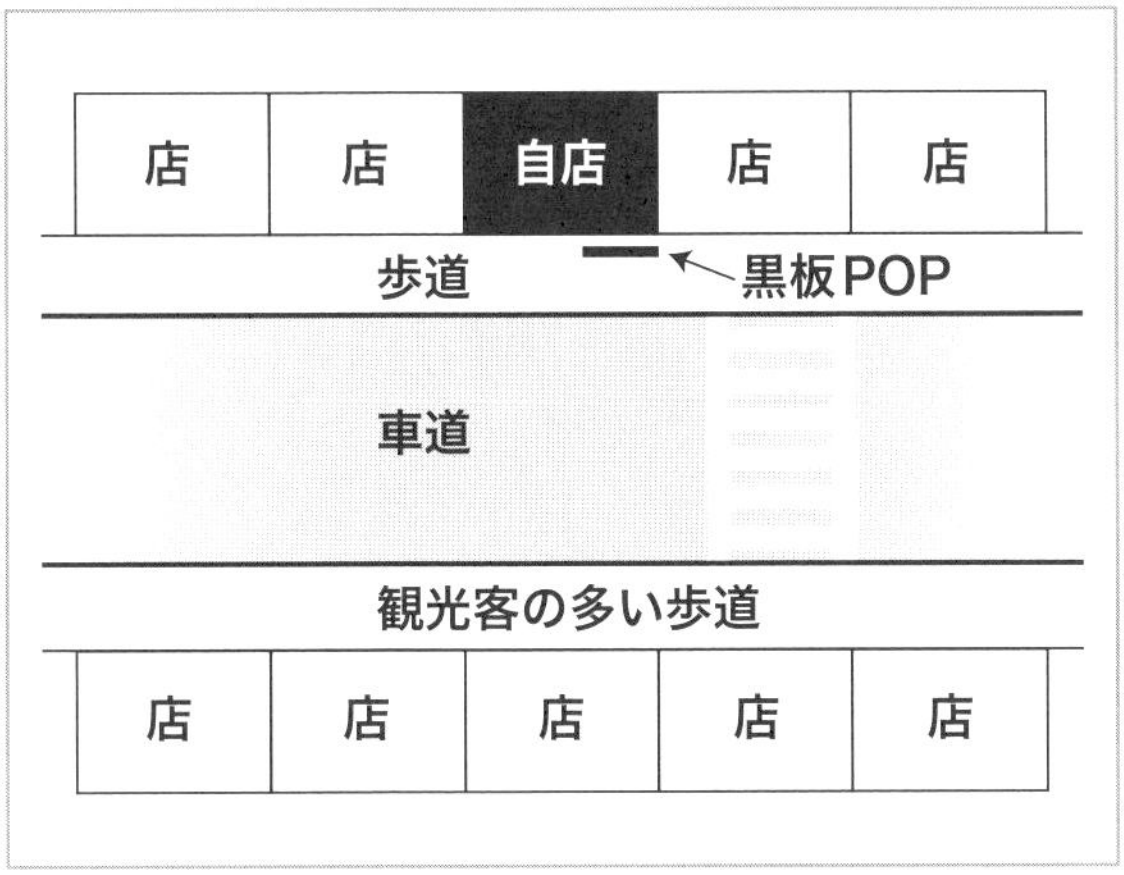
店
店
自店
店
店
歩道
黒板POP
車道
観光客の多い歩道
店
店
店
店
店

店の向い側の歩道を通る観光客にアピールするには？

図B

Before
レストランススキのおすすめ！
A定食…680円
B定食…800円
C定食…1,000円

小さい文字は遠くから見えにくい。
内容もわかりにくくて、観光客は素通り……。

図C

After
地元野菜たっぷり!!
飛鳥定食
本日の魚
地元の焼き野菜
ご飯・みそ汁
680円

地名を入れたメニュー名、地元の特徴を盛り込んだ内容、1品に絞って大きく書かれた文字。観光客の目も止まりやすくなりました。

Part 2
08

事例8 POPの文字を大きくして、伝える

▼POPは文字の大きさがとても大事!

クック・チャムは、「お母さんの代わりにお母さんの作り方で作って提供する惣菜」を製造販売する惣菜屋さんです。お店は西日本を中心に59店舗あり、今回ご紹介するのは、その中の1店舗、JR松山駅から歩いて1分もかからない場所にあるクック・チャム東雲《しののめ》店です。

好立地にはあるものの、駅を出入りする通行客からはお店の存在が見えにくい立地です。そこで通行量の多い駅の構内に、図Aのような、クック・チャムの他店でも大人気のお弁当「牛めし重」を知らせるPOPを貼りました。**和風のデザインでまとめられたとても素敵なPOPではあるのですが、駅を出入りする通行客の位置とスピードを考えると、文字の量が多く、文字のサイズが小さすぎます。**

そこで、「お弁当」の3文字を通行客に見える大きさで書いたPOPを作ってもらいました(図B)。「お弁当」としたのは、駅を通行する人の目と心をとらえる、ニーズのある言葉だからです。また、**このPOPの位置からお店が見えにくいため、「南へ20m」と入れてもらい、駅のすぐ近くでお弁当が買えることを知らせるコピーも入れました。**

このPOPに変えてからすぐ、1日の平均来店客が20名も増えたそうです。その後、お店の認知度が高まってきたことを受け、3日に一度変わるおすすめ商品についてのPOP(図C)を貼ることによって、ますますお店のファンが増え続け、休日は観光客など普段駅を利用しない通行客用に、「愛媛県産鯛めし」というPOPを作り、これもまた大好評です(図D)。

図A

人気商品「牛めし重」の POP。和風でいい雰囲気のデザインですが、この場所では駅を出入りする通行客の目に止まりにくかったようです。

図B

駅を出入りする通行客にアピールできる言葉は「お弁当」。「南へ 20 m」と入れ、すぐ近くで売っていることを知らせます。

図C

店の認知度が上がってきたので、「お弁当」の文字を少し小さめにして、3日に一度変わるおすすめ商品についての POP を貼っています。

図 D

休日用の POP は、普段通行しない観光客等に向けて大きい文字で「鯛めし」をアピール。

事例9 商品に愛情を持ち、熱く伝えるPOP

1日1枚POPを書く

三省堂書店成城店の内《うち》田《だ》剛《たけし》店長は、約10年前から3000枚のPOPを書き続け、「POP王」の異名を持つ人です。POPを書き始めたきっかけは、上野創さんの『がんと向き合って』という闘病記に出会ってからだそうです。「この本を読んで、まわりの景色が一変しました。自分の仕事の悩みやストレスだとかがすごくちっぽけなことに思えたんです。それで、初めて使命感を持って『この本を売らなきゃいけない』と思いました。**この本を売るにはどうしたらいいかと真剣に考えて、POPを書いてお客さんに伝えなくてはいけないと思ったんです**」。そして、「自分自身が、本を読んで活字の力で人生が変わった経験をしているので、読者の方にもそんな体験をしてほしいと思っています」とおっしゃいます。**毎日1冊のペースで本を読み、POPを書き続けているそうです。**店内は内田店長の熱い心がこもったPOPであふれています。

本という商品はどこで買っても同じものですが、商品に愛情を持ち、自らの言葉でおすすめすることで、その売場は他の競合店とはまったく別の空間になります。

手書きPOPが売上アップに効果的だということで、POPを手書きにすることが様々な業界で増えていますが、その原点は内田店長のやり方にあると私も思います。手書きにするだけでお客様がそのPOPを見てくださるというのも確かにそうなのですが、商品に愛情を持って、その商品の良い面を熱く伝えるPOPが、お客様の心に響くものになるのです。

三省堂書店成城店
内田剛店長

内田店長の心のこもったPOPの数々。POPは必ず1日1枚、帰宅後に、15分で書き上げるのが日課だそうです。

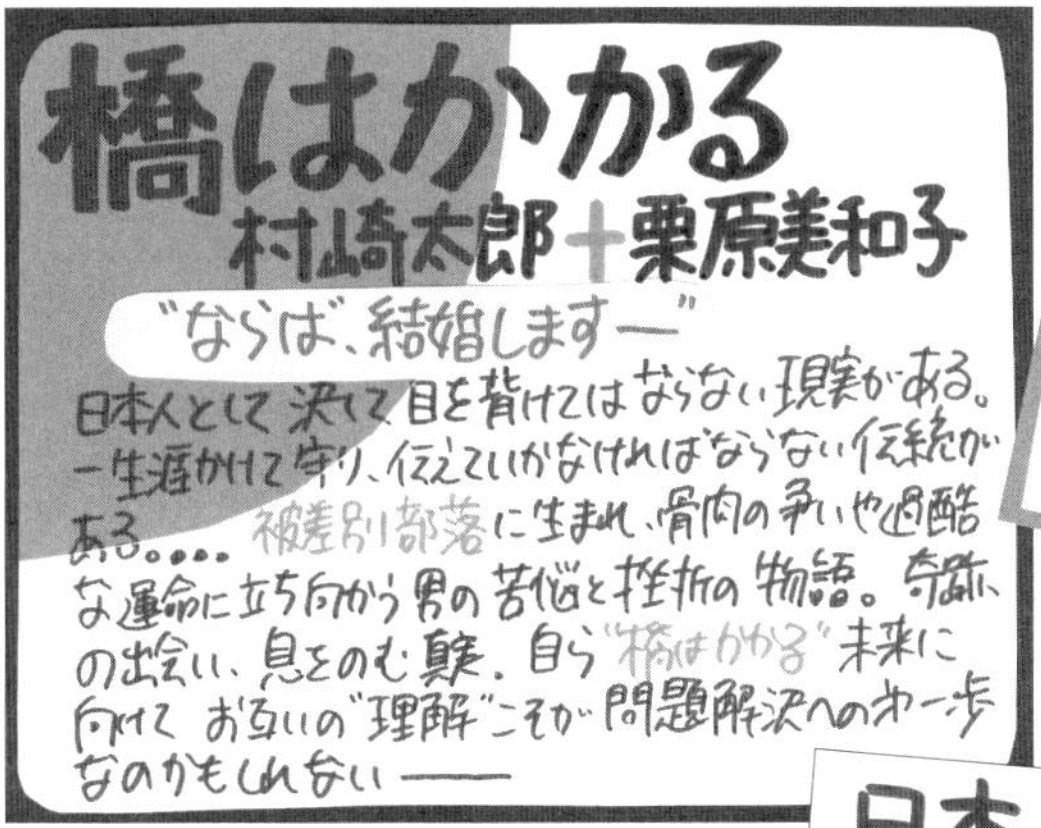

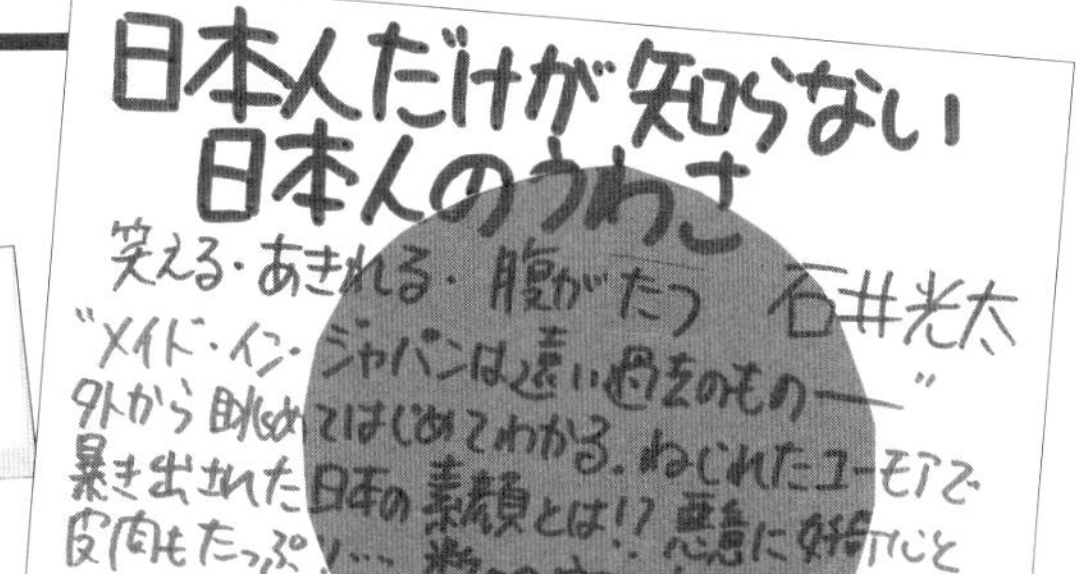

Part 3

〝売れる〟キャッチコピーの作り方

01　お客様の欲求をキャッチすることが一番

02　人は「おいしい」が好き！

03　人は「新しい」が好き！

04　人は「古い」が好き！

05　人は「安全」が好き！

06　人は「手作り」が好き！

07　人は「自然」が好き！

08　人は「安い」が好き！

09　人は「季節」「旬」が好き！

10　人は「人気」が好き！

11　人は「ナンバーワン」が好き！

12　人は「限定」が好き！

13　人は「お墨つき」が好き！

14　人は「たっぷり」が好き！

15　人は「美と健康」が好き！

16　人は「便利」が好き！

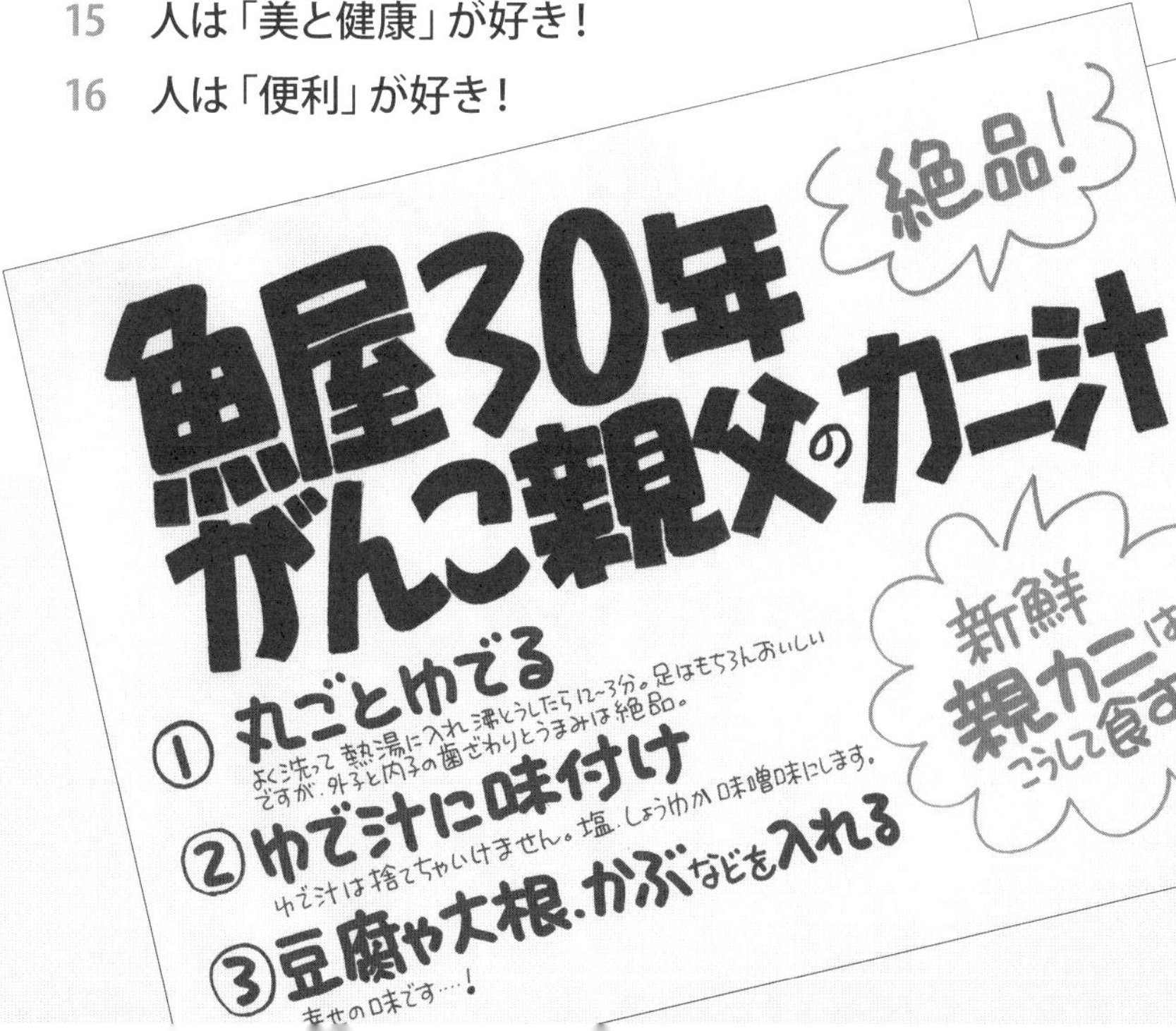

Part3 01

お客様の欲求をキャッチすることが一番

▼「マズローの欲求5段階説」で人間の欲求を理解する

ＰＯＰにどんなキャッチコピーを書いたらよいのでしょう。人の欲求の満たし方はいろいろあり、価値観も様々ですが、その奥にある「根源的欲求」は同じです。人間の持つ共通の欲求をまとめた説がアメリカの心理学者Ａ・Ｈ・マズロー（一九〇八～一九七〇年）の**欲求5段階説**です（**左ページの表**）。

常に意識したいのは、買ってもらいたいお客様の「欲求」です。

人は5つの「欲求」――**①生理的欲求、②安全の欲求、③愛と所属の欲求、④承認の欲求、⑤自己実現の欲求**――を満たす目的で行動を起こし、この「欲求」を満たせると知って行動を起こします。**この人類共通の「根源的欲求」を知っておくことによって、的確に「お客様の欲求をキャッチする」ＰＯＰを作ることができます。**

それは言い換えれば常に「自分のお店のお客様は何が欲しいのか」、「何を望んでいるのか」、「どうしたら喜ばれるのか」、「どうしたら楽しんでもらえるのか」を徹底的に考えるということです。その気持ちを持つことで、お客様の欲求に訴えるコピーを作ることができるのです。その気持ちを持たずに小手先だけのテクニックではなかなかお客様に通じません。通じたとしても続きません。**売上を上げたいなら常に真剣にお客様の気持ちを考えるのが根本的なルールです。**

このマズローの説をもとに、次項から「人が好きなもの」からキャッチコピーを引き出す方法をご説明します。

▶マズローの欲求５段階説

①生理的欲求	**「食欲」、「性欲」、「睡眠欲」など、人が生きるために必要な欲求のこと。**生死に関わるいちばん根源的な欲求。現代人にとって「生理的欲求」は満たしやすく、満たし方にもいろいろな選択肢があります。
②安全の欲求	「生理的欲求」が満たされると現れる欲求。**命の危険からの安全の確保を求める欲求です。**苦痛・恐怖・不安・危険などを避け、安定・依存を求める欲求です。「苦痛から逃れたい」、「不安を解消したい」、「恐怖から逃れたい」、「危険から逃れたい」、「安全でありたい」ということです。物理的、精神的に「安全」であれば人は「安心」できます。心配や不安がなく、心が安らぐ状態を欲求するのは人の本能です。
③愛と所属の欲求	「生理的欲求」と「安全の欲求」の両方が満たされると現れる欲求。**「愛したい」、「愛されたい」という欲求は人の自然な欲求です。**人は友達や恋人、家族を愛し、また愛されたいのです。そして人は**「誰かと一緒にいたい」、「仲間でいたい」という「所属」の欲求を持っています。**
④承認の欲求	「生理的欲求」、「安全の欲求」「愛と所属の欲求」が満たされたとき現れる欲求。**人は「社会や仲間、または愛する人から認めてほしい、評価・尊重・尊敬してほしい、注目してほしい」という欲求を持ちます。**「出世したい」というのも「承認の欲求」です。
⑤自己実現の欲求	人は「成長したい」という欲求を持っています。**「できることを精一杯こなし、最善を尽くしたい」という欲求です。**それは人から認めてもらう、もらえないを超越したものです。痛いことや辛いことを避け、また家族や仲間から評価され、安定した生活を送りたいという欲求も持っていますが、人は自分の信じる道を実現するためなら「痛い」「辛い」「悲しい」ことも乗り越えることができます。自分の進歩のために、あえて不安定な道に進む力も持っています。

人は「おいしい」が好き！

「おいしい」をキャッチコピーでアピール

食べ物は食べてみないと「おいしい」かどうかわかりません。見た目で判断できないもの、試食できないもの、今まで食べたことがないものがあれば、お客様は自分の勘を頼るか、食べたことのある人に聞くか、ＰＯＰなどの周辺情報を見て、その商品がおいしいかどうかを判断しようとします。その結果「これはおいしい食べ物だろう」と予想して、その商品を購入するのです。

ただ単純に「おいしい」というコピーだけでは伝わりません。そのおいしさを具体的にする必要があります。それには3つの方法があります。

1つは「なぜおいしいのか」、おいしい理由を具体的に入れることです。「畑で完熟したトマトだけを使っているから甘くておいしい」などです。**2つめは「どのようにおいしいのか」**、たとえば「口の中でとろけるようにおいしい」です。**3つめは「おいしい」を自分の言葉で言い換えることです。**食べた瞬間に口に出す「うまい！」という言葉です。自分の言葉なので方言を使ってもいいでしょう。

ＰＯＰ作成担当者が上司から「何かキャッチコピーを入れるように」と言われて、実際に食べてもいないのにとりあえず「おいしい」とコピーを書くことがあります。実際に食べていないのに「おいしい」と書いてもお客様には伝わりません。**本当においしいと感じた商品は、そのおいしさを具体的に、強くしっかり伝えることでお客様に伝わります。**

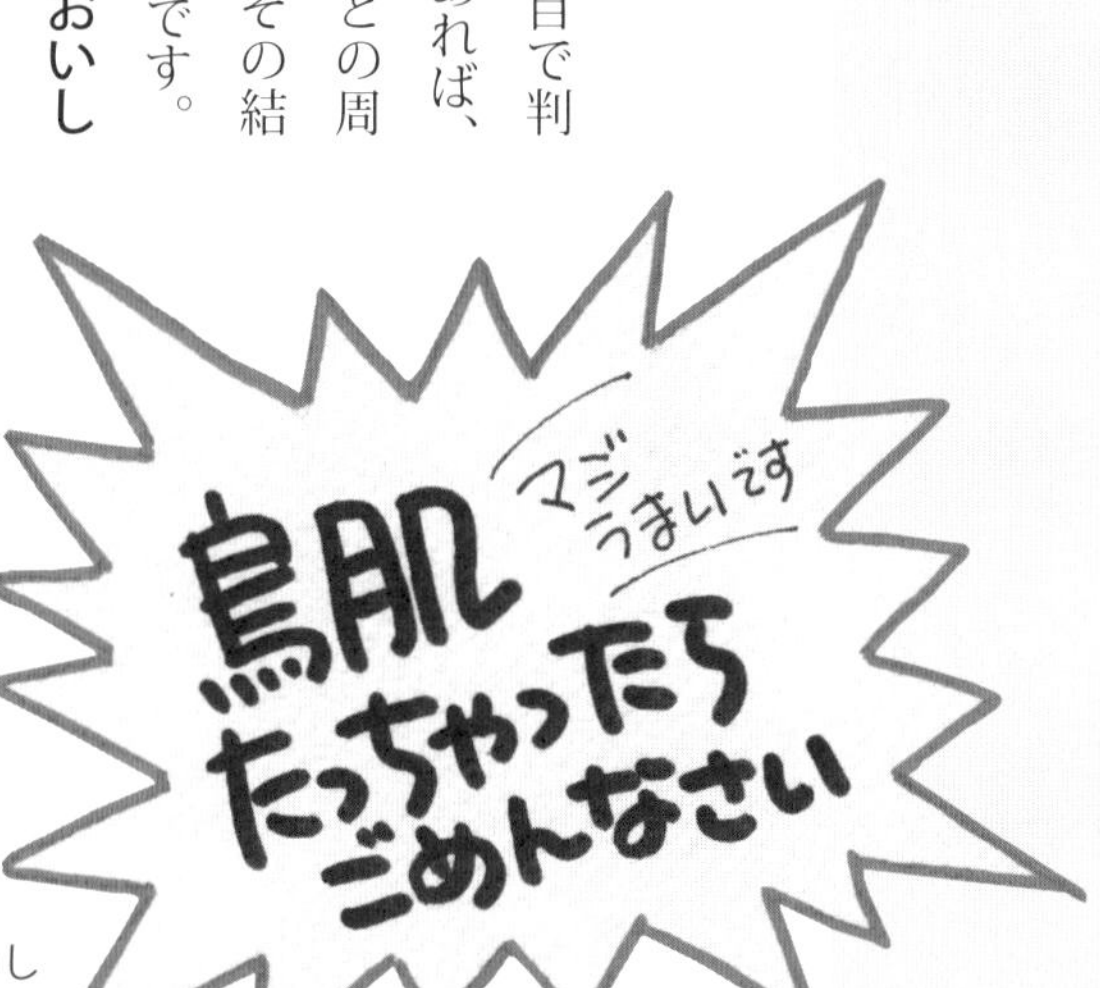
鳥肌
マジうまいです
たっちゃったら
ごめんなさい

「鳥肌立つほどおいしいのか！じゃ買おう！」

▶「おいしい」をくすぐるキャッチコピー事例

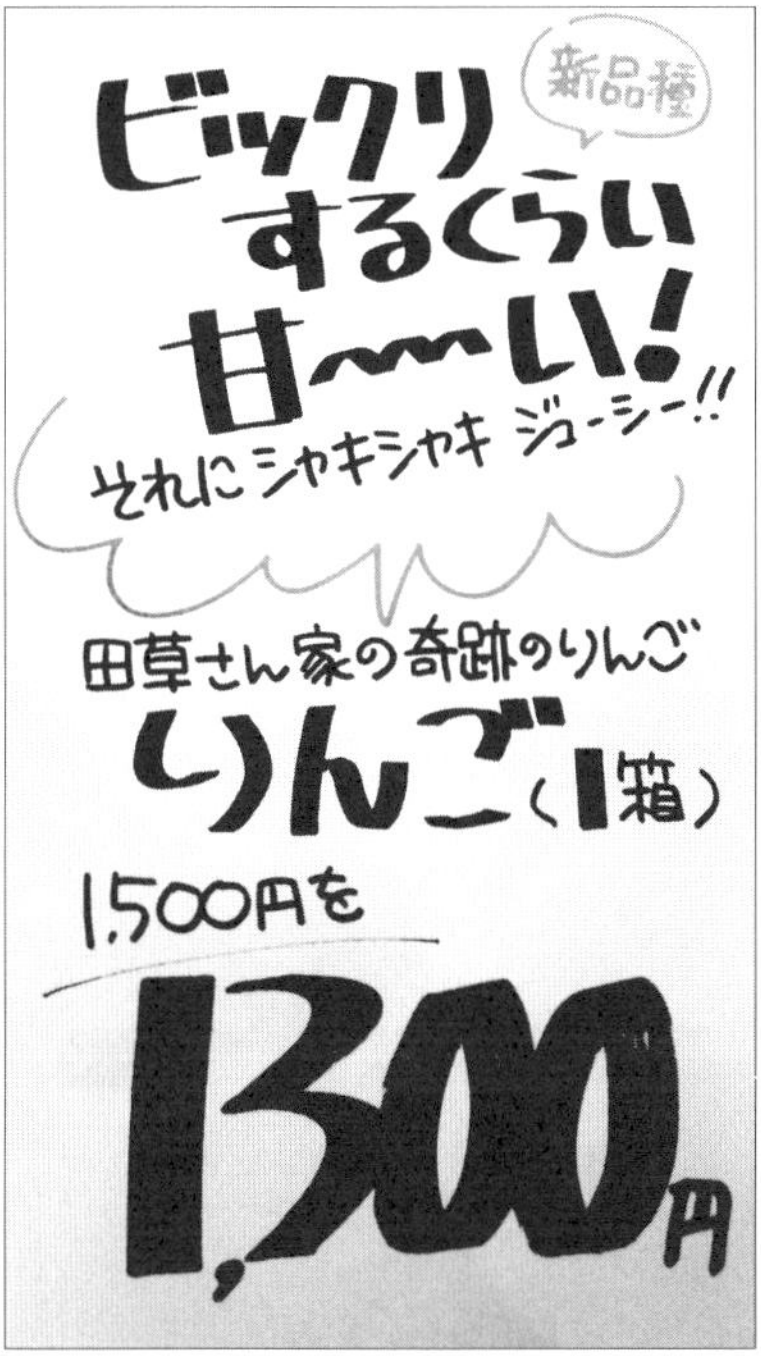
新品種
ビックリするくらい甘〜〜い!
それにシャキシャキ ジューシー!!
田草さん家の奇跡のりんご
りんご(1箱)
1,500円を
1,300円

「『ビックリするくらい』なんて大げさだな。でもそこまで言うんだからきっと本当に甘いんだろうな!」

沖縄与那国産
青汁がこんなに美味しいなんて!
青い海のミネラルたっぷり
「長命草」試飲してみませんか!?

「青汁っておいしいと思わなかったけど……。これなら私も飲めるかしら!」

ほ
おいしい〜♪
仕事疲れも癒されます

「今日も残業で疲れた〜!あ、これ疲れが取れるおいしさなんだ♪　買おう〜」

「おいしい」を盛り込んだキャッチコピー

「すごくおいしい!」「感動のうまさ!」「ほっぺが落ちちゃうかも!」「うまい!」「激ウマ」「バカウマ」「美味しすぎ」「一度食べたら忘れられない」

Part 3
03

人は「新しい」が好き！

「新しい」をキャッチコピーでアピール

人は「新しいもの」が好きです。古いものは壊れていたり壊れやすかったり、腐っていたり腐りかけていたりというリスクがあります。新しいものを選ぶほうが安全で安心な場合が多いのです。

野菜や魚は少しでも新しいものを選びたいので「採れたて」とか「産地直送」というキャッチコピーはとても魅力的です。屋台で売っているたこ焼きは、できてから時間がたっているものより焼きたてのほうが嬉しいはず。パック入り牛乳も玉子も食パンもヨーグルトも、品質に問題がなくても消費期限を見て新しいものを選ぶ人が多いものです。新鮮なもの、できたてものを求めるのが人の気持ちです。

やっぱり気になる新商品

食品以外でも、たとえば口紅を選ぶときなど、自分に似合う色を選ぼうとしていますが、それでも「新色」というPOPに目が行き、心が奪われます。**洋服や時計、宝石なども「新入荷」の商品のほうが魅力的です。**ファッション製品は古いものは流行遅れになってしまうという心配もありますが、たとえ流行に関係のない商品でも、店に長い間陳列してあったものと今日入荷したものなら、今日入荷した商品を選びます。

「地元農家の朝採りなんて最高に新鮮だな！　土の香りがしそうな感じだ」

▶「新しい」をくすぐるキャッチコピー事例

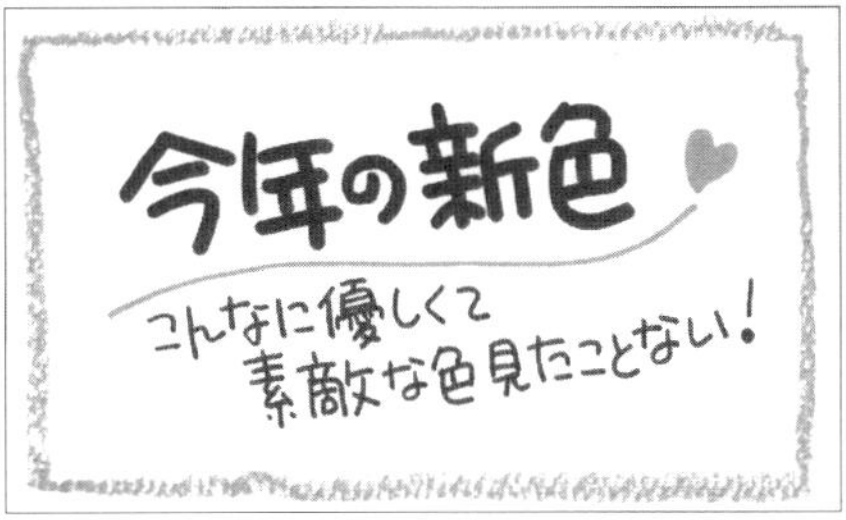

「わあ今年の新色か……。キレイな色だなあ。ほんと、優しくて素敵だ!」

「新発売の最新メーキャップだって! 試してみたい!!」

「今朝まで日本海で泳いでいたなんて、すごくイキのいい魚だ〜!」

「お! しぼりたての新しいお酒だ!飲んでみたいなあ!! おみやげもやっぱりできたてのもののほうが嬉しい!」

「新しい」を盛り込んだキャッチコピー

「新発売」「新商品」「新製品」「新入荷」「新色」「新しくなりました」「新開発」「新発明」「できたて」「焼き立て」「こんなの見たことない」「ついに登場」「画期的」「先取り」「NEW」「デビュー」「〜したて」「〜から直送」「お待たせしました!」「最新の〜」「誕生」「初〜」「〜業界初」「待望の〜」「新食感」「新作」「新モデル」「新感覚」「新鮮」「朝採り」

人は「古い」が好き！

「古い」をキャッチコピーでアピール

人は新しいものが好きですが、古いものも好きです。歴史はその場でぱぱっと作れるものではありません。**会社や店に「歴史」や「伝統」がある、「老舗」であるということはそれだけ長い間お客様の支持を集めてきた証であり、信頼できます。**「創業20年」ということは20年間、人に信頼されて存在している店だから、その店の商品は信用がおけるのです。

古くからの作り方にこだわっていることも好意的に受け入れられます。実際は現代人に合うように改革を続けて来たりしているのですが、**「昔ながらの熟練工が作った」「代々伝わる製法で」などと言われると歴史や伝統を感じ、価値あるものと感じるのです。**カルピス、リポビタンD、蚊取り線香……、古くからある商品、ロングセラー商品は、世間の人々に信頼されてきたものなので、やはり安心なのです。

また、「古い」雰囲気にも人は好感を覚えます。例えば昭和レトロなど、古き良き時代に多くの人が郷愁を感じます。その時代を知っている人は青春時代を懐かしむことができ、若い人にはレトロという一つのファッションになったりします。昭和30年代風に見えるようにわざと汚れを描いてディスプレイに使っている看板、レトロな書体を使ったパッケージデザインやPOPが好まれるのも、懐かしさが漂う「古い」雰囲気を醸し出しているからです。

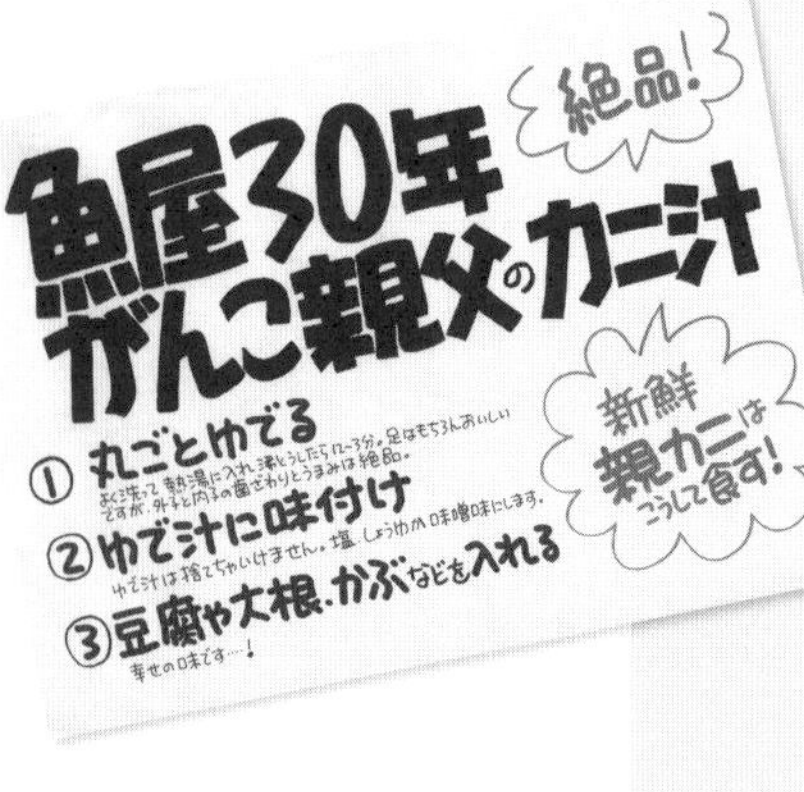
絶品！
魚屋30年
がんこ親父のカニ汁
新鮮親カニはこうして食す！
①丸ごとゆでる
よく洗って熱湯に入れ沸とうしたら12~3分。足はもちろんおいしいですが、外子と内子の歯ざわりとうまみは絶品。
②ゆで汁に味付け
ゆで汁は捨てちゃいけません。塩、しょうゆか味噌味にします。
③豆腐や大根、かぶなどを入れる
幸せの味です…！

「魚屋を30年もしているガンコ親父のいうことだから本当に美味しいんだろう」

▶「古い」をくすぐるキャッチコピー事例

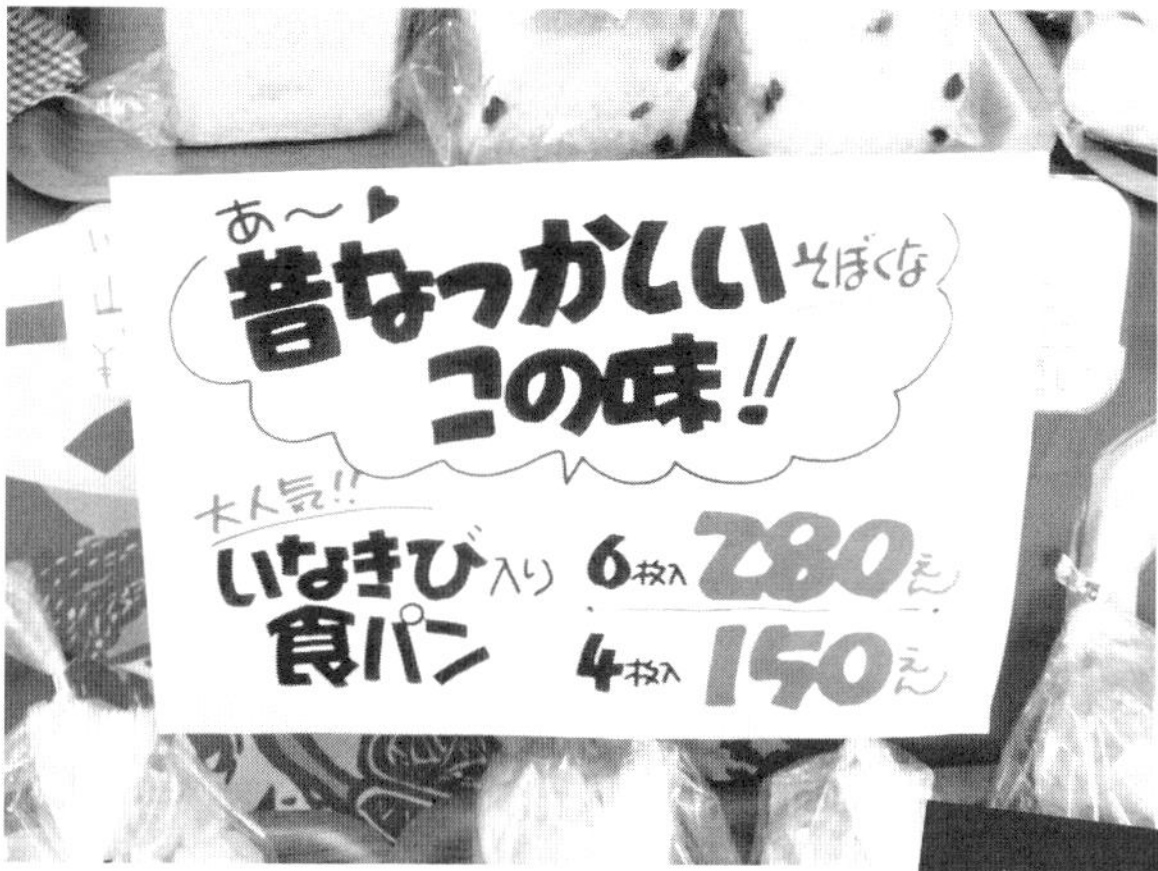

「このパン食べたことはないけれど、昔から作られていたのか。何だか人のぬくもりを感じるなあ」

「最近バタバタしてるからなあ……。昭和にタイムスリップするとちょっと癒されるかも」

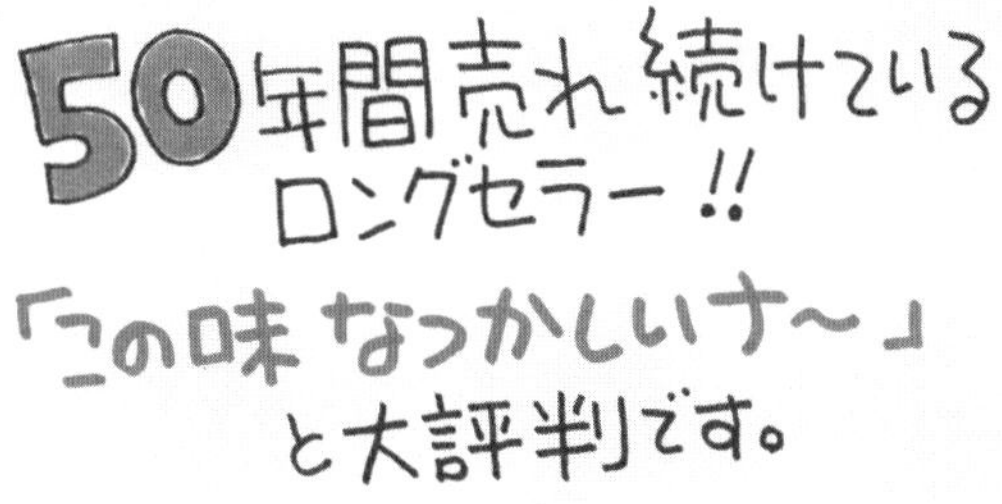

「すごいなあ! 50年間も売れ続けてるなんて!」

「古い」を盛り込んだキャッチコピー

「伝統の」「老舗」「創業○○年」「昔ながらの」「おばあちゃんの～」「～家代々伝わる製法で」「伝統の」「昔なつかしい」「熟練の～」「昔かたぎのガンコ職人の～」「○年前から変わらない製法」「この道～年」「正統派」「懐かしい味わい」「古代ローマ時代から～」

人は「安全」が好き！

「安全」をキャッチコピーでアピール

人は命の危機や健康を脅かされることから逃れるため、商品に「安全」を求めます。添加物たっぷりより「無添加」のほうが安心です。着色料が入っていないとおいしそうな色をしていないかもしれませんが、「着色料を使用していません」と伝えることで安心して商品を買ってもらえます。合成保存料を入れていないと消費期限が短くなりますが**「合成保存料を使用しておりませんので、本日中にお召し上がり下さい」と伝えることで、消費期限の短いことの不便さより「安全」を欲しい人にとって嬉しい価値となります。**

「国産」、「地元産」、「自家製」で安心感

近年「国産」や「地元産」「自家製」などがキーワードとして使われることが多くなりました。食品だけでなく、衣食住に関わるすべてのものに「国産」が使われています。現代の日本人は「国産」は相対的に「安全」だと認識しているからです。また「地元産」なら自分に近い人が作っているものだから「ごまかしはしないだろう。正直だろう」と感じます。「自家製」や「当店オリジナル」も同じです。**できるだけ近くの人、その人の顔が見えるという安心感が「安全」につながるのです。「この商品は安心して買える商品です」というメッセージを伝えることが人の心に響きます。**そのための情報を惜しまず提供しなければなりません。

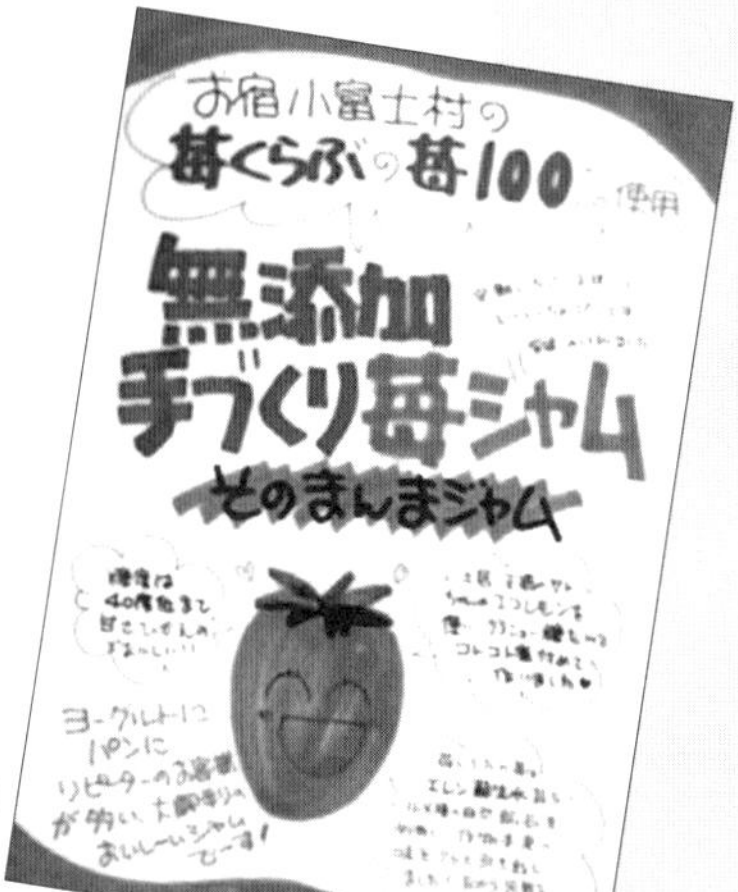

「無添加の手作りイチゴジャムなんて嬉しいなあ」

▶「安全」をくすぐるキャッチコピー事例

「伊予牛コロッケはこんな風に手作りされていたんだ！　安心で美味しそうなコロッケ、買ってみよう！」

「この店の食材は全部『久慈産　岩手県産』なのか！　どのメニューを食べても安心だ！」

「少し高いけど、買うならやっぱり『国産』が安心だ‼」

「安全」を盛り込んだキャッチコピー

「無農薬」「有機栽培」「合成保存料を使用していません」「無添加・無着色」「天然」「自然素材」「国産」「地元産」「自家製」「当店オリジナル」「当店特製」「シェフ特製」「郷土料理」「家庭料理」「地産地消」「100%植物成分」「防腐剤や香料を使っていません」

※「無農薬」「有機栽培」等は栽培履歴書や認証団体の証明によらない表示は不当表示になります。

Part 3
06

人は「手作り」が好き！

▼「手作り」をキャッチコピーでアピール

現代人は「手軽」で「便利」なものが好きですが、世の中に便利なものがあふれてくると、反対に「手間ひまかける」ことに価値を見い出します。たとえば時間をかけてパンを作ったり、蕎麦打ちをしてみたりと、自分で何かを育てるとか作り上げるという「手作り」感です。

自分で時間をかけることに興味がない人も、手間ひまかけて作られた商品は好きです。**「お手製」「昔ながらの製法で……」と書かれていると、機械的なものを排除し、人間が手間ひま時間をかけて作っているイメージを持ちます。**

▼人は「苦労話」も好き

商品を開発する際の「苦労話」や素材や商品仕入の「苦労話」、作る際の「苦労話」などがあるのなら、キャッチコピーに盛り込んでいきましょう。「そんなことをお客様に知らせる必要はない。良いものを提供すればよいのだ」という価値観もあると思いますが、膨大な商品点数と膨大な情報にあふれる現代、お客様は選ぶのに困っているのです。**「こんな努力をしてきた商品なら間違いない。裏切られることはないだろう。安心して買える」**という判断ができて、お客様にとっては嬉しい情報となるのです。

「よしよし…」
牛に声をかけながら乳をしぼりました。
昔ながらのふんわり甘～い牛乳
味わってほしくて作りました。

「牛に『よしよし』って声をかけながら育てられたのか……。愛情たっぷりの甘い牛乳だ！」

「手作り」「苦労話」をくすぐるキャッチコピー事例

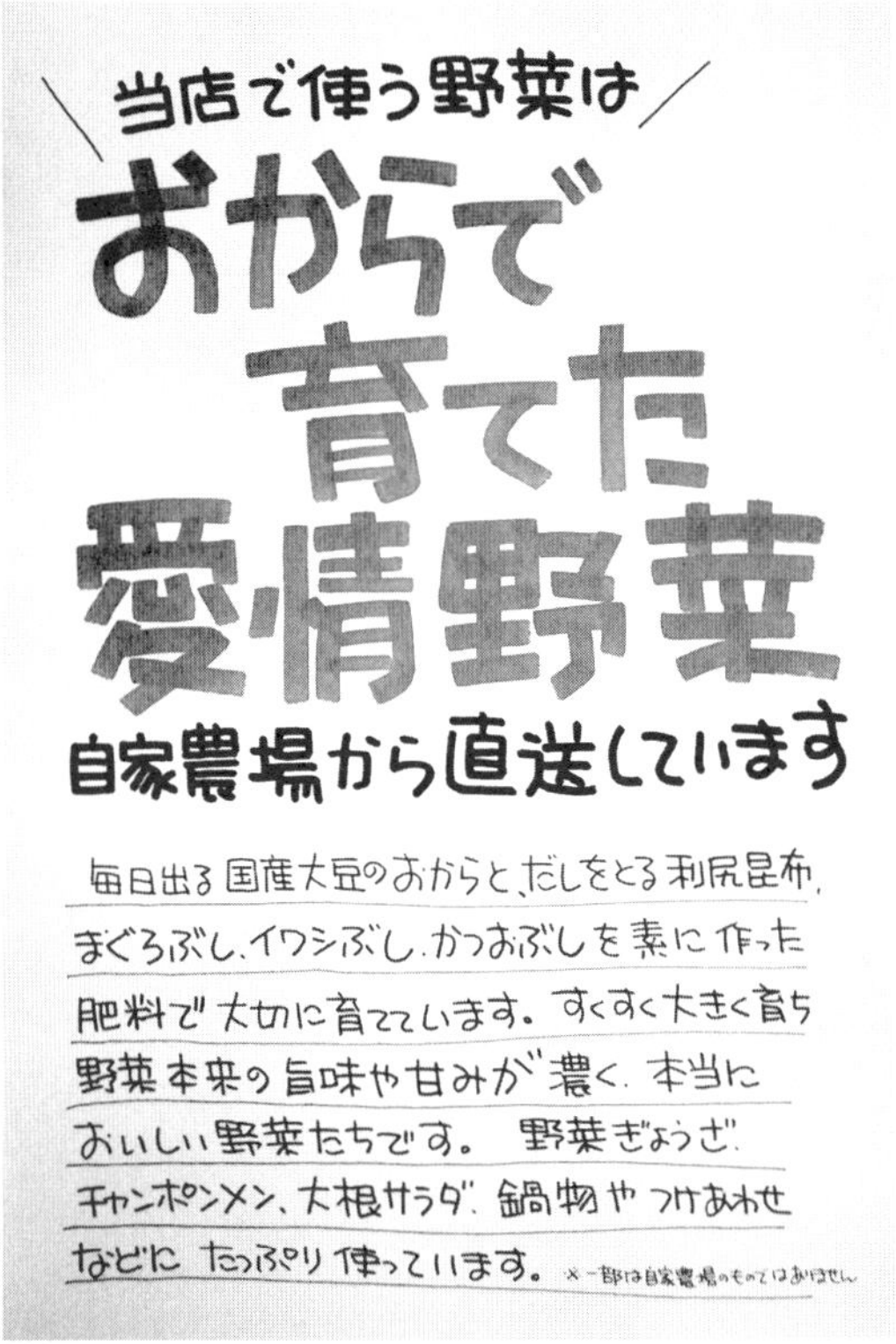
当店で使う野菜は
おからで育てた愛情野菜
自家農場から直送しています
毎日出る国産大豆のおからと、だしをとる利尻昆布、まぐろぶし、イワシぶし、かつおぶしを素に作った肥料で大切に育てています。すくすく大きく育ち野菜本来の旨味や甘みが濃く、本当においしい野菜たちです。野菜ぎょうざ、チャンポンメン、大根サラダ、鍋物やつけあわせなどにたっぷり使っています。
※一部は自家農場のものではありません

「おからで愛情こめて作られた野菜、食べてみたいなあ」

「このたまご焼き、人のぬくもりを感じるなあ……」

ひとつ、ひとつ、真心こめて焼いています

「手作り」「苦労話」を盛り込んだキャッチコピー

「愛情こめて手作りしました」「自家製」「シェフ特製」「昔ながらの作り方で」「甘みを引き出した」（「甘い」よりも苦労した感じ）「一つ一つ手摘みし」「すべて手作業で作り上げた」「30 時間かけて煮込んだ」「匠の技」「熟練工がていねいに作り上げた」

Part3 07

人は「自然」が好き

「自然」をキャッチコピーでアピール

人は「自然」が好きです。「養殖ブリ」より「天然ブリ」、「ハウス栽培」より「お日様たっぷり浴びて」が好きなのです（これは「自然」という切り口での話で、養殖ブリやハウス栽培を否定しているわけではありません。養殖の場合のほうが美味しいものもあり、他の切り口を使ってコピーを作ることができます）。工場生産で大量に作られるものが多くなり、自然が身近に感じられなくなっています。**「自然」が当たり前ではないので、より「自然」を恋しく思うのでしょう。人工的に作った合成のものより「自然」、「天然」のもののほうに価値を感じる人が多いのです。**商品にアピールできる「自然」の要素があれば、キャッチコピーに盛り込んでください。

人は「エコ」や「リサイクル」も好き

かつてエコ商品は〝エコだけど価格は高い〟では売れず、〝節約商品しかもエコ〟が売れていましたが、近年地球を守れるなら価格が少し高くなってもいい、少し面倒でもいいという価値観を持つ人が増えてきました。**エコを打ち出すPOPもお客様に伝わる時代になりつつあります。**

現代人は工場生産的、デジタル的な感覚のものより、このPOPのような自然で、アナログ的な感覚に惹かれる傾向があります。

▶「自然」「エコ」「リサイクル」をくすぐるキャッチコピー事例

智頭町の五月田
集落のお母ちゃん達
が猪や熊に気をつけ
ながら山で拾った栃の
実をまろやかに炊き
上げたようかんの中に
ごろごろ入れました。
故郷の山の香りを
楽しんでください。
かんがえ地蔵さんが見守ってくれてます
栃の実ごろごろ
栃ようかん
1300えん
保存料・添加物は入ってません！

「猪や熊が出てくる山で拾った栃の実なんて嬉しいなあ。手間ひまかけて作られたようかんだから少し高いけど安心だし、おいしそうだ」

「天然の綿のタオルケットが売れているのねえ。やっぱり天然は安心だものね！」

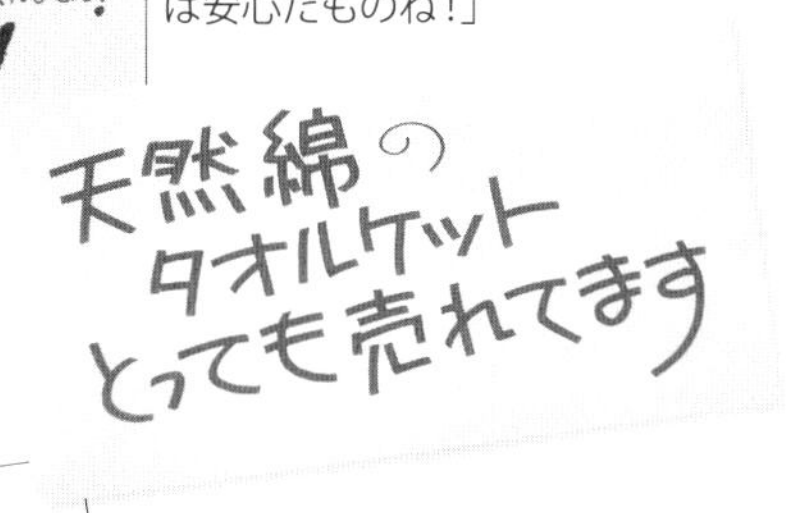
天然綿の
タオルケット
とっても売れてます

「自然な成分でできたシャンプーだから体にもいいものね。エコなのも嬉しい！」

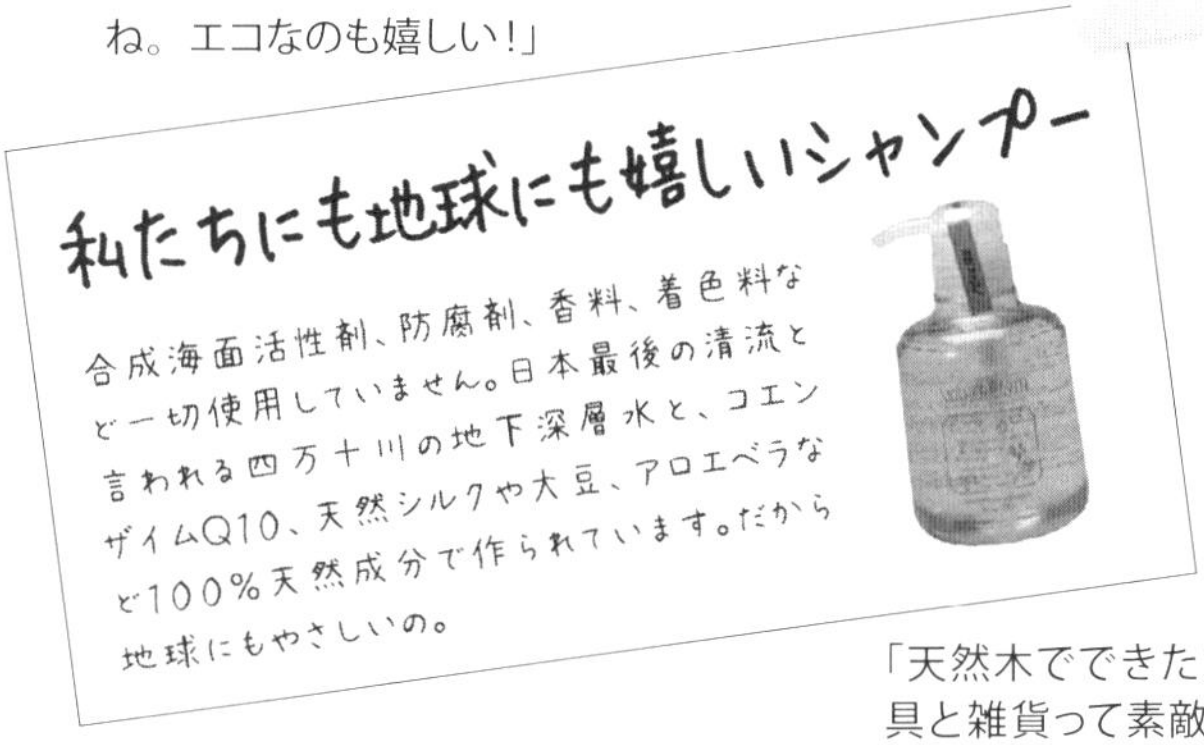
私たちにも地球にも嬉しいシャンプー
合成海面活性剤、防腐剤、香料、着色料など一切使用していません。日本最後の清流と言われる四万十川の地下深層水と、コエンザイムQ10、天然シルクや大豆、アロエベラなど100%天然成分で作られています。だから地球にもやさしいの。

「天然木でできた家具と雑貨って素敵！どんなお店か入ってみよう！」

天然木の
家具と
雑貨
内装

「自然」「エコ」「リサイクル」を使ったキャッチコピー

「木になったまま完熟」「野生の」「太古の〜」「天然木の〜」「自然のパワー」「植物から作られた」「ナチュラル」「天然由来 100%」「天然素材」「化学成分を使わない」「お日さまたっぷり浴びて」「環境にやさしい」「何度も使える」「長〜く使える」「無農薬」「有機栽培」「合成保存料を使用していません」「自然素材」

※「無農薬」「有機栽培」等は栽培履歴書や認証団体の証明によらない表示は不当表示になります。

Part3 08

人は「安い」が好き！

▼「安い」をキャッチコピーでアピール

人は同じ価値であれば「高い」商品より「安い」商品を選びます。だから**「安い」ときは「安い」ということをきちんと伝えることが大切です。**

専門店はこの「安さ」をお客様に伝えるのが苦手だと私は常々思っています。量販店のように安売り店のイメージを出す必要はないし、安売りを推奨しているのではありません。しかし安いときは「安い」と表現しなければ、一般のお客様には専門店は「いつも高い」と思われてしまいます。

▼「安さ」を表現する

安い商品には、価格を赤字で大きく、肉太に書くことで「安さ」をアピールすることができます。可能なら「当店通常価格」に比べていくら安いのか、何%安いのか明記したほうが、お客様に伝わりやすいでしょう。特価商品だけが「安い」のではありません。**一般的な価格より高くても、その価値を知ることができればその商品は買う価値があり、それは「価値」に比較して「安い」ということです。**お客様のどんな欲求を満足させることができるのか、どんな不満や不便を解決できるのかを、具体的に表現することで安さが伝わります。**使用日数や一回の使用重量などの換算価格も「安い」をアピールするコツです。**

りんごデニッシュ
115円
腹ペコでも
これ1つで
大満足！
それにうま～い♪

「ボリュームがあるからこれ1つで満足できるのもわかるわ。安いなあ！このパン！」

「安い」をくすぐるキャッチコピー事例

「カフェカーテン500円⁉　おしゃれなカフェカーテンが500円なんてすごく安い！」

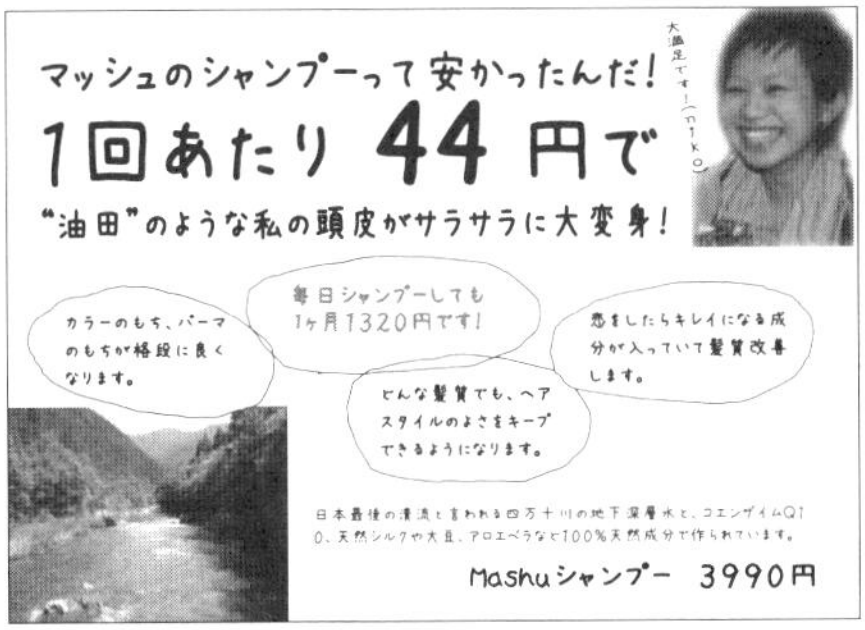

「よさそうなんだけど高くて手が出なかったシャンプー……、意外に安いのね。それに髪質の悩みが解決できるなら1回44円だったらお得だわ。スタイリング剤も少なくて済むだろうし……」

「エプロン、カッポウ着が500円！　今のエプロン飽きたから2枚くらい買っちゃおう♪♪」

「安い」を盛り込んだキャッチコピー

「大特価」「最終底値」「前代未聞驚きの安さ」「赤字覚悟の超特価」「メッチャ安い！」「激安」「衝撃プライス」「破格の」「～円均一」「お徳用」「ナント～円」「お試し価格」「ワケあり価格」「着まわししやすい」「仕事にも遊びにも」「オールマイティに大活躍」「ONにもOFFにも使えます」「コスパが高い」「オールシーズンOK！」

Part 3 09

人は「季節」「旬」が好き

▼「季節」をキャッチコピーでアピール

人は「季節」が好きです。季語を入れることが約束の五・七・五の短い詩である俳句、季節のあいさつから始まる手紙……。四季は日本だけのものではないとはいえ、**日本人は季節の移ろいに敏感で季節をとても大切にします。**季節が変わるごとに服を変え、気持ちも切り替えます。

節分・ひなまつり・花見・端午の節句・七夕・冬至のゆず風呂など、季節を楽しむ行事が多々あり、桜、虫の音、仲秋の名月、紅葉などの季節の風物を愛でます。風鈴やすだれなど、季節を楽しむインテリアや小物もたくさんありますので、それらを使ったPOPは、とても目を引きます。

▼「旬」をキャッチコピーでアピール

人は「季節」と密接な関係がある「旬」も好きです。旬の食材で季節を楽しみます。寒さが続く冬の終わりの食卓にフキノトウのてんぷらがあると「ああ、間違いなくもうすぐ春なんだ！」と嬉しくなります。食品スーパーの入り口付近が野菜や果物のコーナーになっていることが多いですが、季節の演出がしやすく店内が活気がつくというのが一つの理由です。**季節の到来を演出したPOPを効果的に使いましょう。**

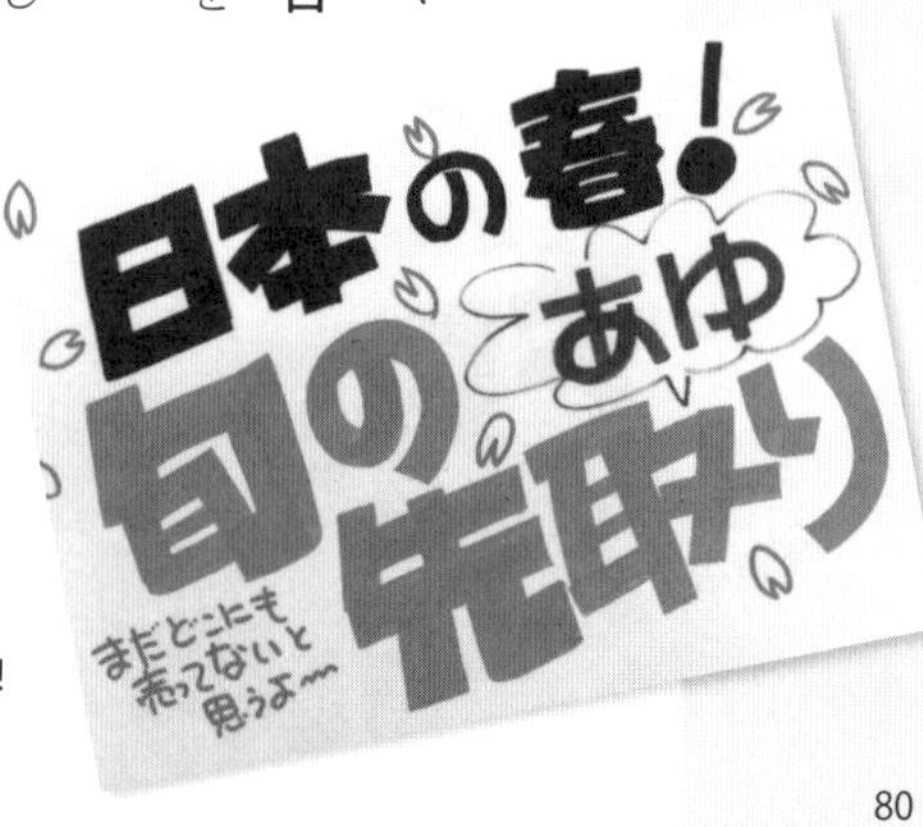
日本の春！
あゆ
旬の先取り
まだどこにも売ってないと思うよ〜

「わ！ もうあゆの季節なんだ!! ワクワク！」

▶「季節」「旬」をくすぐるキャッチコピー事例

「そうか！ 今年の秋のトレンドは明るめなのね。秋を楽しめそう♪」

「外に出なくても、家で編み物をしながら楽しむ冬もイイな！」

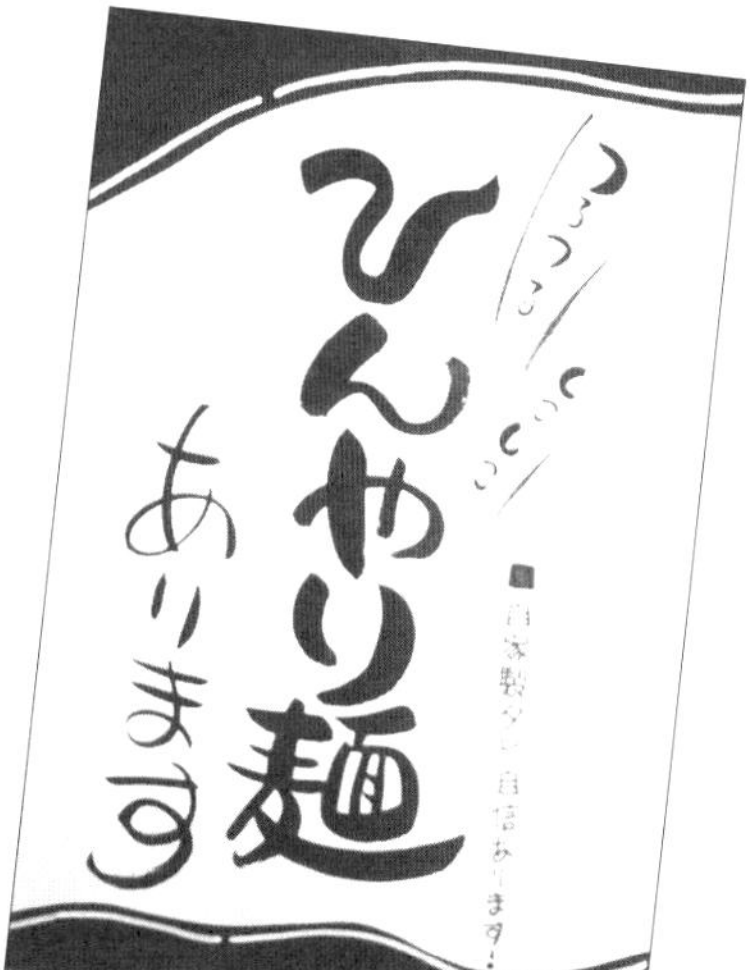

「暑いなあ……!! こんなときはやっぱり冷たい麺だよね」

「季節」「旬」を使ったキャッチコピー

「今が旬」「春です！」「日本の夏」「秋だから〜」「冬を楽しむ〜」「夏はやっぱり…」「秋の味覚をたっぷり」「〜の旬が到来しました」「今しか食べられません」「夏限定」「初夏の風味」「今年の春のトレンド先取り」

Part3
10

人は「人気」が好き！

▼「人気」をキャッチコピーでアピール

人は人気商品が好きです。「人気」があるということは、お客様に支持されている商品であり、価値ある商品の証拠です。「良いもの」と安心して買える商品なのです。

例えばパン屋さんで何を買おうかと迷ってしまったら、「売れています」と書かれているパンに手が伸びます。「人気ランキング」の表示があれば、1位が好みでない場合は2位、3位……と選べるので、嬉しいものです。食品や消耗品なら、リピート率が高いことも人気商品の証です。「リピーター続出中！」などが使えますね。

▼「人気」の理由もいっしょに伝える

「売れている理由」を一緒に伝えることも大切です。「ふわふわのとろけるクリームとチョコのハーモニーが絶品！」といった感じです。

お客様から支持されている商品というのは、必ず何か理由があります。その理由をお客様に聞いたり自分たちで考えて、きちんとキャッチコピーにして表現すると、もっと多くのお客様に愛される商品に成長していくのです。

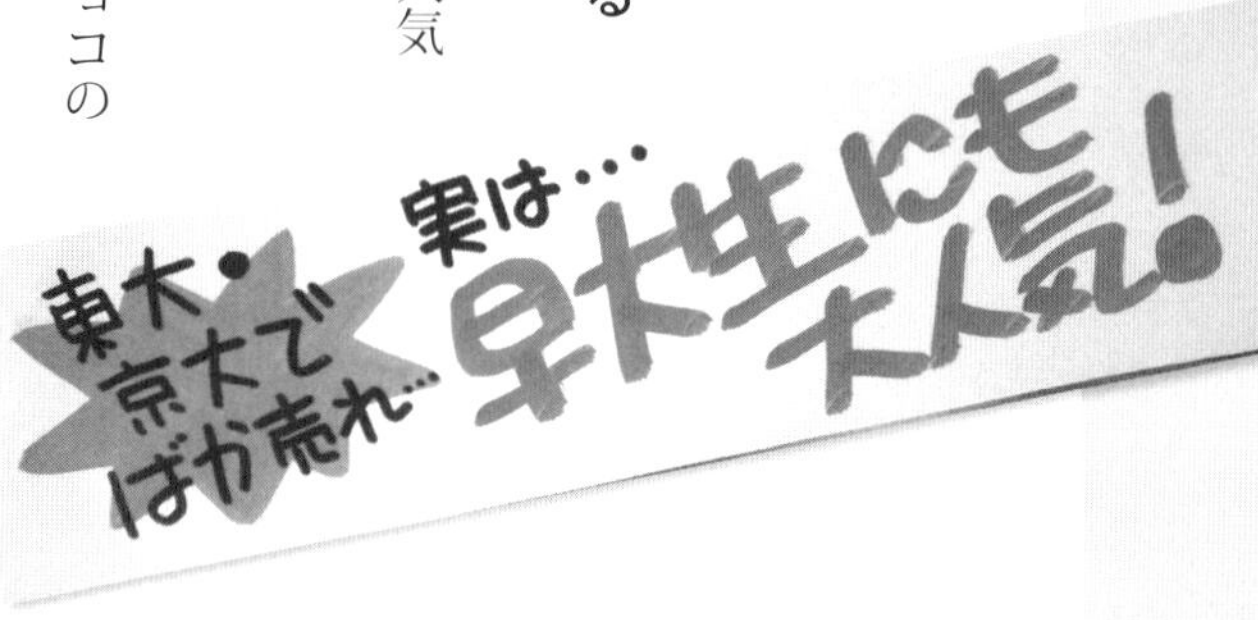

「東大や京大で人気があるのか！ へえ！ 私たちの学校でも売れてるのね！」

「人気」をくすぐるキャッチコピー事例

絶品中の絶品と
大評判!
斑鳩の赤もみじ玉子使用
モンシェリーロール
保存料 添加物 無添加
1本
¥1,000
税込

「わあ！ そんなに大評判なら絶対おいしいに違いない！ 買ってみなくっちゃ！」

お酒にちょっとこだわるオーナー木村が選んだ
刺身に合う!ベスト3
NO.1
刺身とこれがあると生きてて良かったと思う…!
キクマサ 菊正宗ビン 900ml 754円
NO.2
刺身に麦焼酎!間違いなく合います。
濱田酒造 隠し蔵 300ml 547円
NO.3
コクを感じつつ、幸せを感じてほしい。
キリン コクの時間 500ml 175円

「そうか〜、刺身にはこういうお酒が合うのか。お酒にこだわるオーナーが選んでいるんだから間違いなさそうだ。試してみたい！」

いきなり
売れてます

「新製品がすぐに猛烈に売れているということは価値あるものに違いない。売り切れないうちに買おう」

「友達との話題になりそうだ」

「人気」を盛り込んだキャッチコピー

作ってすぐ、また仕入れてすぐに売れたら「いきなり売れてます」、売れ行きがグングン伸びてきたら「人気急上昇中」、売れ行きが伸び続けているなら「大ブレイク！」、長い間売れているなら「不動の人気」、一部のお客様に売れているなら「秘かなブーム」。

「売れています」「人気抜群」「売れ筋」「人気急上昇中」「いきなり売れています」「人気爆発」「大好評」「大評判」「話題の」「根強い人気の」「売れ続けています」「大ブレイク」「不動の人気」「定番」

Part 3
11

人は「ナンバーワン」が好き！

▼「ナンバーワン」をキャッチコピーでアピール

人は「ナンバーワン（NO．1）」が好きです。

自信を持っておすすめする商品なら、「今日のおすすめNO．1」、「当店のおすすめNO．1」、「店長おすすめNO．1」などのコピーをつけましょう。店長でなくても「スタッフアイコのおすすめNO．1」、「当店のパート主婦のおすすめNO．1」とすることができますが、信頼度は店長に劣る感じです。しかし「当店スタッフ全員で試食したNO．1の新商品」と数で勝負したり、「激辛フリーク山田のイチオシNO．1」「当店スイーツ大好きNO．1ミワのお気に入りはコレ」など、スタッフが「この分野は私におまかせ！」ということで書いたコピーであれば、お客様にとってとても嬉しい情報になります。

「人気NO．1」というコピーは、お客様にとっての安心感は格別です。さらに期間を決めるとより信頼感が増します。「今月のNO．1」「今年（昨年）の～」「今週の～」「リピート率～」など。期間を具体的にすると、ただ「人気NO．1」と書くだけよりも信頼できそうです。

嘘はだめですが、自信を持っておすすめする商品には「NO．1」をつけてみませんか？どの商品を選ぼうか迷っているお客様にとって、とても嬉しい一言になります。

休日に家族で
見る映画なら….
白山店長の
おすすめ
NO.1
はこれ

「休日に家族で見る映画」というおすすめ理由がお客様の心に響きます。現在人気がないものでも、店長が本当におすすめしたいものなら、このように強くアピールするとよいでしょう。

▶「ナンバーワン」をくすぐるキャッチコピー事例

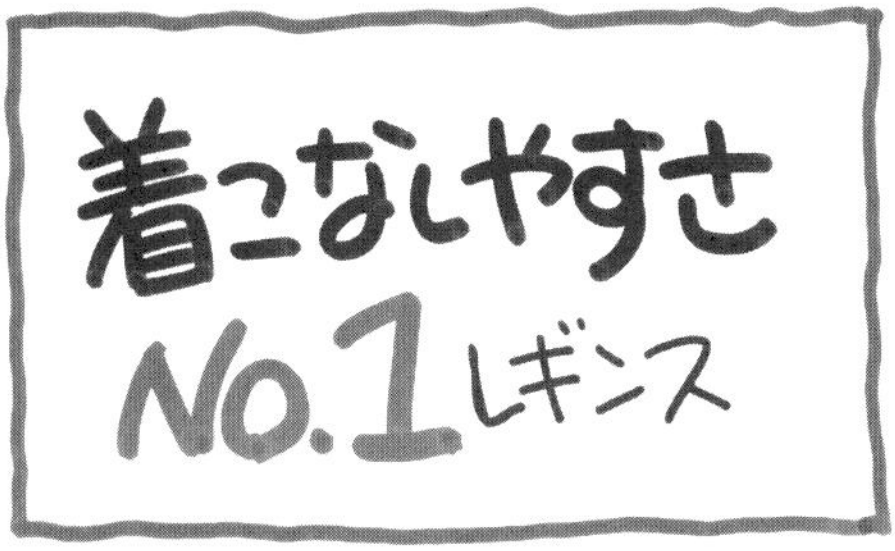
着こなしやすさ
No.1レギンス

「どれにしようかな……。着こなしやすいこのレギンスならお得ね」

頑張った日の…
ごほうびスイーツ
No.1

「今日は残業で疲れちゃった。よく頑張った私へのスイーツはこれね！」

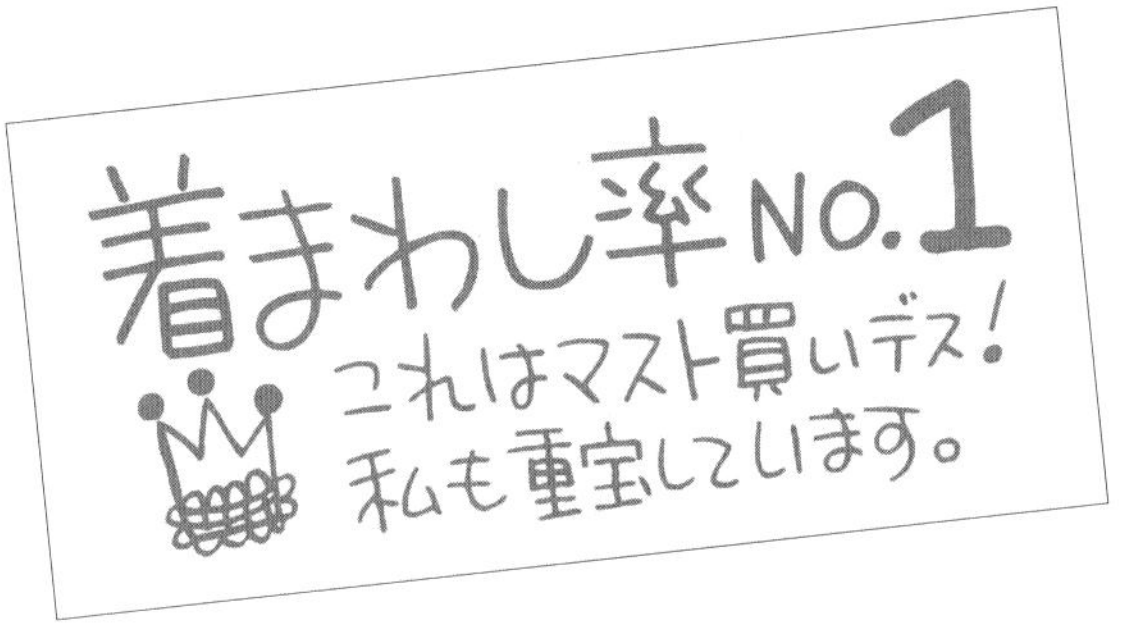
着まわし率No.1
これはマスト買いデス!
私も重宝しています。

「着まわしができるのは嬉しいなあ。しかもNo.1だって！」

母の日プレゼント
おすすめ
No.1

「お母さんに何をあげようか悩んでいたけど、おすすめNo.1の商品にしようかな。どれどれ、どんな商品なの!?」

「ナンバーワン」を盛り込んだキャッチコピー

「真夏の夜のおすすめミステリーNo.1」「お盆に家族で観たい映画No.1」「刺身に合わせたい日本酒No.1」「頑張った日のご褒美スイーツNo.1」「ミルクチョコに合わせたい珈琲No.1」「ぶっちぎりの1位」

Part3 12

人は「限定」が好き！

「限定」をキャッチコピーでアピール

どれだけ安くても、年中セールをしていたら「今買おう」と思いません。「期間限定」だから「急がなくちゃ」「今のうちに」と思うのです。どれだけ高品質な商品であっても、商品が豊富にあって今すぐ買う必要がなければ、後回しにするでしょう。**「数量限定」だと「今買わないといけない」と思います。「期間限定」「数量限定」など限られたことがあるなら、そのことをお客様に伝えてお客様の行動を促しましょう。**

また人は「地域限定」の商品も好きです。観光地で買物をしているとき、その商品が自宅近くで買えるものは買う気がしません。また、地元名物のお土産を買ったはずなのに、その土地のものでなく他県で生産、製造していたり、原材料が外国産だとわかったら、がっかりします。その場所で作られた、その場所でしか買えない商品を買って帰るのが嬉しいのです。

人は「珍しい」も好き

「珍しい」ものは家族や友人、知人に自慢できるかもしれません。「めったに手に入らない」ものを手に入れたという充実感も持てるものです。**希少性のある商品は、「珍しい」を前面にアピールしましょう。**

おふくろの味
毎日
限定50コ
手づくりなので少ししか作ることができません。
着色料・保存料は使っていません！

「50個しか作っていないのか。着色料、保存料もないし、懐かしいおふくろが愛情込めて手作りしている様子が浮かんでくる……買おう！」

▶「限定」「珍しい」をくすぐるキャッチコピー事例

「美味しそうなお菓子だなあ。100 個限定……、今のうちに買っちゃおう！」

「限定 20 食しか作っていないのか。まだお腹がすいていないから一回りしてから入りたかったけど……。少し早いけど今のうちに入って食べよう。」

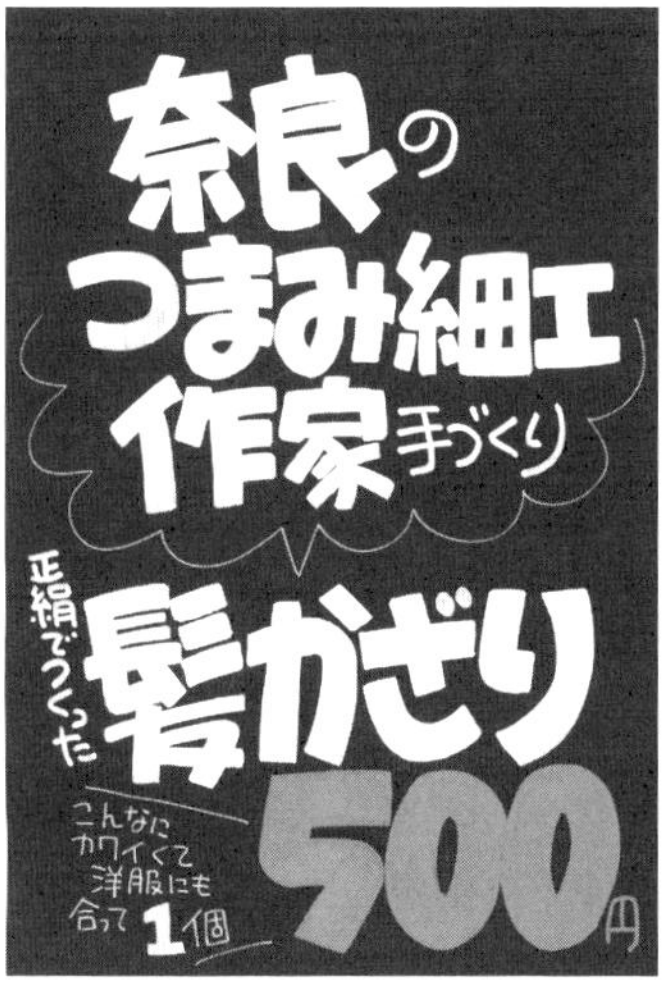

「奈良に来たんだから奈良でしか買えないものを買おう！ リーズナブルだし、自分用とお土産用に決定 !!」

「わおー！ プリンプリンってそんなに人気だったのね！ まもなく販売終了だったら今のうちに買っておかなくちゃ！」

「限定」「珍しい」を盛り込んだキャッチコピー

「期間限定」「地域限定」「季節限定」「数量限定」「時間限定」「曜日限定」「ここでしか買えません」「毎日○コしか作れません」「火曜日だけの～～」「残りわずか！」「先着○名様限り」「他では手に入りません」「～名物」「奇跡の」「年に一度だけ採集される」

Part 3
13

人は「お墨つき」が好き！

▼「お墨つき」をキャッチコピーでアピール

「お墨つき」とは権威ある人や機関が与える保証や許可のことです。「モンドセレクション金賞受賞」、「内閣総理大臣賞受賞」、「宮内庁御用達」「有名モデルも愛用」などのいわゆる「お墨つき」は、**権威ある人や機関が「良い」と評価したのだから、「商品の品質に間違いはない」と安心できます。**何かの小さいコンテストでも受賞している「お墨つき」の事実があるなら、コピーにしてお客様に伝えましょう。ＰＯＰに書くとき、その賞をイメージできるメダルやロゴを使えば、見た瞬間に受賞商品であることをお客様に連想してもらえます。

▼プロならではの「資格」も積極的にアピールすべき

スタッフが「資格」を持っている場合も、積極的に伝えるべき事実です。

あるフラワーショップが開店するとき、全スタッフがフラワーデザイナーの資格を持っていたので、そのことをＰＯＰに入れるようにアドバイスしたところ、店長は「誰でも取れる簡単な資格なので恥ずかしい」と言いました。フラワーに詳しい人ならその資格が簡単に取得できるものだとわかるかもしれませんが、一般のお客様は案外知らないものです。「資格」をアピールすることにより、お客様は「この店なら安心してフラワーデザインを任せられる」と感じるのです。

「わ！このお店、ＴＶ取材受けたんだ！
オーダー枕なんてすごい！」

▶「お墨つき」をくすぐるキャッチコピー事例

「すごーい! 大賞を受賞したお弁当だ! それなら絶対美味しいに違いない。今日はこのお弁当に決まり!」

外部機関の賞を受賞していなくても賞は作れます。お客様を巻き込んで「人気コンテスト大賞」を作ってみませんか。

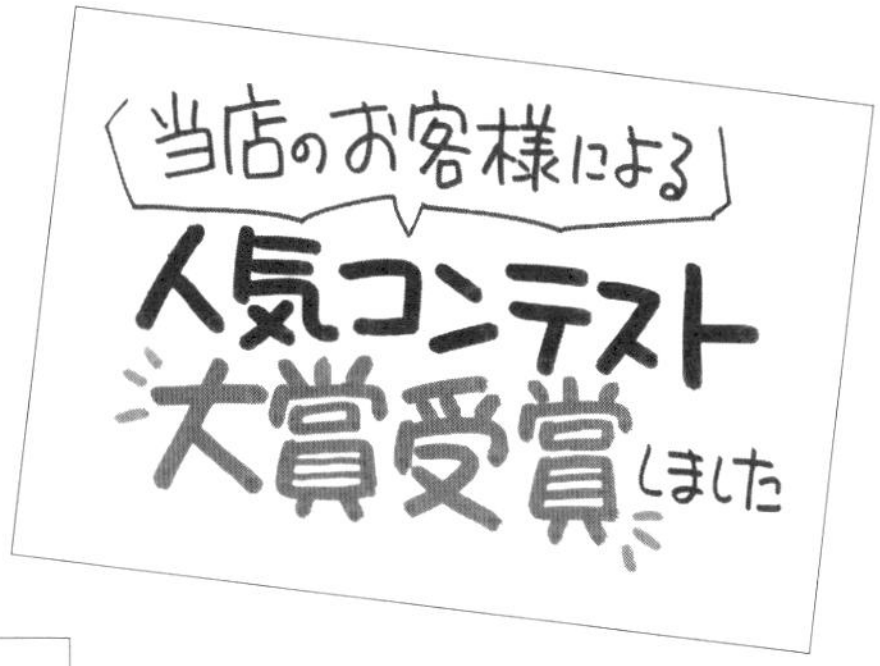

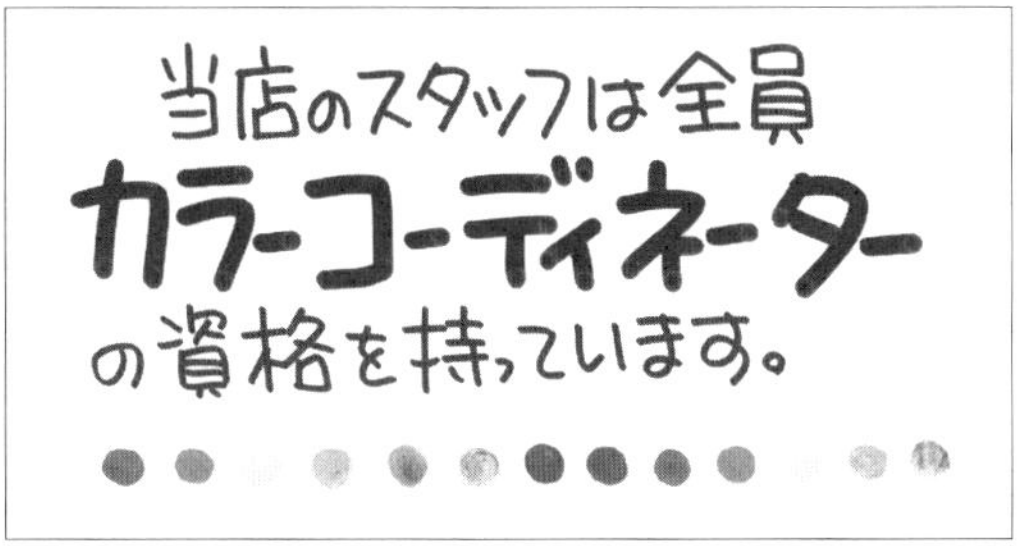

「全員カラーコーディネーターの資格を持っているなら、安心してアドバイスを受けることができるゾ」

「お墨つき」を盛り込んだキャッチコピー

「～賞受賞しました!」「内閣総理大臣賞受賞」「当店スタッフによる今月の人気コンテスト大賞受賞」「当店お客様による人気コンテスト金賞受賞」「TV・雑誌で紹介された」

Part 3
14

人は「たっぷり」が好き！

▼「たっぷり」をキャッチコピーでアピール

人は「たっぷり」が好きです。

「質より量」がすべて良しではありませんが、基本的に量が多ければ「お得」で「安い」のです。**同じ品質で同じ価値なら、人は量が多いほうを選びます。**無制限に買物ができる人はいなくて、限られた予算の中でやりくりする人がほとんどですから、同じ質なら、少しの量より「たっぷり」のほうがお得であり嬉しいのは当然です（ただし食べきれる量を小分けしたパックのほうが良い場合もあります）。

「今だけ10％増量」と言われれば、限定感もあって「今買わないと次は元の量かもしれない」と判断し、つい手が伸びます。

商品そのものだけでなく、成分が「たっぷり」の場合もあります。それは高品質の証拠と感じさせます。「タウリン１０００㎎配合」より「タウリン２０００㎎」のほうが「疲れた体に効きそうだ！」となるのです。

複数個まとめて販売するバンドルセールも「たっぷり」をくすぐる方法です。「３本セットで～」と書くとお得感が出ます。「３本セット」の場合、「３」を大きく太く書きましょう。ときどき小さいＰＯＰを見かけますが、「１本」と勘違いされてるのではと感じます。

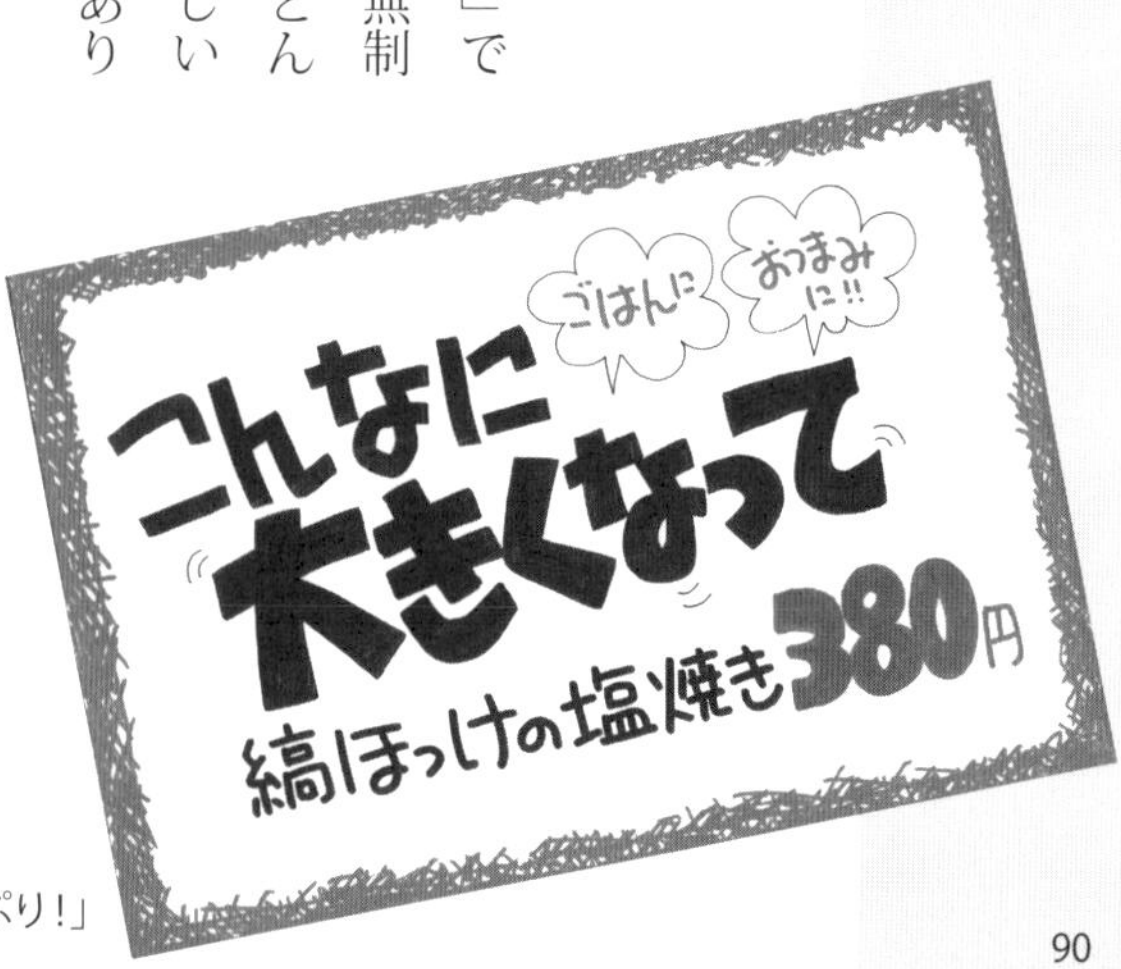

「わあ！ ほんとう！！
大きいなあ、身がたっぷり！」

「たっぷり」をくすぐるキャッチコピー事例

「あさりって中が見えないから不安だけど、ここまでいうなら本当にぷるんぷるんの大きい身に違いない!」

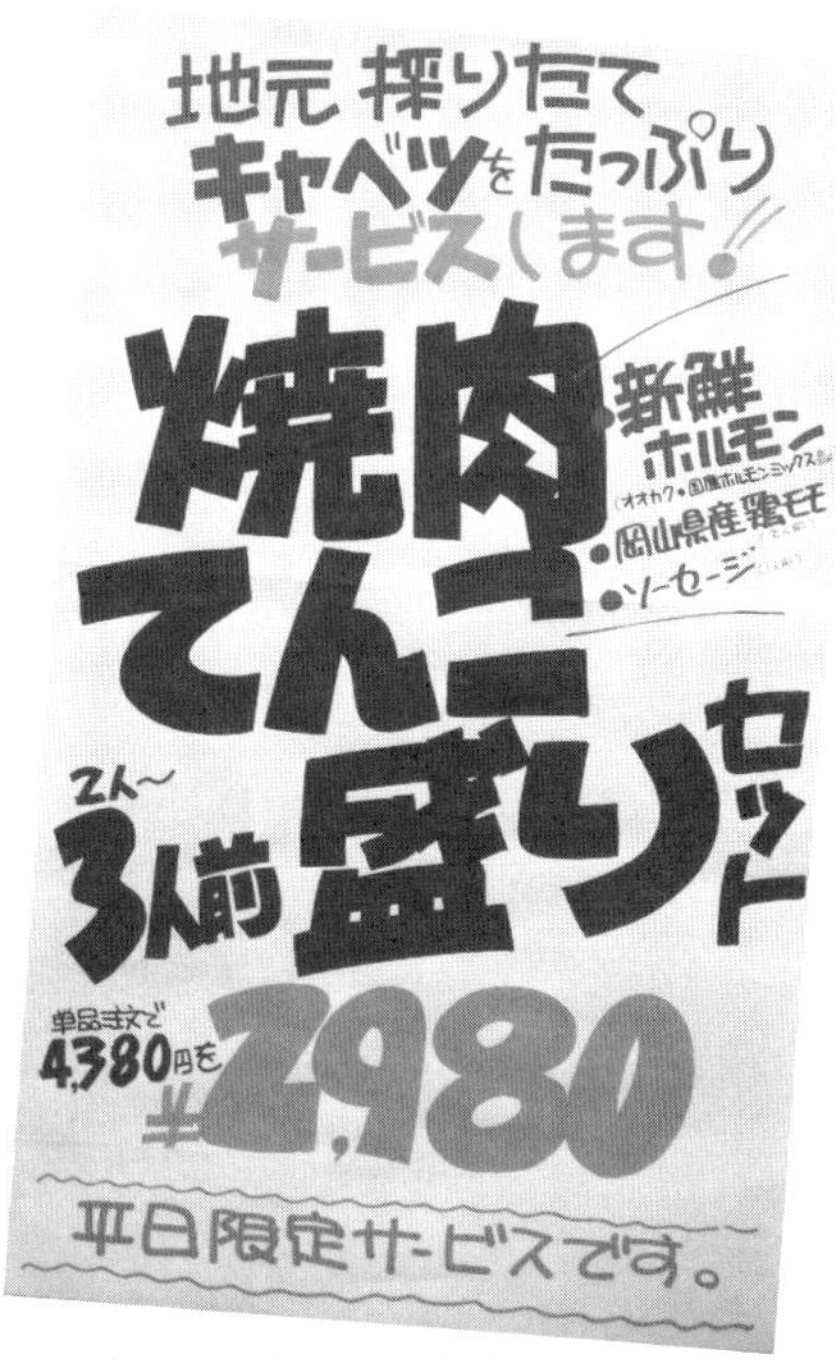

「おお! 焼肉をてんこ盛り食べれるぞ! 地元の採りたてキャベツをたっぷりサービスしてもらえるのもすごくうれしい!」

「栃の実が“ごろごろ”なんてすごく嬉しいなあ!」

「たっぷり」を盛り込んだキャッチコピー

「ボリュームたっぷり」「増量しました」「~アップ」「~たっぷり」「ドカーンと」「~まるごと入れました」「~満載」「~が勢ぞろい」「~を贅沢に使いました」「セット」「ふんだんに」「ナント~が○個も入っています」「まとめ買いがお得」「ボリューム満点」「~に大満足」「徳用」「業務用」「てんこもり」「濃い」「濃厚」「リッチ」「超ド級」「メガサイズ」「旨みが凝縮」「~が凝縮」「濃密」「バシャバシャ使える」

Part3 15

人は「美」と「健康」が好き！

▼「美」と「健康」をキャッチコピーでアピール

美の基準は、時代や国、地域によっても変わり、**また個人差もありますが、人は可愛くなりたい、美しくなりたいと願うものです。美しさを保ちたいという気持ちはいくつになってもあります。**「もう年齢《とし》だから」とあきらめている人も、美しくなることを無理だとあきらめただけで、美しくなることを嫌悪しているわけではないのです。いくつになっても若く見てもらえたら嬉しいし、キレイになれたら嬉しいのです。最近はきれいになりたい男性も増えています。

また、**人は健康でいたいという欲求を持っています。「より健康になりたい」、「病気から解放されたい」、「老化したくない」と思っています。**人は「健康」を目的として生きているわけではありませんが、健康でいることでよりよい人生を送ることができます。

「健康」に関わるコピーが薬事法（※）の関係で作りにくい場合、他のキーワードを元にPOPを考えるのも一つの手です。「○○県で製造」、「国産原料100％使用」など、素材や作り方を訴えたり、「1日に○万個以上売れています」と人気の高さや歴史と伝統があることをアピールします。

※薬事法……医薬品、医薬部外品、化粧品などの誇大広告を禁止する法律。身体への効果効能を謳えるのは、その効果が認められた医薬品だけですので、注意が必要です。

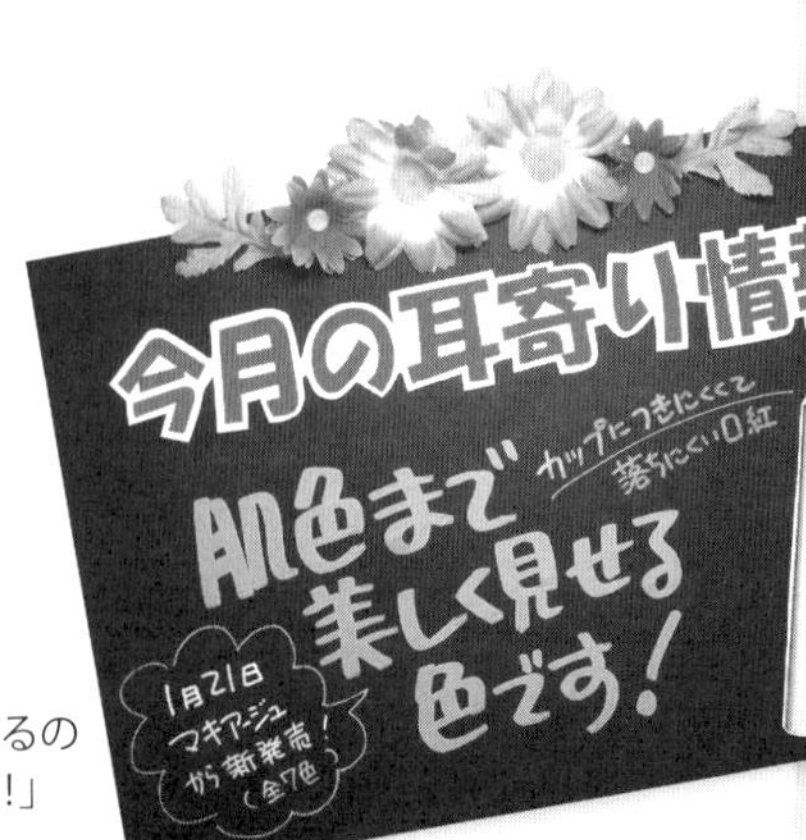
今月の耳寄り情報
カップにつきにくくて落ちにくい口紅
肌色まで美しく見せる色です！
1月21日マキアージュから新発売！（全7色）

「お肌がキレイに見えるのは、すごくうれしい…！」

▶「美」と「健康」をくすぐるキャッチコピー事例

仕事復帰に大人気です!!
遊び疲れ
解消マッサージ
15分 1,500円

「連休明けは辛いなあ……。あ！ このマッサージ、私にぴったり！」

ゴーヤチャンプルーで
ビタミンC
補給して明日の活力に！
ゴーヤチャンプルー330円

「暑い！ ゴーヤチャンプルーで猛暑を乗り切るぞ！」

「おでんってカロリーが高いと思っていたけど、結構ローカロリーのも多いのね。よし！ 今日はおでん！」

ダイエットにおススメ！ごはんとどうぞ
ローカロリーおでん
Best5
1位‥しらたき 6kcal 75円
2位‥こんにゃく 9kcal 75円
3位‥昆布巻き 9kcal 85円
4位‥大根 14kcal 75円
5位‥つみれ 52kcal 105円

「美」と「健康」を盛り込んだキャッチコピー

「美肌」「ぷるぷる潤う」「シワ」「シミ」「毛穴」「たるみ」「透明感」「崩れにくい」「しっとりもっちり」「きめこまやか」「ワントーン明るく」「驚きのつや肌」「女子力アップ」「陶器のような」「目ぢからアップ」「マシュマロほっぺ」「発色も持ちもバッチリ」「キメ肌」「つるすべ肌」「ゼロカロリー」「低カロリー」

Part 3
16

人は「便利」が好き！

▼「便利」をキャッチコピーでアピール

生活する上で「便利」であることは、大きな価値です。時代とともに便利なモノがどんどん増えていますが、それを上回る勢いで人は忙しくなっています。昔は東京―大阪間は急行電車で10時間以上かかりました。新幹線なら2時間半で移動できる今、その分ゆとりはできたでしょうか？　時間短縮はできても、仕事であれば泊まらずに日帰りで帰れるので、かえって忙しいくらいです。

主婦も炊飯器・冷蔵庫・洗濯機・オーブン・食器洗い機・自動掃除機……どんどん便利なものが出て来て家事の時間は短縮されたはずですが、そのぶん兼業主婦になったりその他の用事に追われて、やはり昔より忙しいのです。

だから時間や労力を節約できることは、忙しい現代人にとってはとても嬉しいメリットなのです。今までより「便利なこと」や「手軽にできること」をキャッチコピーにして、しっかり伝えましょう。

ただし便利な道具であっても、人は難しいものや面倒なものが嫌いです。簡単なもの、手軽に使えるものが大好きなのです。ダイエットが「手軽」にできないことを知っていながらも、「楽々ダイエット」というコピーについ心惹かれてしまうものなのです。

これは便利！
旨みがグッと増します♥
鍋物に、焼き魚に、チューハイに、サラダに！
北山村 じゃばら生しぼり 果汁

「1本食卓に置いておいたら、手軽に食事をおいしくできそうだ」

「便利」をくすぐるキャッチコピー事例

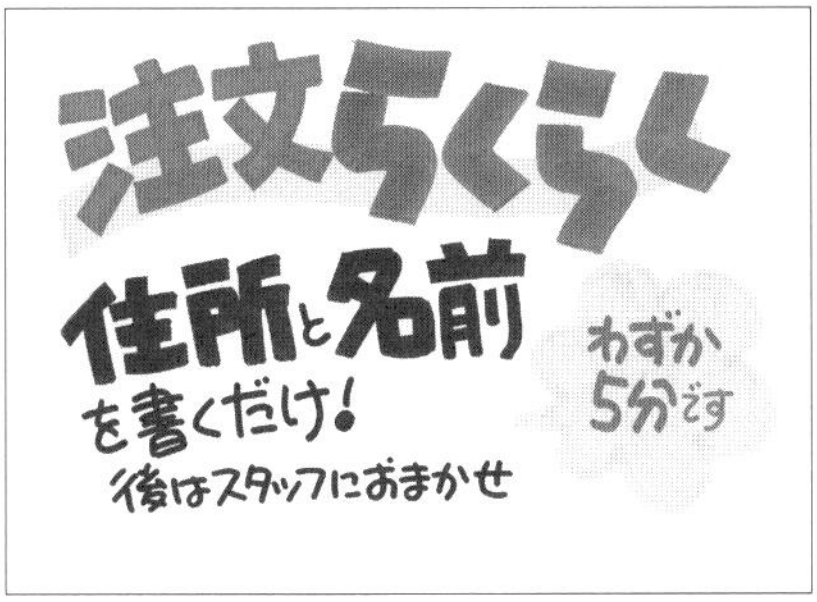
注文らくらく
住所と名前
を書くだけ!
後はスタッフにおまかせ
わずか
5分です

「注文書って読むのも書くのも面倒なのよね。でもスタッフが手伝ってくれるのなら簡単だわ」

時間を効率的に使いたいあなた
仕事もプライベートも…!
成功のチャンスは場所
や時間を選ばずやって
くる!! 世界の最新情報チェック
スケジュール管理…これ1つでOK!

「毎日忙しいからなあ!『時間を効率的に使いたいあなた』って僕のことなんだ!」

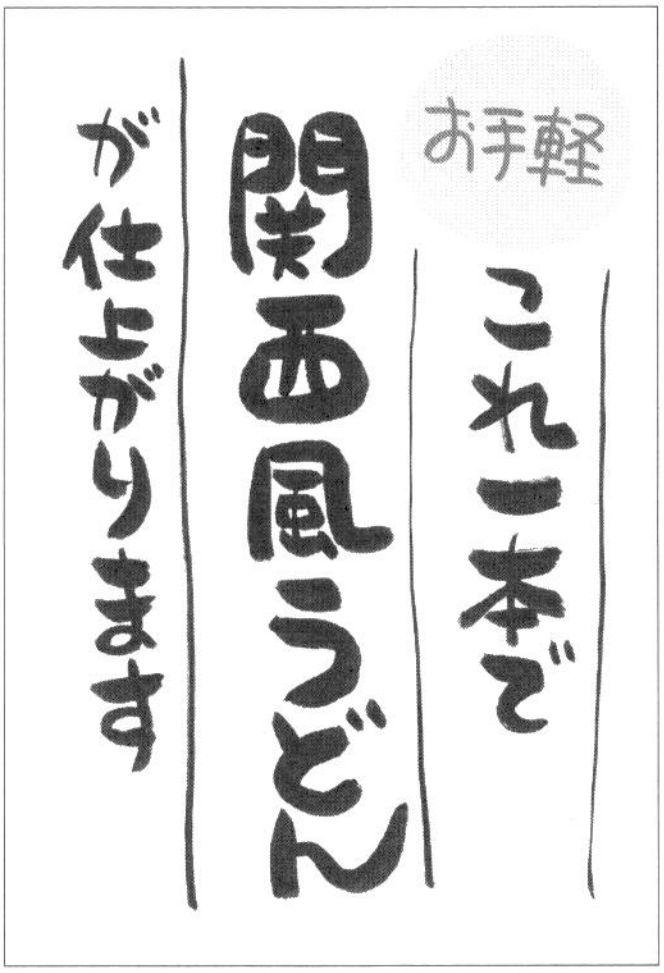
お手軽
これ一本で
関西風うどん
が仕上がります

できたての…フライドチキン・コロッケ・ポテト
3分であつあつを
おつくりします!

「できたてのアツアツが欲しいけど、長く待たされるのはイヤ。3分ならイイワ」

「昼ごはん作るの面倒だけどインスタントの気分でもないし……、という私の今の気分にぴったり♪」

「便利」を盛り込んだキャッチコピー

「これは便利!」「簡単!」「カンタン!」「お手軽」「ラクラク」「楽ちん」「〜不要」「〜やすい」「〜をサポート」「ワンタッチ」「そのまま」「これ1本で〜」「簡単に〜できる」「〜するだけでOK」「無理なく〜」「〜にサヨナラ」「あっという間に〜」「○分で出来上がり」「〜で大助かり」「ワンタッチ」「1年中使える」

Part 4

〝伝わる〟キャッチコピーの秘訣

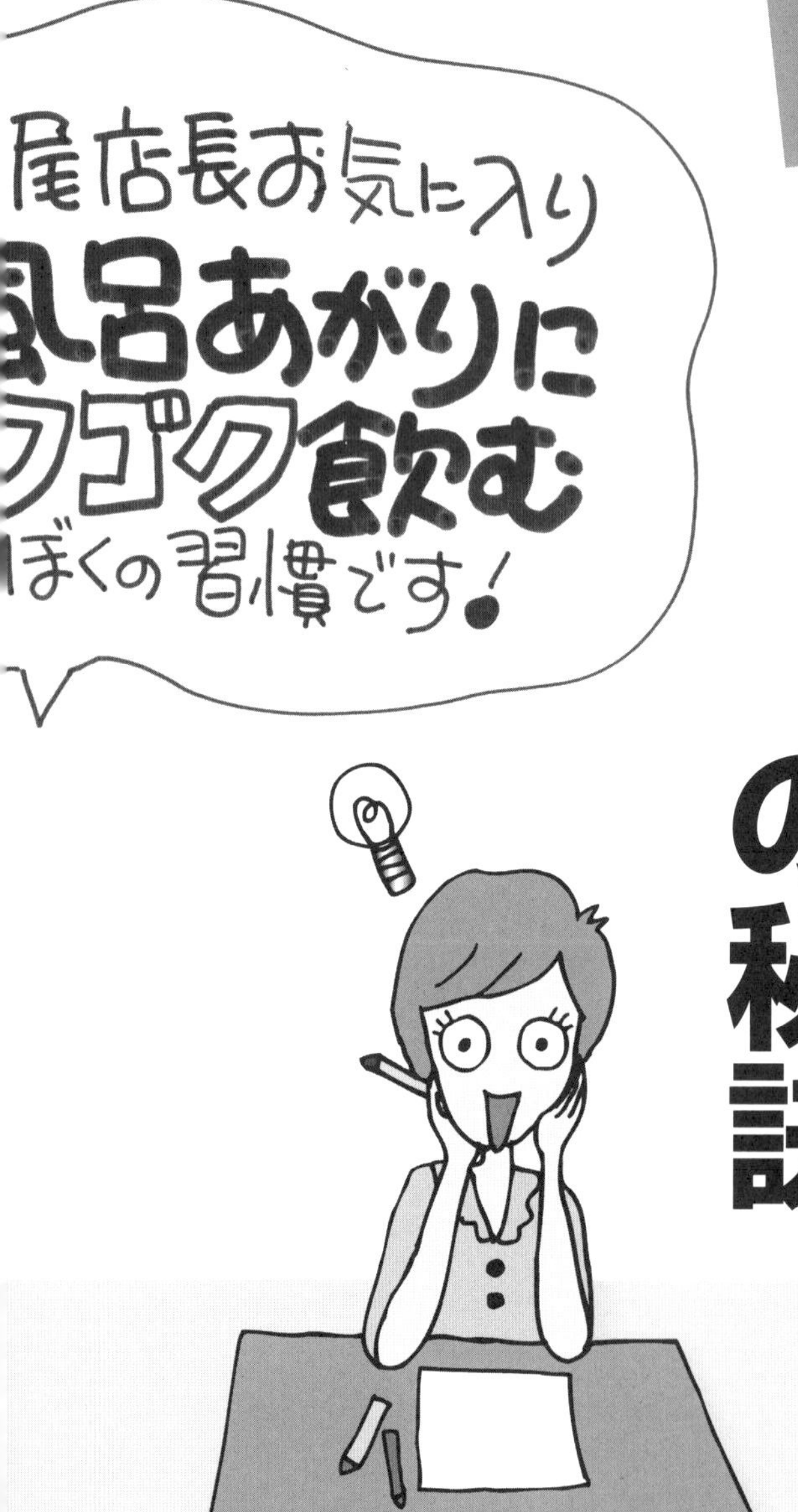
尾店長お気に入り
呂あがりに
ゴク飲む
ぼくの習慣です！

01　「具体的」に書く
02　5W1Hをもとに書く
03　対象のお客様を具体的にイメージする
04　具体的な数字を入れる
05　オノマトペ（擬態語・擬音語）を使う
06　親近感を出す
07　強い表現を使う
08　英語に注意！
09　地元の言葉を書く

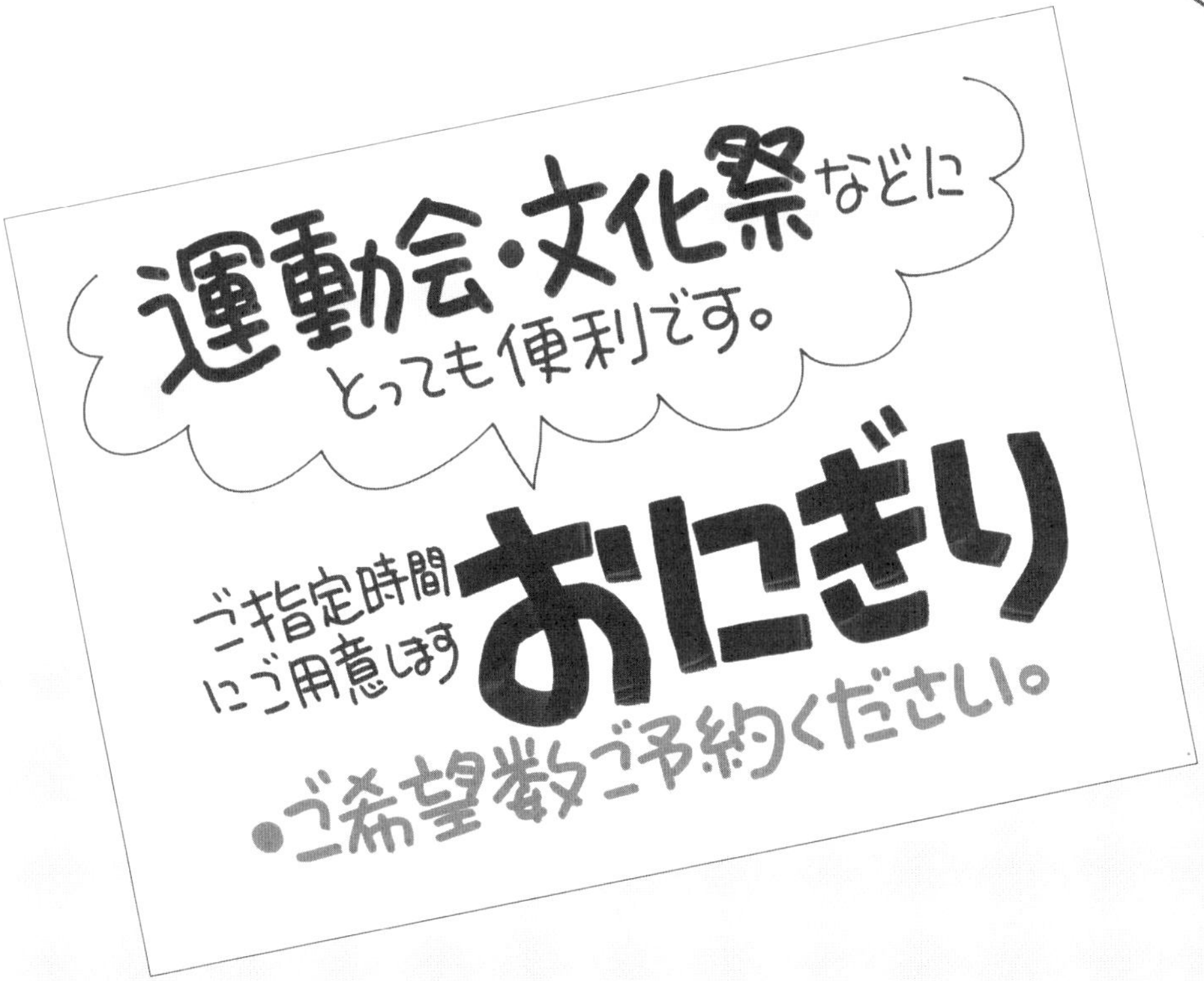

Part4 01

「具体的」に書く

▼どの商品にも当てはまるコピーではダメ

その商品には「どんな良いことがあるのか」、「どんな悩みや問題が解決するのか」を〝具体的〟なコピーにしてお客様に伝えましょう。また「他の商品とどんな点が違うのか」もできるだけ〝具体的〟に書きましょう。

〝抽象的〟なコピーではお客様に伝わりません。「便利」、「人気」、「幸せ」、「おいしい」……これらはすべて人が欲求する〝好きなもの〟で大切なキーワードですが、そのまま書いたのではお客様が「買いたい！」と思えるコピーにはなりません。「素敵な笑顔のために」、「心とからだに美味しい」、「幸せを運びます」……これらのようなキレイなだけの抽象的なコピーが書かれたＰＯＰを想像してみてください。「買いたい」気持ちがわいてこないことがわかると思います。

どの商品にも当てはまる〝当たり前〟なコピーではダメです。具体的にしないとお客様に反応してもらえません。抽象的なＰＯＰは、お客様から文句は出ませんが、「私には関係ない」と無視されます。

たとえば「栄養たっぷり」というコピーなら「どんな栄養が入っているのか」を書きます。「おいしい」も、「どのように美味しいのか」を具体的に書きましょう。

商品にこだわりがある場合、「こだわりの……」と書くと数年前までは人を惹きつける効果も感じられましたが、今はいつでもどこでも誰でも「こだわり」と使うのでその力が弱くなりました。「どのように」、「何にこだわっているのか」を具体的に書かないといけません。

「具体的」に書く

どこから仕入れたのか、何を仕入れたのかを具体的にすることで、伝わるキャッチコピーになります。また、「日々使用」よりも「本日入荷」のほうが具体的です。

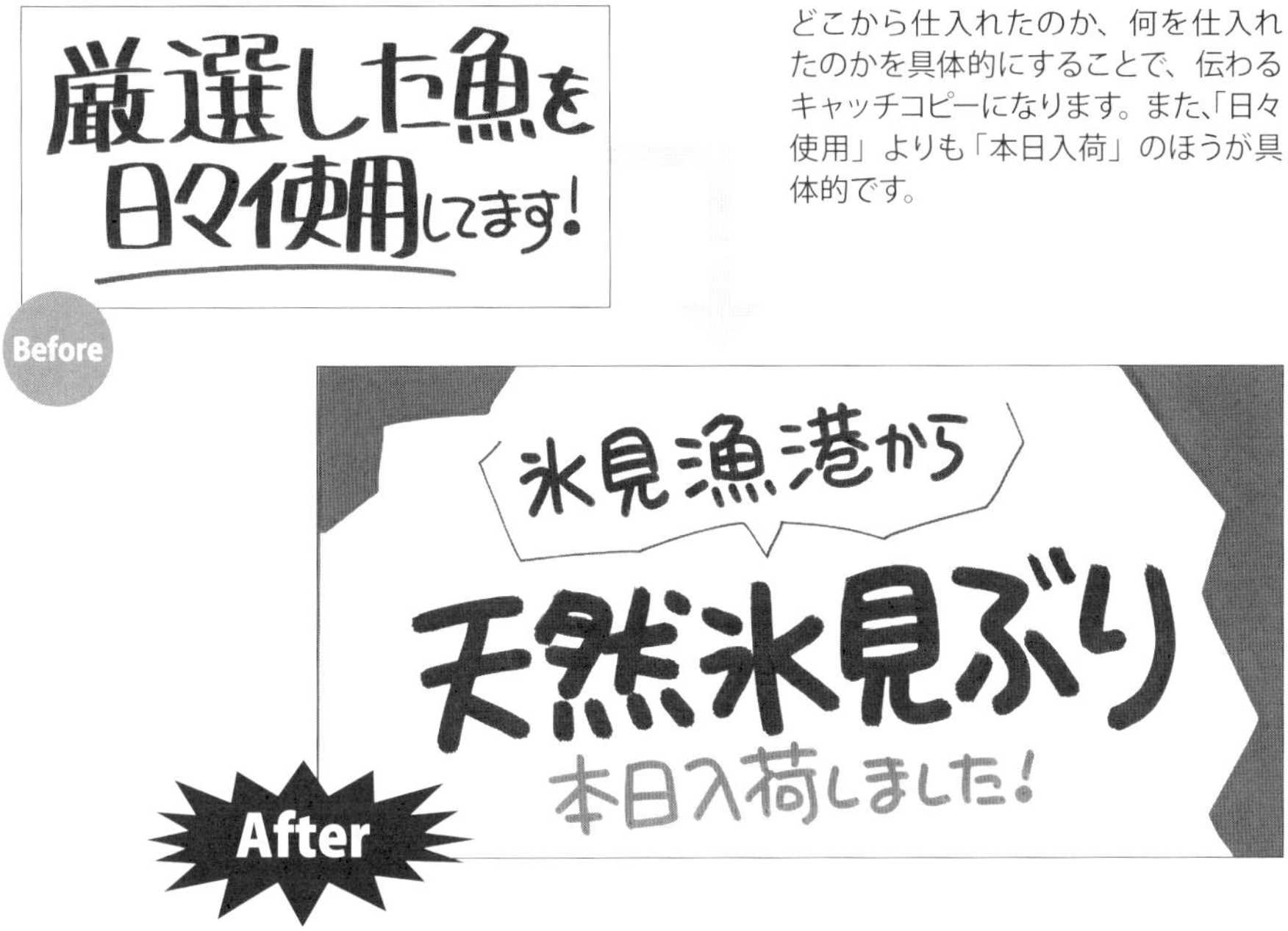
厳選した魚を
日々使用してます!
Before
氷見漁港から
天然氷見ぶり
本日入荷しました!
After

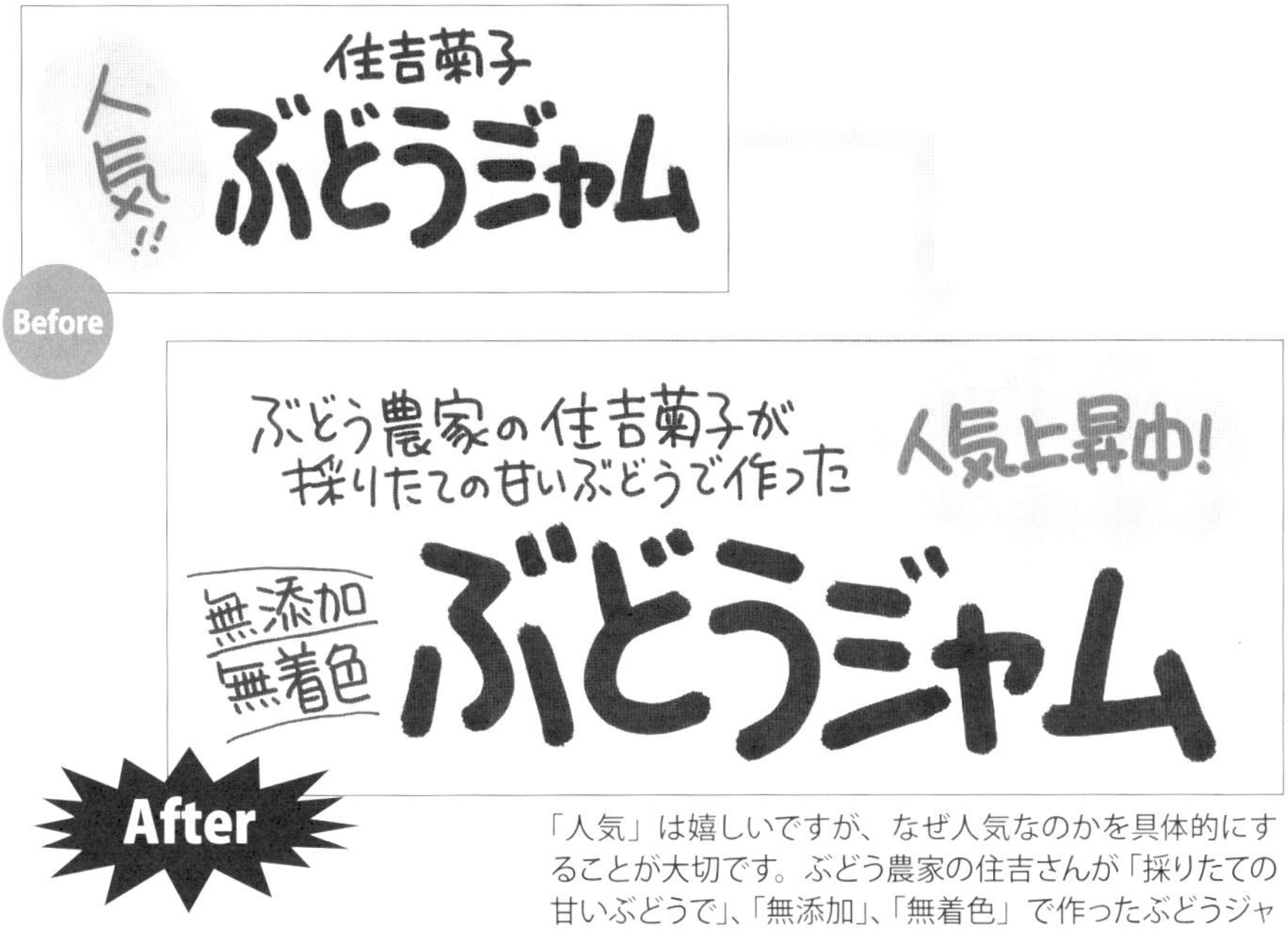
住吉菊子
人気!!
ぶどうジャム
Before
ぶどう農家の住吉菊子が
採りたての甘いぶどうで作った
人気上昇中!
無添加
無着色
ぶどうジャム
After

「人気」は嬉しいですが、なぜ人気なのかを具体的にすることが大切です。ぶどう農家の住吉さんが「採りたての甘いぶどうで」、「無添加」、「無着色」で作ったぶどうジャムはお客様にはとてもうれしい情報です。

Part4 02

5W1Hをもとに書く

5W1Hをもとにすると「具体的」にしやすい

前項で「具体的に書け」と言われても「どういうふうに具体的にしたらよいのかわからない」という場合は、5W1Hを考えてみてください。5W1H、すなわち「WHO（誰が）」、「WHEN（いつ）」、「WHERE（どこで）」、「WHAT（何が）」、「WHY（なぜ）」、「HOW（どのように）」です。

「おいしい」というコピーを例に、具体的な〝お客様〟を意識して考えてみましょう。

「WHO」では「どんな人に食べてもらいたいか」を想像してみます。次に「WHEN」＝「いつおいしいのか」や「WHERE」＝「どこでおいしいか」を飲食シーンを具体的に思い浮かべて考えます。たとえば「忙しいビジネスマンの」（誰に）、「朝食に」（いつ）、「血圧が気になる方の」（誰に）、「毎日の食事どきに」（いつ）など。**「WHAT」は「何がおいしいのか」を考えてみます。**たとえば「コクとやさしい甘み」、「ジャムの中にゴロゴロ入っているフルーツ」など。

「WHY」は「どうしておいしのか」を考えてみましょう。たとえば「新鮮だから」、「太陽いっぱい浴びて育ったから」、「毎日愛情かけて育てたから」など。

「HOW」は「どのように食べるとおいしいか」を考えます。たとえば「冷やして丸かじり」、「素揚げにして塩を振るだけ」など。また「シャキシャキ」、「ほくほく」など「どのように」おいしいのかを伝えることもできます。

5W1Hを元に書く

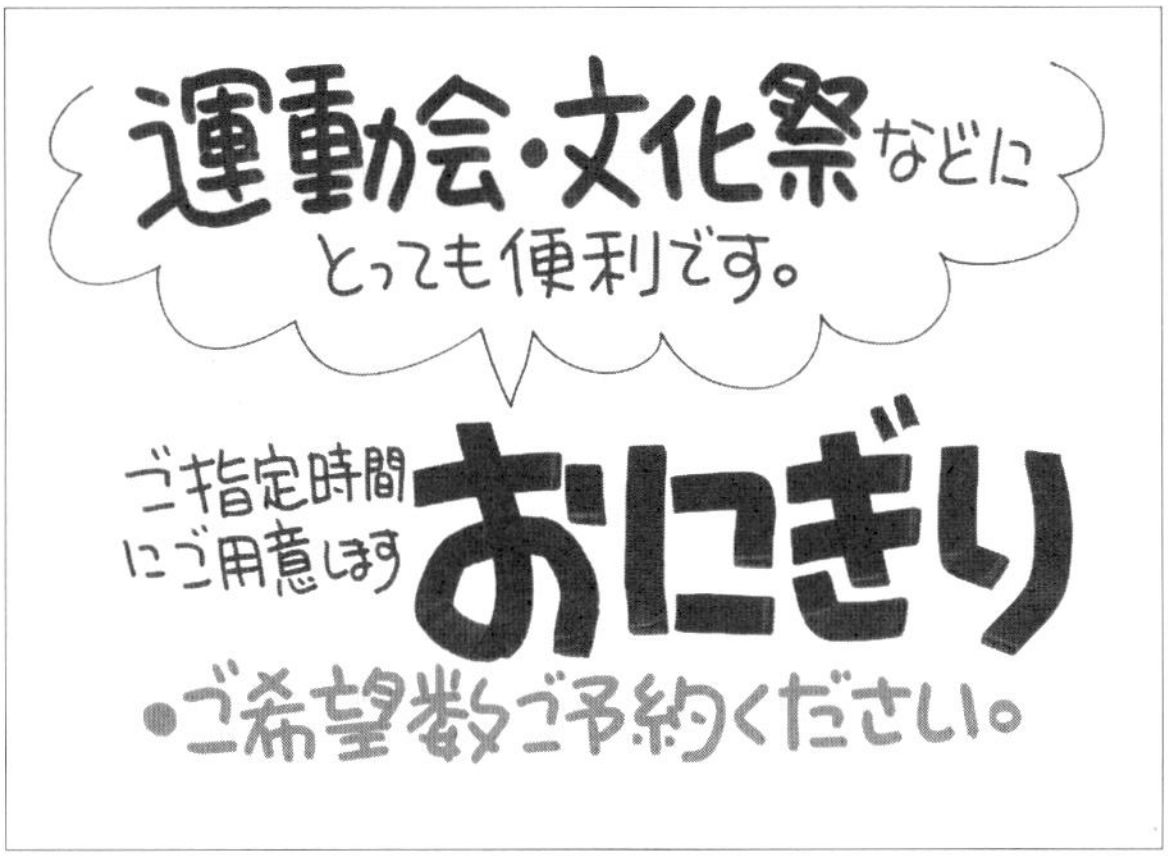

お客様におにぎりの予約をしてもらいたい場合、「予約承ります」だけではなく、具体的にどんなときに予約してもらいたいのかを考えます。お客様の生活を想像しつつ、いつ、どこで、どのように……を考え、具体的に「運動会・文化祭などに……」と入れることが大切です。

「イチローが毎日欠かさない」と報道されて有名になった朝カレー。昼や晩に食べるのは当たり前なものも、お客様の飲食シーンをいろいろ想像してみましょう。

スイーツは女性だけのものではありません。大容量のお菓子は、スイーツ好きな「スイーツ男子」がターゲット。

Part4 03

対象のお客様を具体的にイメージする

▼ターゲットとなるお客様を絞ってイメージする

5W1Hの中の「WHO（誰が）」をより具体的にイメージすることで、コピーの表現もより具体的になります。

性別・年齢・居住地域・所得・職業・家族構成・学歴などのデータは、具体的なお客様をイメージする手がかりにはなりますが、現代人の生活は多様化しており、一般的にひとくくりにできません。

「20代男性」や「30代女性」といったくくりで考えるのではなく、**ライフスタイルや価値観を意識した「個人」をターゲットとして想像するほうがよいのです。**子供が一人いて夫の分を含めて年収800万円ある30代の兼業主婦であっても、将来家を買うため貯金に専念する節約志向の主婦と、健康志向で家族の健康のためなら出費を惜しまない主婦では、晩のおかずの買い方も違うのです。

「みんなに買ってもらいたい」という気持ちではなく、誰か特定の人、たとえば「美しさをキープするために努力を惜しまない人」に買ってもらいたいと考えて、コピーを作るのです。そのようにしてできたコピーは、ターゲットとした価値観以外のお客様にもわかりやすくなります。**ターゲットを絞ればコピーが具体的になり、その結果、商品の特徴や価値が明確になり、ターゲット以外のお客様にもアピールできます。**ターゲットを絞ることで逆にマーケットが広がるのです。

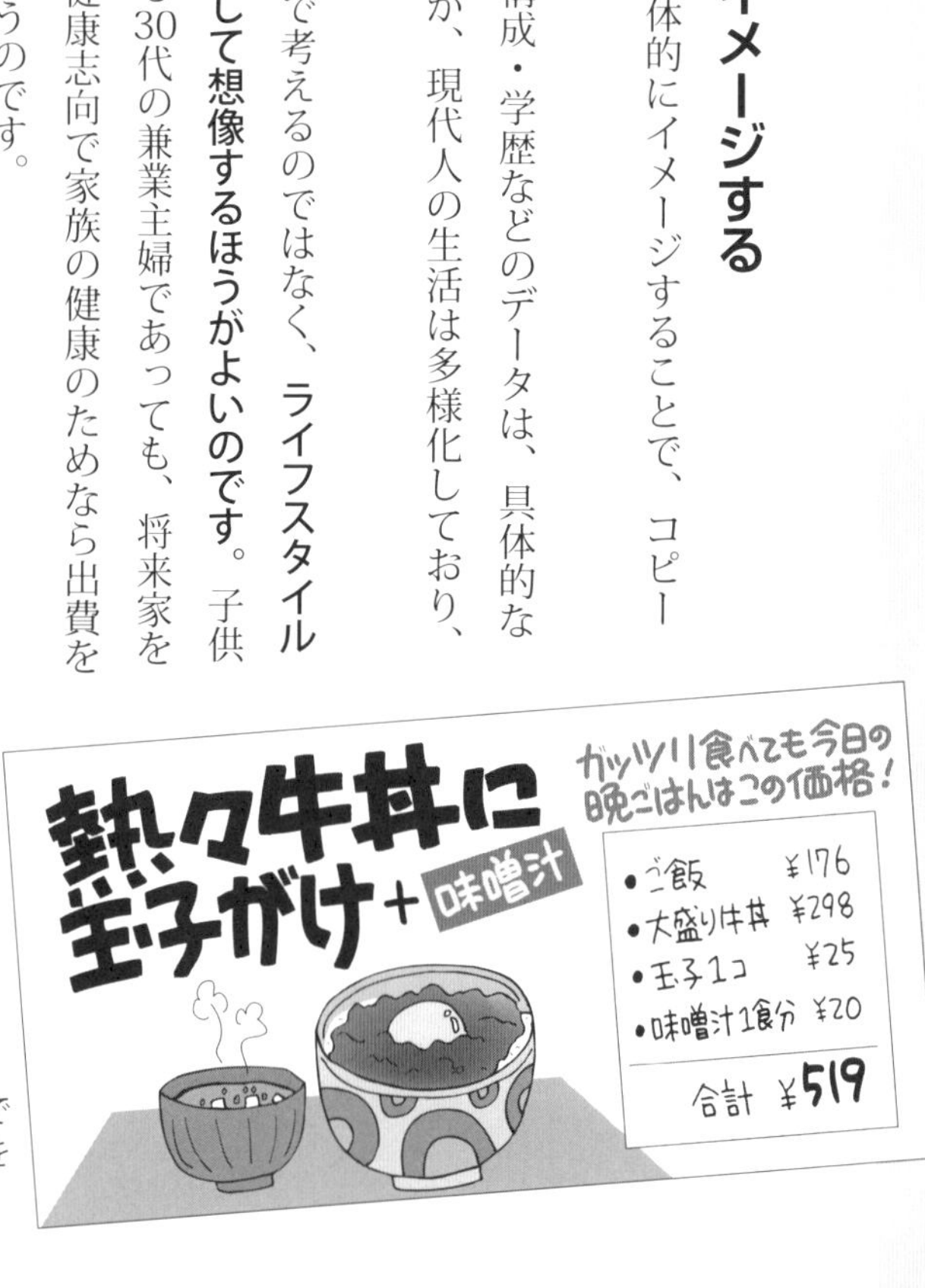
熱々牛丼に
玉子がけ＋味噌汁
ガッツリ食べても今日の晩ごはんはこの価格！
・ご飯 ¥176
・大盛り牛丼 ¥298
・玉子1コ ¥25
・味噌汁1食分 ¥20
合計 ¥519

忙しいビジネスマンで1人暮らしの男性をターゲットに。

▶対象のお客様を具体的にイメージする

チケットショップの POP。マクドナルドに行く予定のお客様をターゲットに。

20 代～ 30 代の子育て中の若いママをターゲットに。

会社のエアコンが強過ぎて冷えているOLをターゲットに。

ダイエット中の人、ドライブ中の人、勉強中の人をターゲットに。

Part4
04

具体的な数字を入れる

▼数字をうまく使えば、コピーに説得力が増す！

コピーに具体的な数字を入れると、非常に説得力が増します。**ただ「売れています」と書かれているより「1日30コ売れています」などの具体的な数字が書かれていると「あ、そんなに売れている人気商品なんだ。良いものだろう」とお客様が判断できるのです。**

「1日に〜コ」以外にも「1週間に〜コ」、「1カ月に〜コ」、「年間〜コ」とも書けます。自分のお店だけでの数字以外に、グループ店舗での販売個数、地域での販売個数、全国での販売個数を書いてもいいです。全国の多数の店で販売されているブランドなら、「〇秒間に〜コ」を使ってもよいかもしれません。数の多さが欲しい場合は「創業以来〜コ」といった書き方もできます。

自分がお客様だったらどんな数字が魅力的か考えてみながら、いろいろ計算してみてください。実際のデータに基づく魅力的な数字があれば、コピーの伝わる力が増します。

ほかにも数字はいろいろあります。「大量に入荷！」より「3690本入荷！」、「日本人は不眠症が多いのです」より「日本人の5人に1人は不眠症」、「限定」より「1日30本限定」、「若返ったねって言われると嬉しいね」より「10歳若返ったねって言われると嬉しいね」などです。

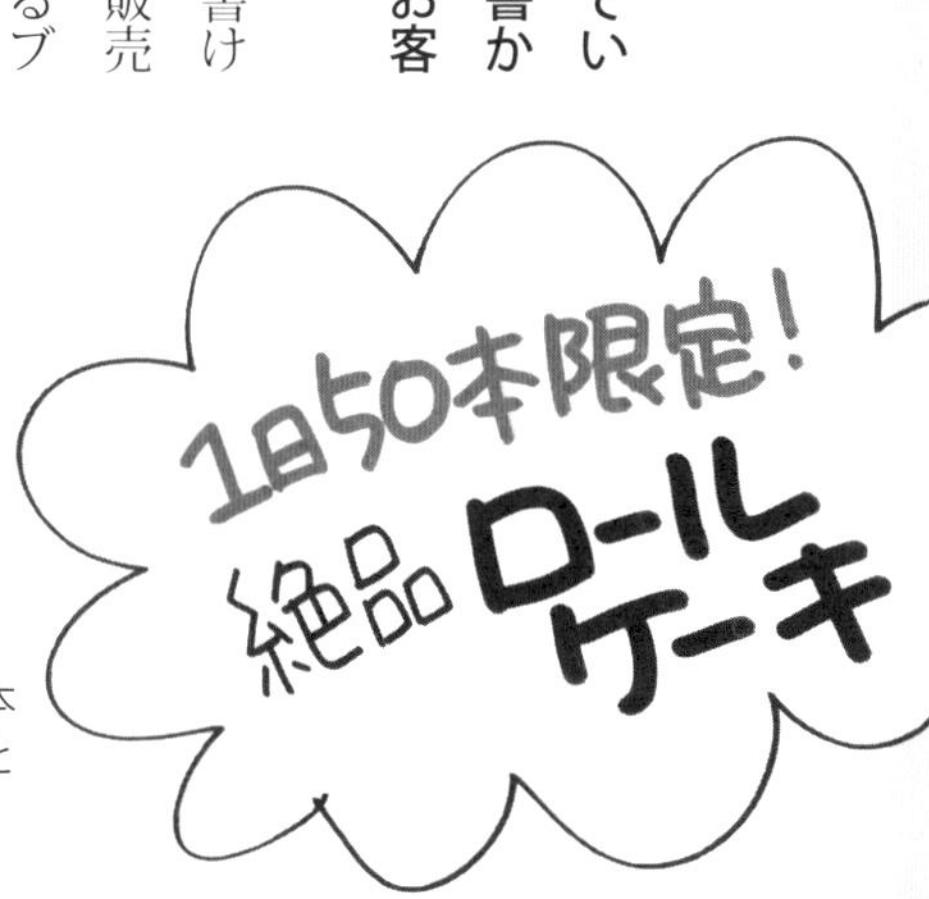
1日50本限定！
絶品ロールケーキ

「このロールケーキは1日に50本しかないんだな。すぐ買わないとなくなっちゃう！」

▶具体的な数字を入れる

「カーテン、敷き物が6割引……。でも私の趣味に合うのがあるのかしら……。吊り見本が 1139 本もあれば合うものがあるかもしれない。小さな布サンプルだけだと分かりにくいけれど吊り見本なら安心ね」

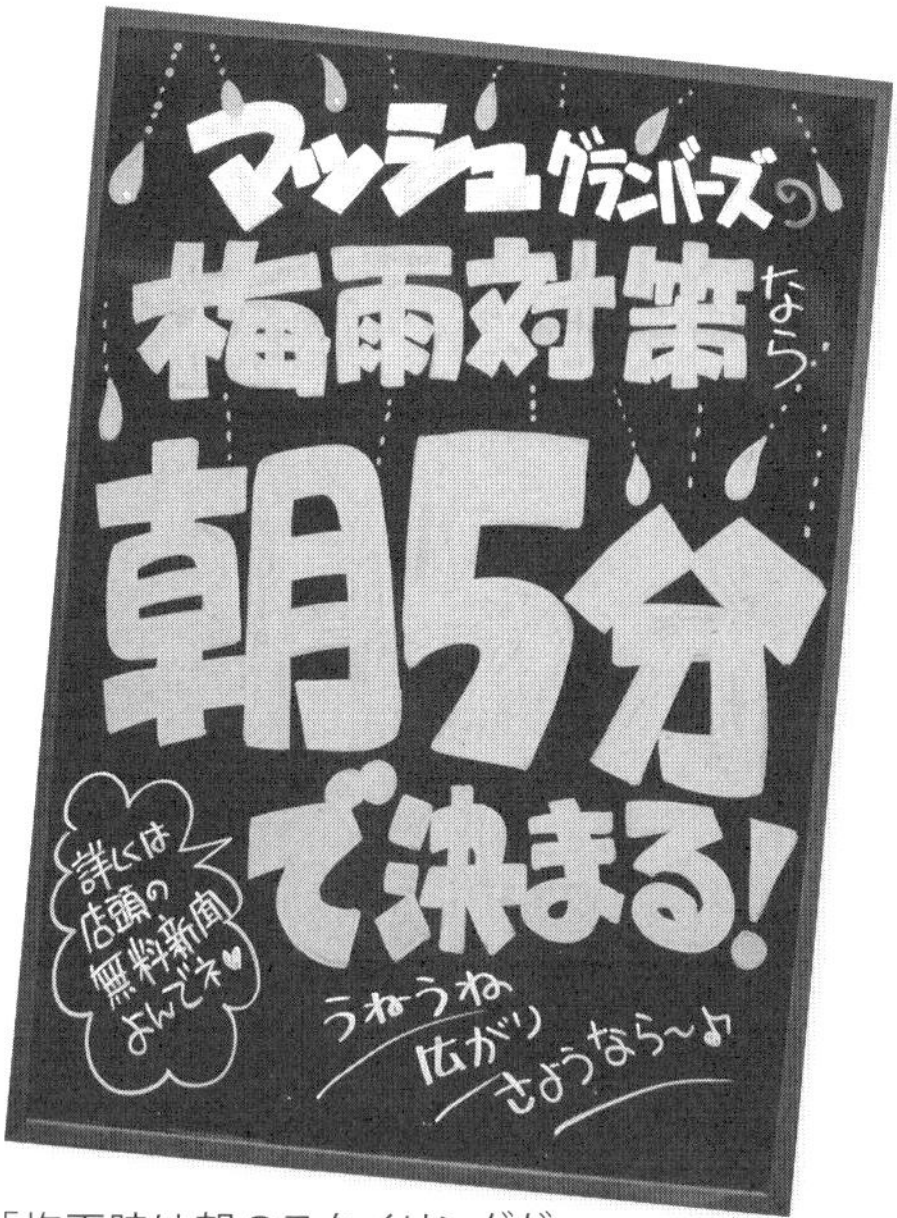

「梅雨時は朝のスタイリングが大変なのよね。朝5分で済むなんて素敵！」

「すごーい！　このお店そんなにワインの品揃えが多いとは思わなかったワ。それも 1000 円代の美味しいワインがあるなんて……。よし！ 入ってみよう！」

Part4
05

オノマトペ（擬態語・擬音語）を使う

▼オノマトペを使って、よりリアルな表現に

オノマトペとは「擬態語」、「擬音語」などのことです。「擬態語」は状態や感情などの音を発しないものを表現した言葉で、「擬音語」は物が発する音を字句で模倣したもののことです。**オノマトペは状況をリアルに想像させやすいので、コピーに使うと効果的です。**

たとえば「ビールが冷えてます」というより「**ビールがキーンと冷えてます**」。「やわらかいケーキ」より「**ふわっふわのケーキ**」。「赤ちゃんのような肌」より「**赤ちゃんのようなぷるんぷるんの肌**」のほうが、より具体的に商品の特徴を伝えることができます。

■オノマトペの例

「つるつる」「ぷよぷよ」「ピカピカ」「ふわふわ」「きゃっきゃっ」「ぷにゅ」「ふわもこ」「しっとり」「ほっこり」「とろり」「ふんわり」「イキイキ」「うきうき」「ドキドキ」「ぐんぐん」「スベスベ」「ブツブツ」「ポツポツ」「バサバサ」「ガサガサ」「ごわごわ」「イライラ」「ポロポロ」「すくすく」「ぷりんぷりん」「ぷるんぷるん」「ぷるるん」「ドンドン」「ピカピカ」「きゅっ」「ギュッ」「モリモリ」「うるうる」「プニュプニュ」「キラキラ」「キラリ」「ピチピチ」「ぎゅ〜っ」「ふっくら」「とろ〜り」「じわ〜っ」「ドキドキ」「ツルツル」「わいわい」「ちゅるんと」「ぷるぷる」「もっちり」「きらきらっ」「ガンガン」「さくさく」「シャキシャキ」「ツヤツヤ」「ジュワ〜」「サラサラ」「もこもこ」

「えびの『ぷりっぷり』感に弱いんだよな〜。きっと大きいエビなんだろうな……。うーん！『ぷりっぷり』が食べたい！」

▶オノマトペを使う

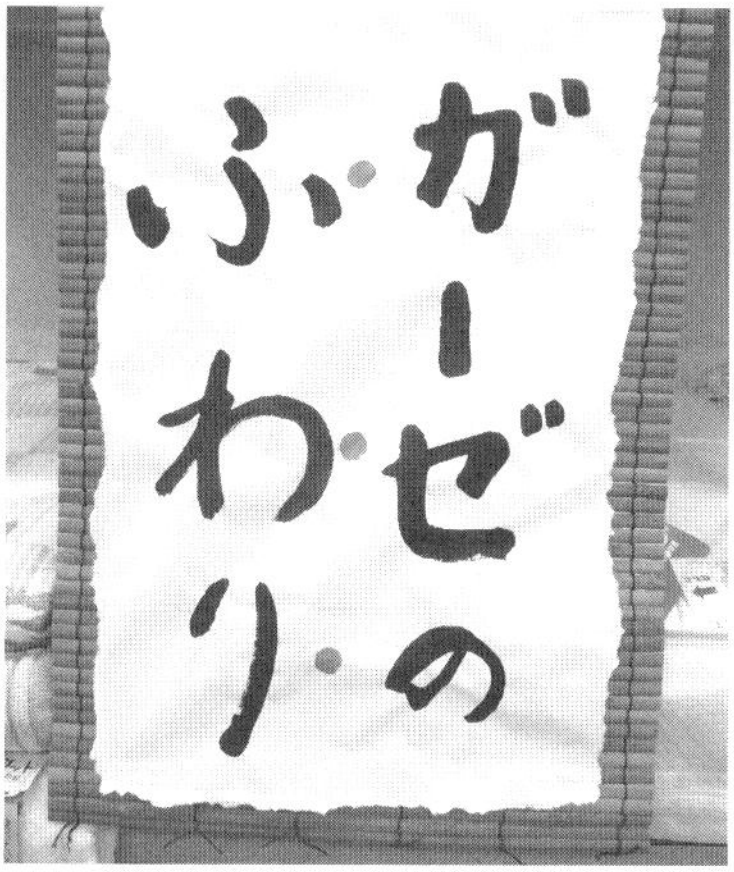
ガーゼのふわり

「ふわり……。ガーゼって気持ちよさそうだなあ！」

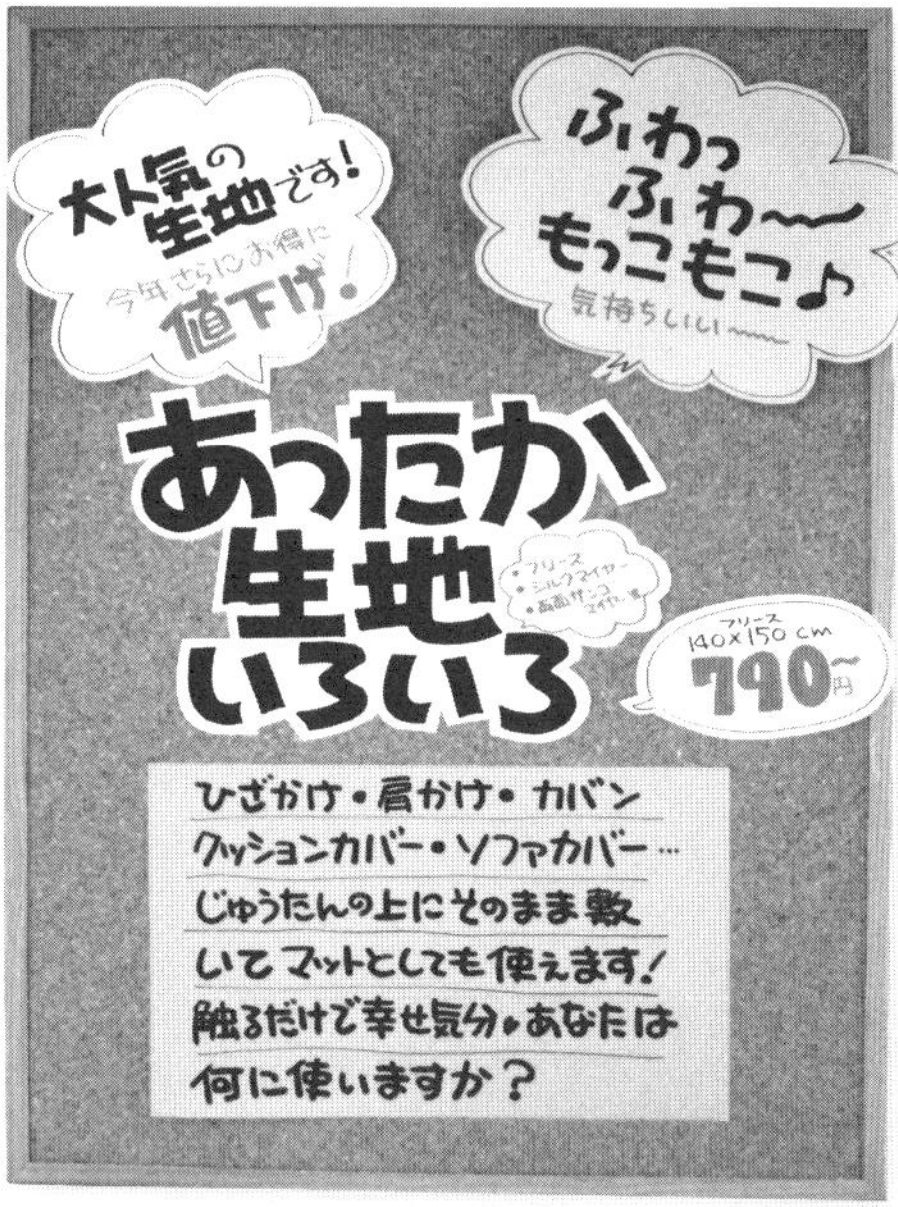
大人気の生地です！
今年さらにお得に
値下げ！
ふわっ
ふわ〜
もっこもこ♪
気持ちいい〜
あったか
生地
いろいろ
フリース
140×150cm
790円〜
ひざかけ・肩かけ・カバン
クッションカバー・ソファカバー…
じゅうたんの上にそのまま敷
いてマットとしても使えます！
触るだけで幸せ気分♪あなたは
何に使いますか？

「あったかい生地がいろいろあるのね。『ふわっふわ〜のもっこもこ♪』は私好み！ さわってみたい〜。よし入っちゃおう！」

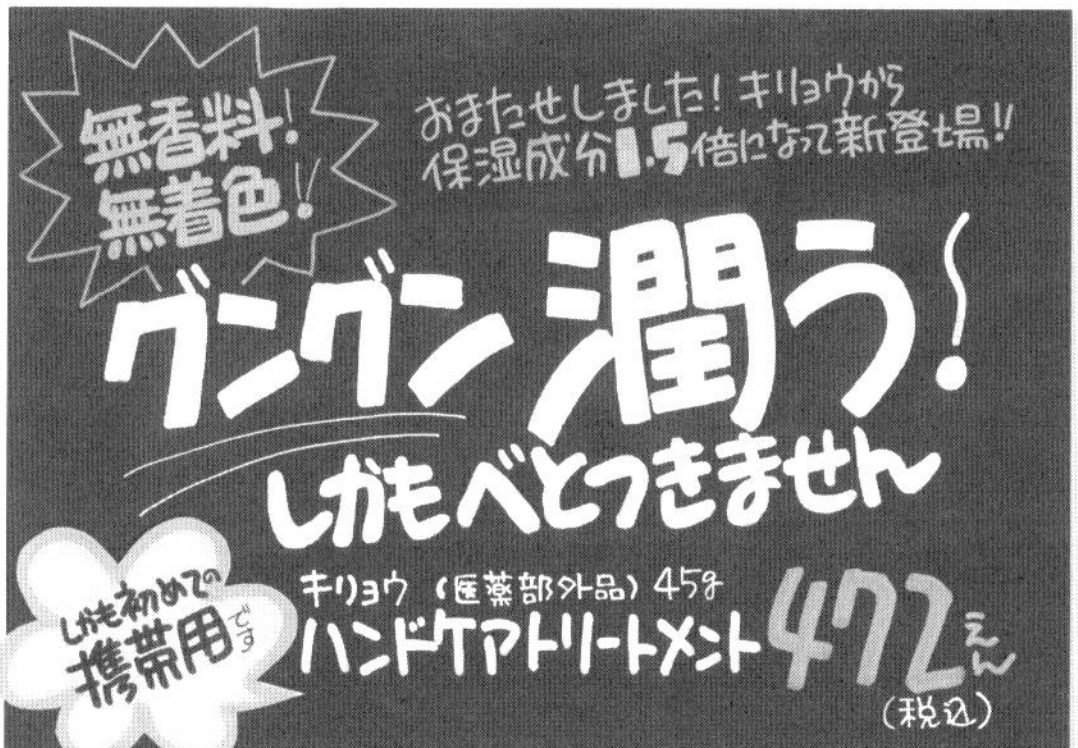
無香料！
無着色！
おまたせしました！ キリヨウから
保湿成分1.5倍になって新登場!!
グングン潤う〜！
しかもべとつきません
しかも初めての
携帯用です
キリヨウ（医薬部外品）45g
ハンドケアトリートメント 472えん
（税込）

「グングンしっかり潤うのはすごくうれしい！」

ぽかぽか
体の芯から温まります
吉野本葛
くず湯
5個入 500円

「今日は寒いなあ〜。あ、『ぽかぽか』だって。体の芯から温まるくず湯を飲みたいワ〜！」

Part4
06

親近感を出す

個人名を出して、親近感を出そう

「当店おすすめ　お風呂上りに召しあがれ」（図A）というコピーは、よく見かけるものです。飲むシーンを具体的に提案している点は悪くはないコピーですが、さらに効果的なコピーにするために**「当店おすすめ」を「店長おすすめ」にしてみます。より個人的になって親近感が増します。**しかし最近ではどのお店でも「店長おすすめ」というコピーはまん延していて、店長が本当におすすめしていなくても「店長おすすめ」と書いてある現状なので、お客様も気にとめてくれなくなっています。

それでは「島尾店長お気に入り　お風呂あがりにゴクゴク飲むのがぼくの習慣です」（図B）**と書いてみると、どうでしょうか。こちらのほうがさらに親近感がわき、商品に好印象を持ちます。**お客様は、「店長が習慣にしているということは販売のプロが気に入っている商品なのだから、きっとおいしいのだろう」と判断でき、安心してその商品を買えます。「島尾店長」と個人名が入っていることで、より信頼性も高まります。嘘はだめですが、本当に店長が習慣にしているなら、お客様にとってとても嬉しい事実なのです。

店長でなくても「スタッフ○子のおすすめ」でもかまいません。例えばプリンを勧めるときに「スイーツ大好きスタッフ○子のおすすめプリン」と書けば、親近感が出て、お客様の心に響くメッセージになります。

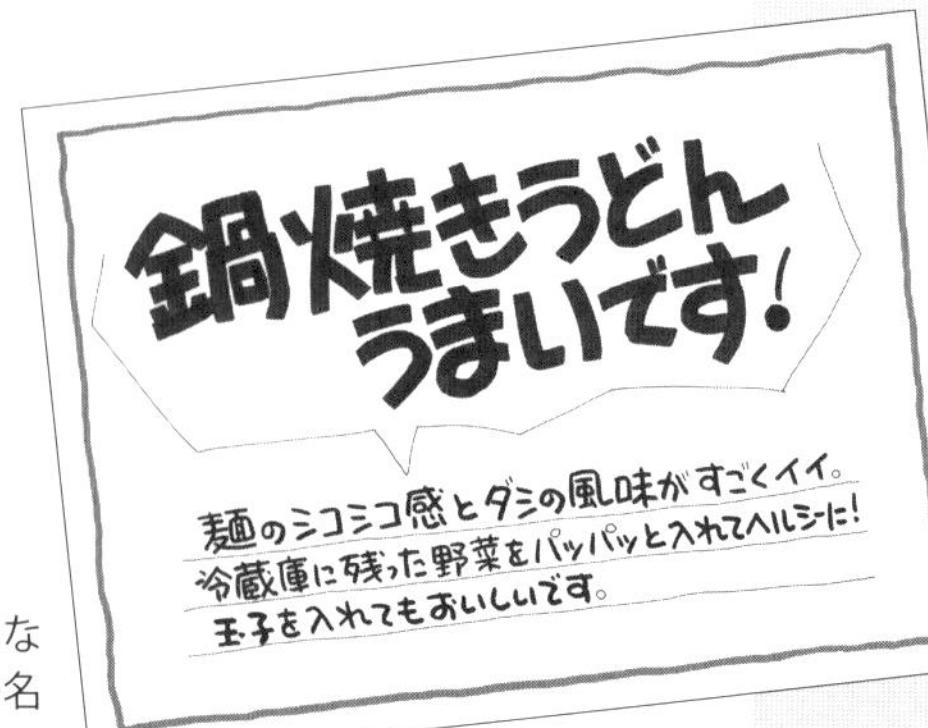
鍋焼きうどん
うまいです！
麺のシコシコ感とダシの風味がすごくイイ。
冷蔵庫に残った野菜をパッパッと入れてヘルシーに！
玉子を入れてもおいしいです。

食べたときにふと口にしたあなたの言葉を書きましょう。署名入りにするともっといいです。

▶親近感を出す

図A

店長が実際に飲んでいるのであれば、ぜひ図Aではなく図Bにしましょう。お客様に伝わる力がグーンとアップします。

図B

センスと技術のある美容師がにっこりと笑う写真は、その美容室に初めて訪れるお客様も、親近感と安心感を持って入店できます。

強い表現を使う

▼強い表現でインパクトを出す

最近は特に強い表現を見かけることが多くなりました。特にインターネット・ショップ（ネットショップ）で多いようです。ネットショップでは商品の現物を確認させることができない分、写真の見せ方やキャッチタイトルの作り方を、強いインパクトのあるものにする必要があるのです。これらの表現は通常の店舗でも応用できます。世の中には類似商品が数多く存在するので、本当におすすめしたい商品は強く表現することが必要です。

たとえば「おいしい」を強く表現するためにはどうしたらよいでしょうか。強さを表す言葉には**「とても」**、**「非常に」**、**「はなはだ」**、**「たいそう」**、**「鳥肌が立つほど」**、**「すごく」**、**「大変」**、**「おおいに」**、**「このうえなく」**、**「とてつもなく」**などがあります。「おいしい」自体も、強い表現に言い換えることができます。**「うまい」**、**「美味」**、**「乙な味」**、**「いける」**、**「舌鼓を打つ」**など。強さを表現するマークには感嘆符、いわゆるびっくりマーク**「！」**がありますし、音符や顔文字などの利用も考えられるでしょう。最近の若い人達の強い表現では**「超ウマイ」**、**「激うま」**、**「マジうまいです！」**など。若い人が多いお店では合います。ほかにも強い表現として、**「驚異の〜」**、**「怒涛の〜」**、**「注目の〜」**、**「不思議な〜」**、**「魔法の〜」**、**「ダントツ〜」**、**「感激！」**、**「感動の〜」**、**「絶品」**、**「絶妙」**、**「極上」**、**「大絶賛」**、**「超〜」**、**「盛り」**、**「鮮烈な」**などがあります。

「超」等の接頭語や「すごい」等の副詞を利用したり、言葉そのものを言い換えたりする以外にも強い表現があります。「レバーの臭みがなくて美味しい」というとき、「これがレバーか!?店内騒然　美味しすぎっ！」と大げさに言うなどが考えられます。

▶強い表現を使う

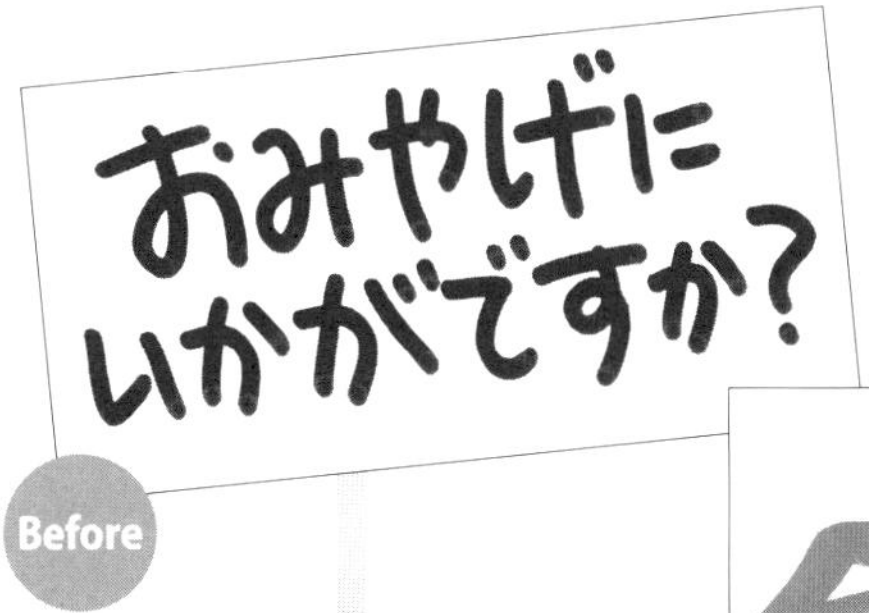
おみやげに
いかがですか?
Before

「これで間違いなし!!」と強く言われると、「そこまで言うんだから本当に良いものに間違いないわね」と感じてもらえます。

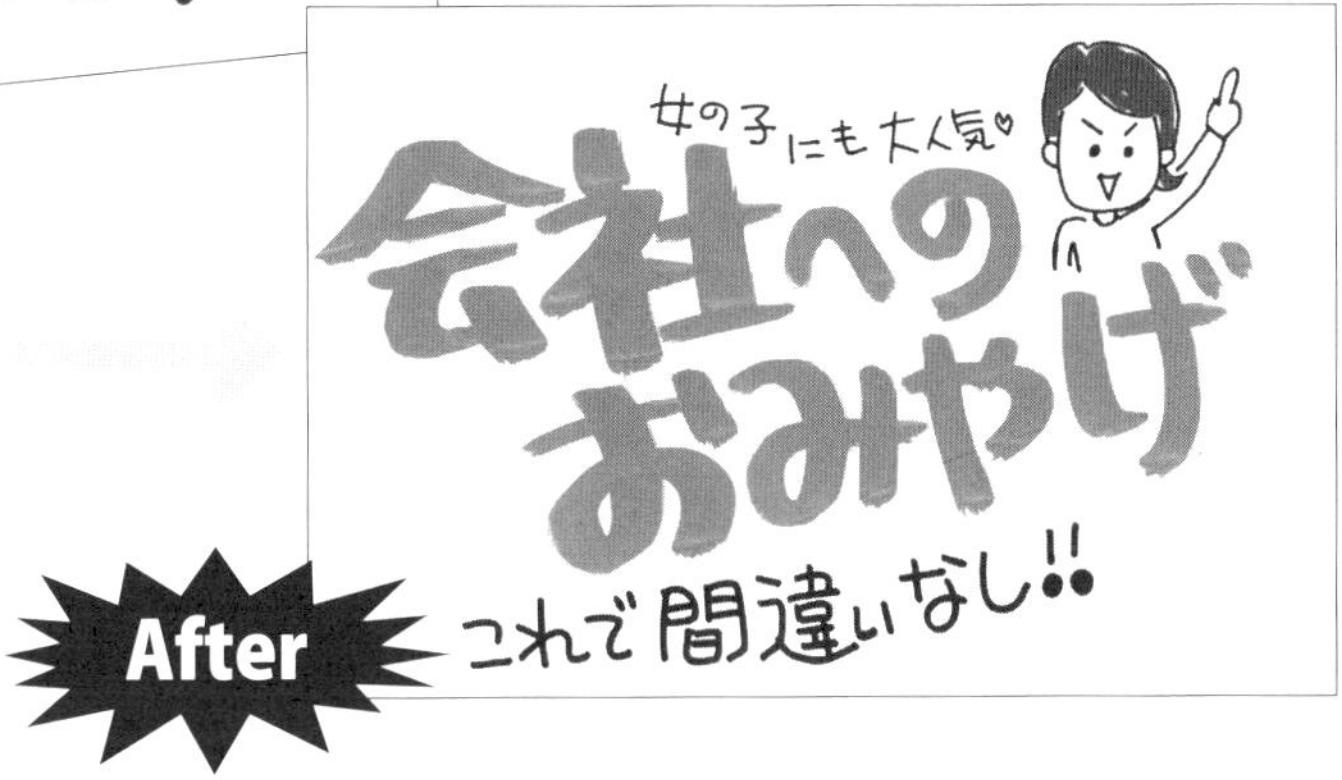
女の子にも大人気
会社への
おみやげ
After
これで間違いなし!!

MASHUは梅雨と
戦います!
あげそばからうどんへ
マッシュのストレートパーマは傷ませません。
MASHUのストレートパーマはコラーゲンたっぷり
マッシュのストレートパーマはポイントでも効果的
MASHUのストレートパーマは朝のスタイリング20分短縮します
実は男性にも人気!
極上のツヤサラヘアー
あなたバージョンのストレート ¥4,000〜

「梅雨対策に」、「梅雨におすすめ」などの言葉はどこでも使うので、「戦います」と強めに言うことで、より強くアピールできます。

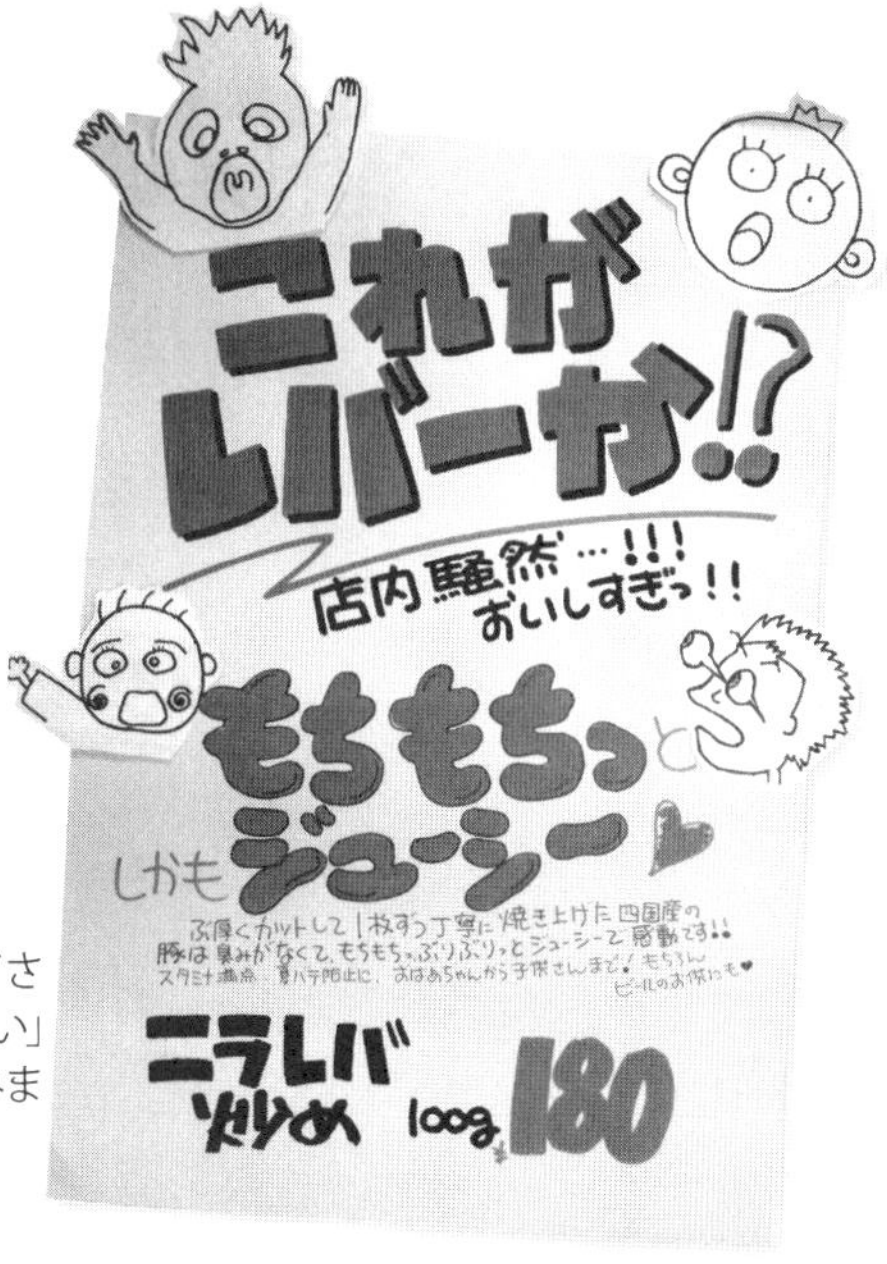
これが
レバーか!?
店内騒然…!!!
おいしすぎっ!!
もちもちっと
しかもジューシー
ニラレバ
炒め 100g ¥180

大げさな表現と大げさなイラストで、「おいしい」ことを強く表現してみました。

英語に注意！

おしゃれでも読めなければ意味がない

英字新聞はラッピングペーパーの地模様になったり、花束を包むなど日本語の新聞とは違う活躍をします。それは英語がおしゃれなイメージを持っているからです。しかしおしゃれであることと読めることは別の問題です。

キャッチコピーには原則として英語は使わないほうがよいでしょう。ＰＯＰに英語のキャッチコピーを書くのは、特に若い人に多いようですが、ほとんどのお客様は英語を読みません。読もうと意識すると読めるような簡単な英語であっても、自然に目に入って来て興味を惹くなんてことはないのです。ＰＯＰは「読もう」という意識のある人にだけ読ませるものではありません。商品を意識せずに通行している人にも読んでもらうためのものです。ふつうの日本語並みに浸透した「ＳＡＬＥ」や「ＯＰＥＮ」といった英語にとどめておいてください。

専門用語もダメ

英語とともに気をつけたいのが、専門用語、業界用語です。「これくらいだったらわかるだろう」と思うのは禁物。意識を持っているとわかる言葉でも、何も考えていないとき、他のことを考えて通行しているときにはまったくピンとこないことが多いものなのです。**小学生低学年の子供にもわかるくらいやさしい言葉を使うつもりで考えましょう。**

▶英語に注意！

図A

SPECIAL LUNCH
Pasta Set ¥1,000
COFFEE or TEA
Before

図B

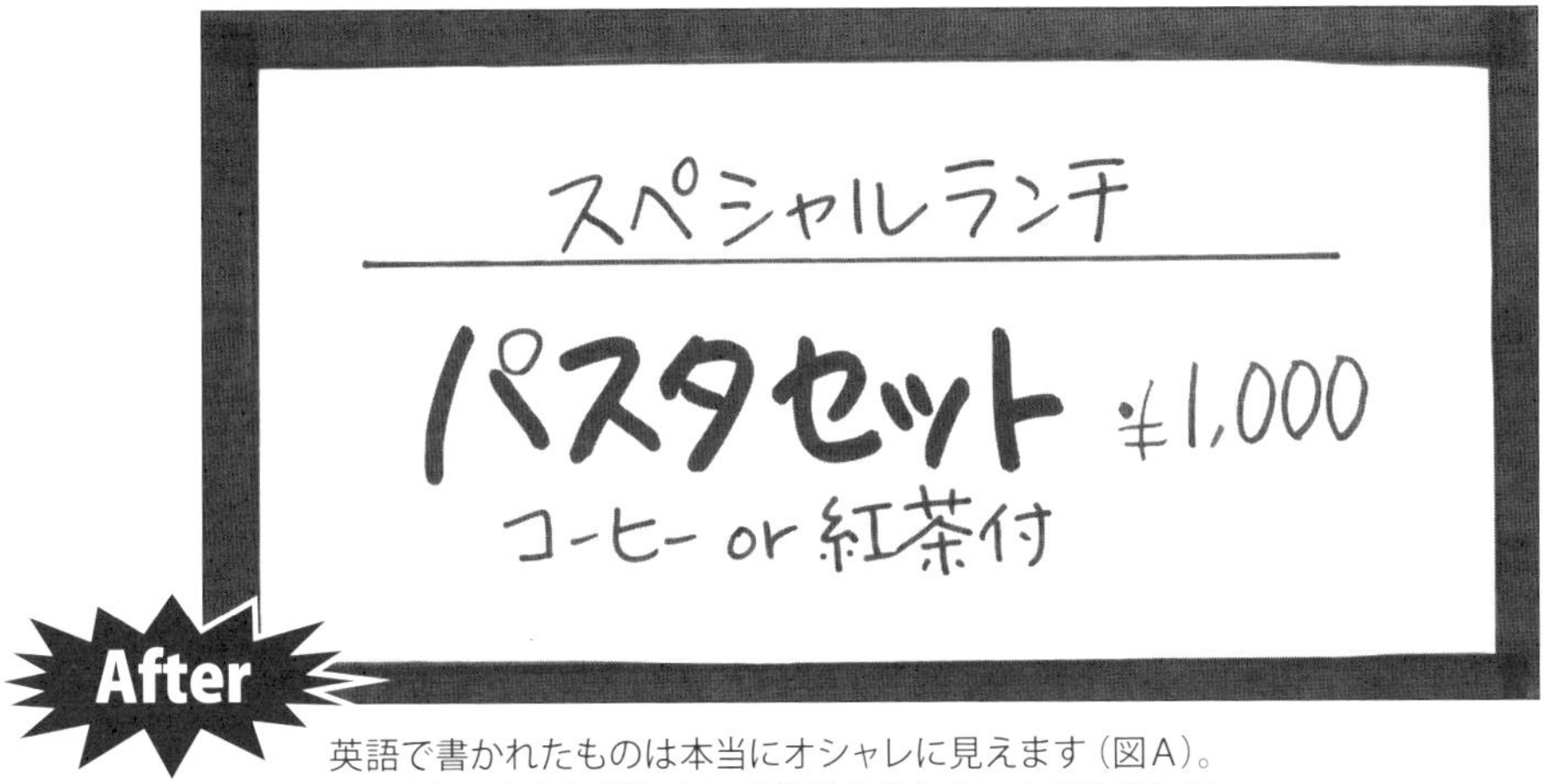
スペシャルランチ
パスタセット ¥1,000
コーヒー or 紅茶付
After

英語で書かれたものは本当にオシャレに見えます（図A）。このおしゃれさに迷わされて英語を使わないよう注意しましょう（図B）。コピーは「読んでもらってナンボ」ですから。

Welcome
春夏バッグ
多数入荷しています！

「Welcome」は英語ですが、読んでもらうのではなく「あしらい」として割り切るなら良いでしょう。食べないけどあしらいで飾ると美味しそうに見えるパセリと同じです。

地元の言葉を書く

▼地元の言葉で親近感とインパクトを出す

キャッチコピーに地元の言葉、方言を使うのも、親近感のある表現の一つといえます。親近感が増すとともにインパクトも出ます。

たとえば「本当においしい」なら「うんまい」、「めっちゃおいしい」、「うまいけん」「うんみゃー」、「ぶちおいしい」と方言を使うほうが、温かさや親しみがあってインパクトが増します。親しみやすいPOPが合う店なら試してみましょう。普通に「おいしい」と書くより、自分自身が美味しいものを食べた瞬間に発したその言葉のほうが気持ちが伝わる場合が多いものです。

地方にいくと、日本の5大新聞より地方新聞のほうが購読部数が多い場合があります。人は遠い場所のニュースより自分に身近な場所のニュースが気になるものです。

キャッチコピーの中に地元の地域名が出るとお客様は気になります。例えば「地元の皆さんを応援します」より「港区の皆さんを応援します」のほうがお客様に読んでもらえます。自分の住む地域の住所は、人を惹きつける力があるのです。

「寒い夜に熱々のお鍋をどうぞ」というコピーではなく、「榛原町の寒い夜に熱々のお鍋をどうぞ」と具体的な地名を入れてみてはどうでしょうか。

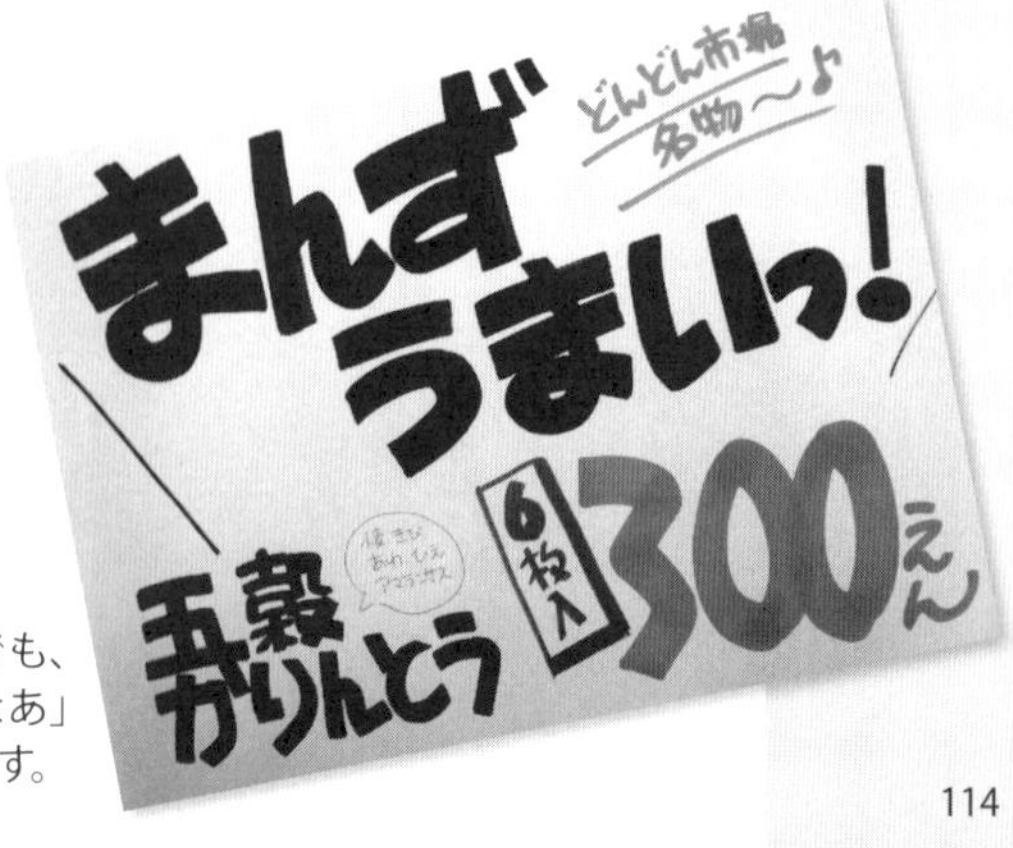

方言を知らない観光客でも、「なんだかおいしそうだなあ」と親しみを感じてもらえます。

▶地元の言葉を書く

携帯ショップの POP も
方言で親近感を感じます。

「さるなし」を回想するおじいちゃんと「昔なつかしい初恋の味」のミスマッチ感に郷愁を感じます。

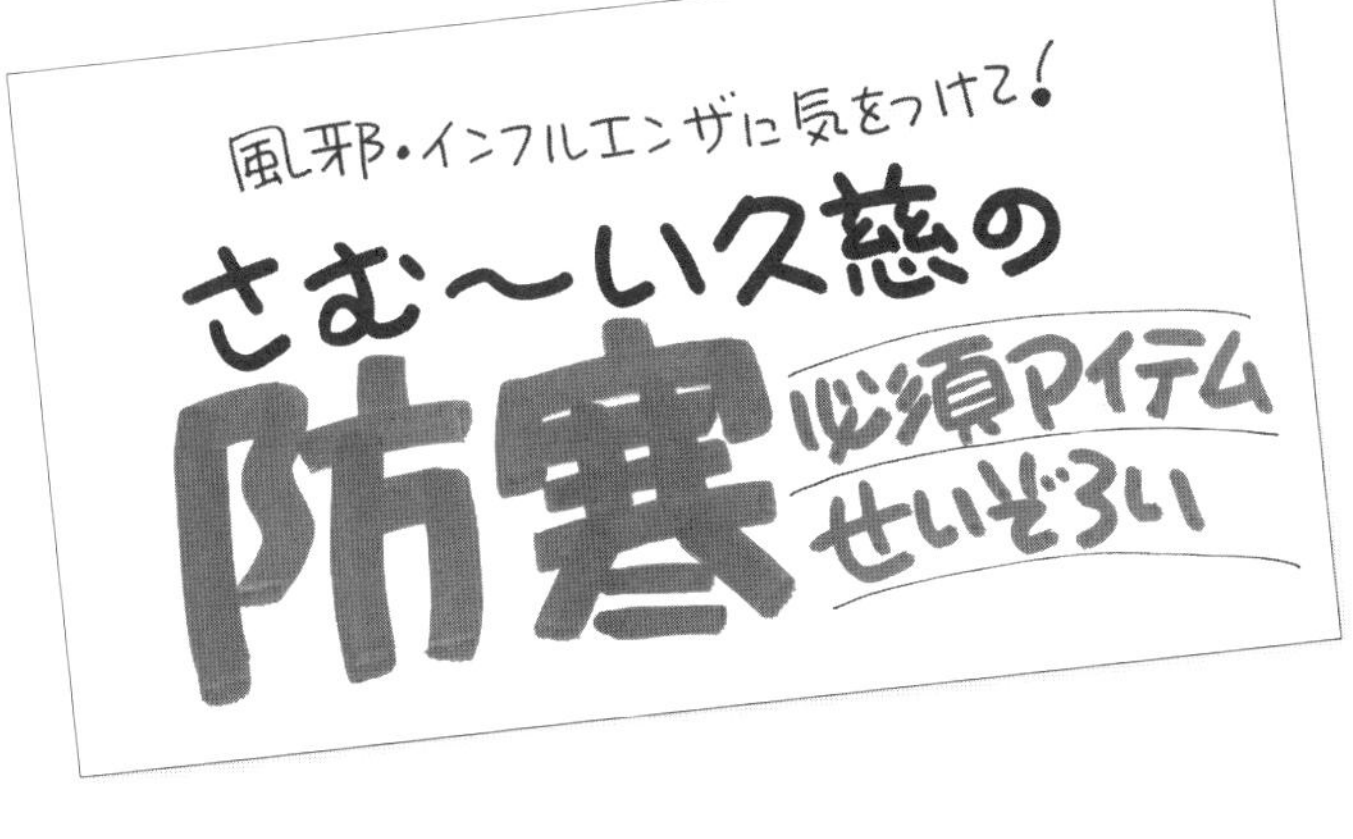

コピーが「さむーい冬の防寒」だったら当たり前で目が止まりませんが、「さむーい久慈の防寒」とあれば、突然お客様が自分のことだと感じて、気になります。

Part 5

"目を引く"POPの法則

丸かぶり 恵方巻きは…
1月31日までがお得!!
ご予約特典
■福豆プレゼント
■当日価格より20円お得

Part 5
01

「大きさ」の効果

▼一番伝えたいことを大きく書く

「大きさ」には力があります。小さいものより大きいもののほうが単純に「見せる力」があります（図A）。ＰＯＰの大きさはできるだけ大きく、ＰＯＰの文字もなるべく大きくすることが基本です。ＰＯＰを掲出する場所の条件により無限に大きくすることはできませんが、大きくなればなるほど「見せる力」は大きくなります。

現代は伝える情報量が多くなってきています。「店長おすすめ！　１０００円！」という単純なＰＯＰで商品が売れた時代もありましたが、今はそれだけでは情報が足りません。その商品の特徴は何なのか、他の商品とどのように違うのか、安心で安全か……と様々な情報を提供しないとお客様は不安なのです。安心して商品を買ってもらうために、情報量は増えるばかりです。

ところがお客様も情報が欲しいのですが、ＰＯＰに盛り込む情報量が増えすぎてしまうと文字が小さくなってしまって、読んでもらえません。そんなときには、**お客様に一番伝えたいことをキャッチタイトルとして大きく書く（図B）ことで、その他の文章も読んでもらえるのです。**

また高齢者の多い売り場のＰＯＰなら、高齢者に読める十分な大きさの文字にする必要があるでしょう。

美肌関連商品コーナーがあることを知らせるPOPなので、「美肌」を思いっきり大きくしました。

図A

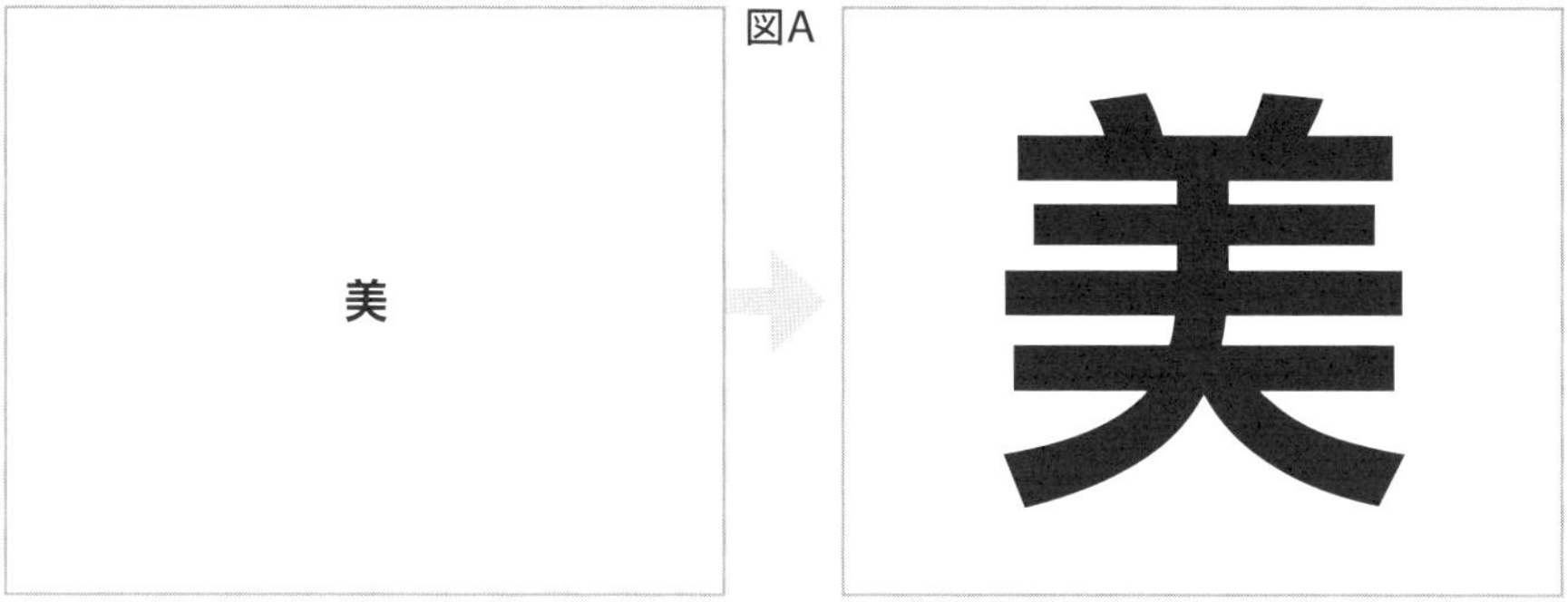
美
美

小さいものより大きいもののほうが、
単純に目立ち、「見せる力」があります。

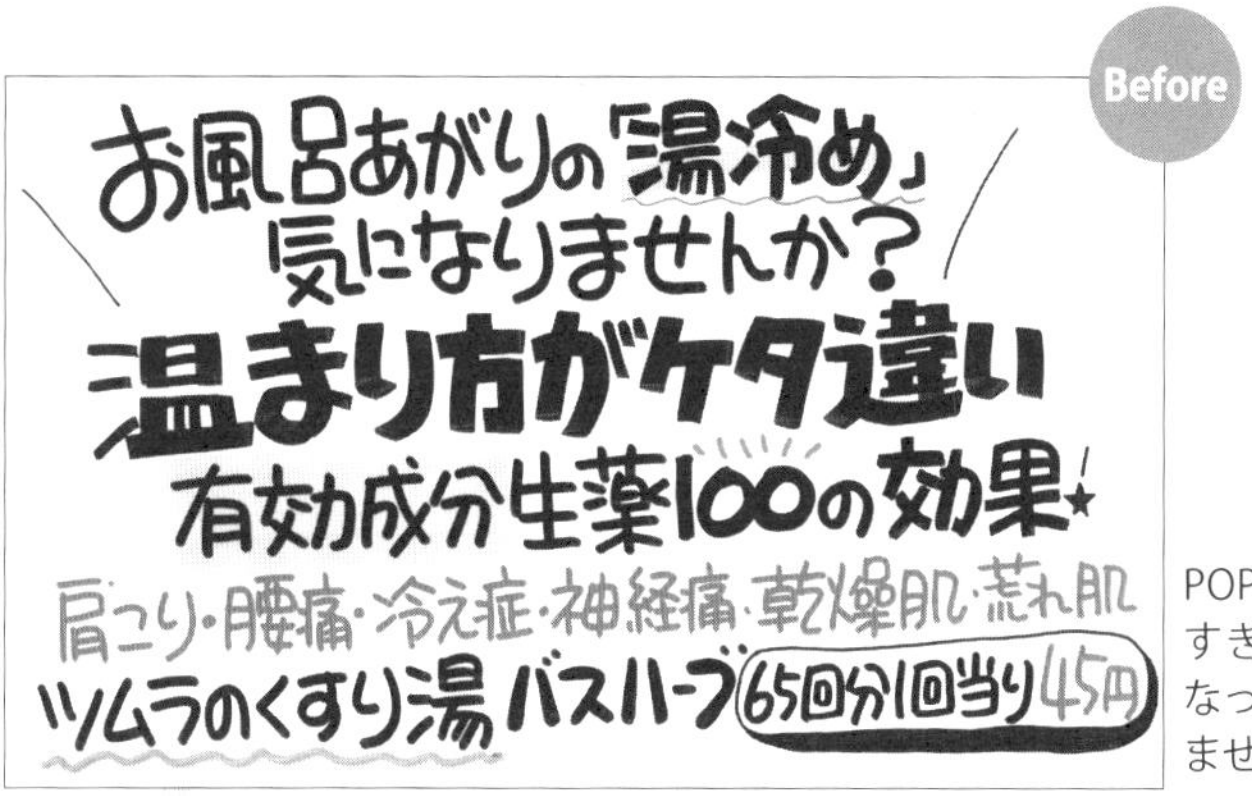
Before
お風呂あがりの「湯冷め」
気になりませんか？
温まり方がケタ違い
有効成分生薬100の効果
肩こり・腰痛・冷え症・神経痛・乾燥肌・荒れ肌
ツムラのくすり湯 バスハーブ 65回分1回当り45円

POPに盛り込む情報量が増えすぎてしまうと文字が小さくなってしまって、読んでもらえません。

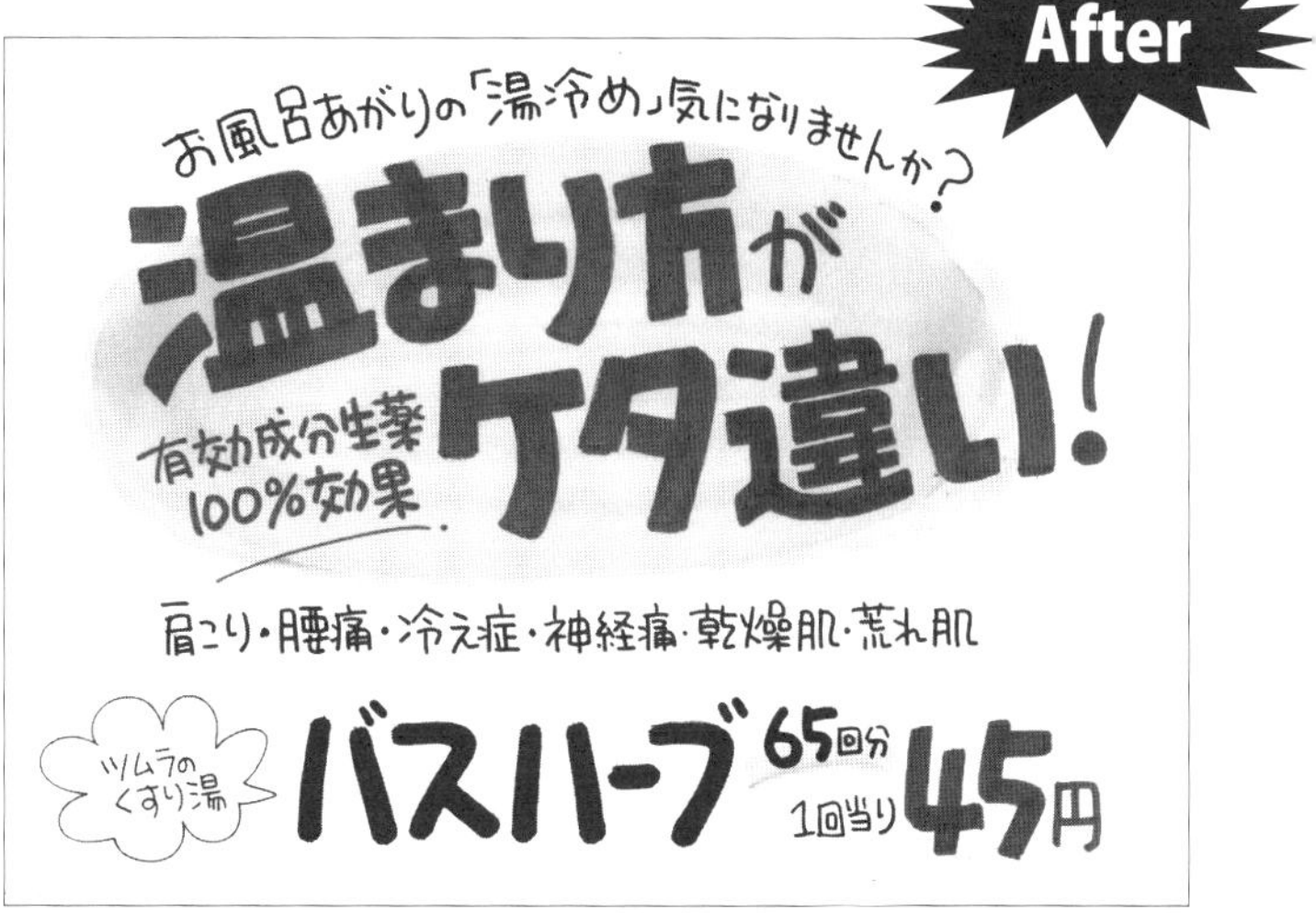
After
お風呂あがりの「湯冷め」気になりませんか？
温まり方が
ケタ違い！
有効成分生薬
100%効果
肩こり・腰痛・冷え症・神経痛・乾燥肌・荒れ肌
ツムラの
くすり湯
バスハーブ
65回分
1回当り
45円

図B

お客様に一番伝えたいことを、キャッチタイトルとして一番大きく書きましょう。

Part 5
02

色の効果①暖色と寒色

▼「暖色＝赤・橙・黄」は注目度&満足度をアップする

色には力があります。

人はモノを認識するとき、形より色から入ります。たとえば男性トイレは青い男性シルエットで、女性トイレは赤い女性シルエットが一般的ですが、仮に、赤い男性シルエットと青い女性シルエットにした場合、女性は赤い男性シルエットに、男性は青い女性シルエットのトイレに入っていきます。見た瞬間に形より色で判断しているのです。色は上手に使いたいものです。

赤・橙・黄は「暖色」と呼ばれる色です。反対に青・青緑色が「寒色」です。**暖色は暖かさを感じさせる色で、実際にある位置より前に飛び出して見える性質があり、実際のサイズよりも大きく見えます。**だから目立つのです。暖色は特価商品に使われることが多いです。黄色い用紙に赤で太い数字のイメージです。感情にアピールする色なので、安さ感の演出に効果的です。

赤は食欲増進色でもあります。暖色はおいしそうに見える色であり、時間を長く感じさせる色でもあるので、飲食店では暖色をよく使います。お客様は食欲がわくし、長時間滞在したような気持ちになれるから、満足度が高まるわけです。反対に寒色は、実際にある位置より遠くに見える性質があり、実際のサイズよりも小さく見えます。**お客様の目を引く力、「見せる力」が大きい色は暖色なのです。**

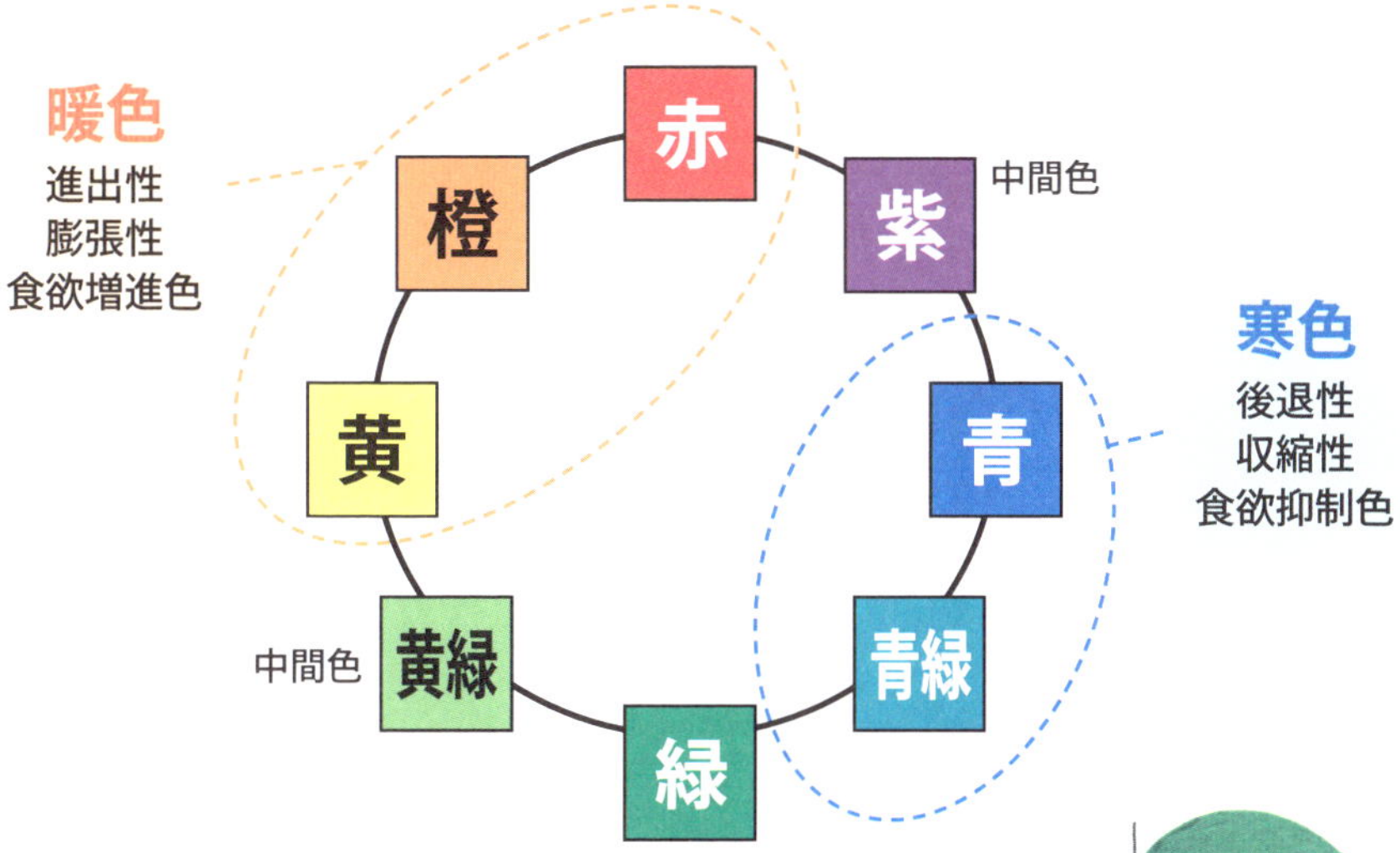
暖色
進出性
膨張性
食欲増進色
赤
紫
中間色
橙
寒色
後退性
収縮性
食欲抑制色
黄
青
黄緑
中間色
青緑
緑

黄色地に赤文字の POP は
よく目立ちます。

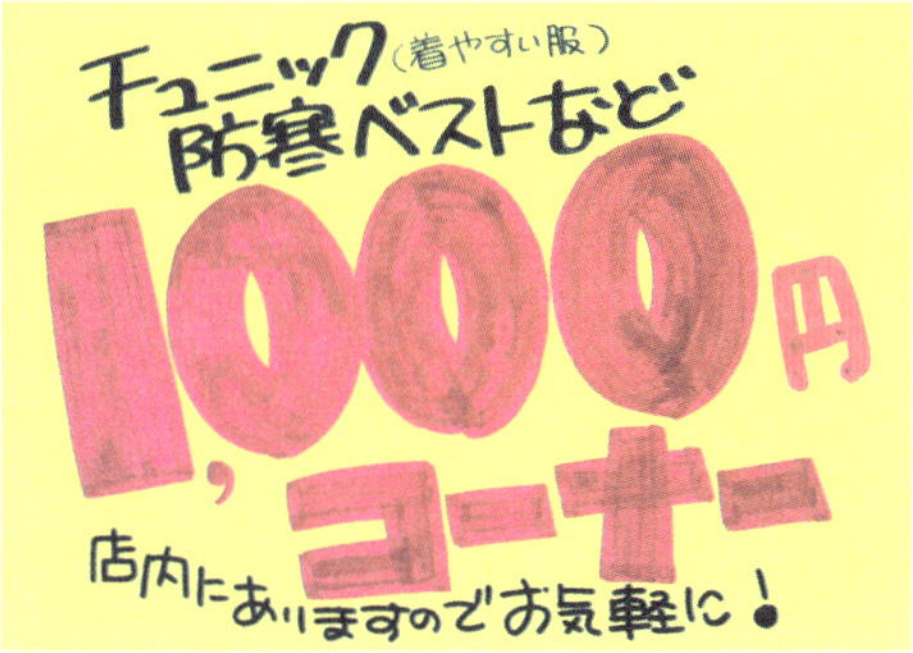
チュニック（着やすい服）
防寒ベストなど
1,000円
コーナー
店内にありますのでお気軽に！

夏はさっぱり味ですっきり!!
春雨の
ゆずぽん
ジュレサラダ
148えん
国産の柚子酢を使ってます

ゆずをイメージした
黄の円形に文字を
書きました。売場で
かなり目立ちます。

お肉がやわらか
ジューシー！
ビールと合うヨ！
豚しゃぶサラダ
柚子ドレッシング付

涼しさを感じさせるさわやかな寒色が合うPOPにも、アクセントカラーで暖色（ビールと合うヨ！）を入れると、お客様の目を引く効果が出てきます。

Part 5
03

色の効果②面積効果

▼「寒色＝青系」も色の面積を増やせばOK

前項のとおり、「見せる力」が大きいのは「暖色」ですが、商品イメージや店舗のイメージ、そして季節によっては、暖色以外を使ってPOPを作ったほうがいい場合がよくあります。

たとえば暖色である橙や黄を使うと元気な夏をイメージさせますが、**涼感を感じさせたい場合は寒色である青系のほうが合います。そのような場合、色の面積効果を活用すると「見せる力」がグンとアップするのです。本来目立たない寒色も、広い面積を使えば目立つようになります**（図A）。白い紙に青い文字で書かれたPOPが売場で目立たないと感じた場合（図B）は、青い紙に白い文字にするのも一つの方法です（図C）。

色は面積が広がれば広がるほど「見せる力」を高めます。資生堂のシャンプーTSUBAKI（ツバキ）が最初に発売されたとき、売場の演出が非常にインパクトの強いものでした。赤いボトルに赤いキャップ、ポスターも赤が中心であり、ツバキの専用什器《じゅうき》（商品陳列用の器具）も赤一色。様々な色があふれるドラッグストアにおいて赤一色でまとめられたツバキのコーナーは、抜群に目立っていました。その後白いツバキが出たときはやはり白1色でまとめられていました。本来、白は目立つ色ではありませんが、赤いツバキと並べられてコントラストがキレイに映えていました。

青い画用紙に手で破った白い紙を貼って文字を書いています。

図A

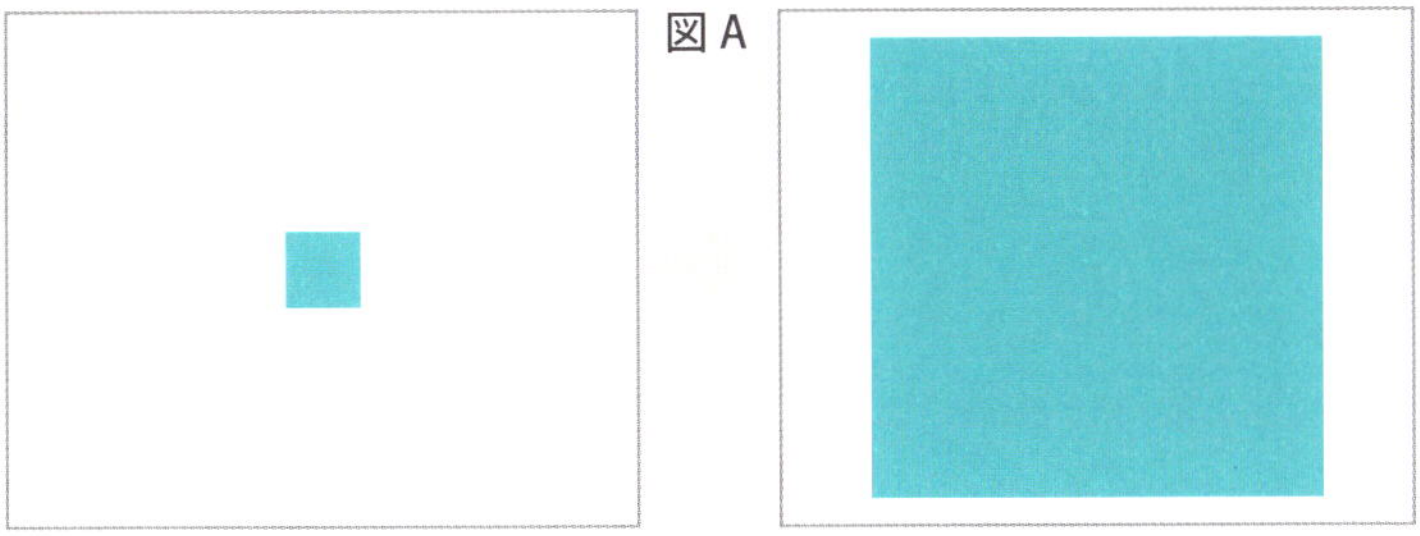

本来目立たない寒色も、使う面積を増やせば目立たせることができます。

図B

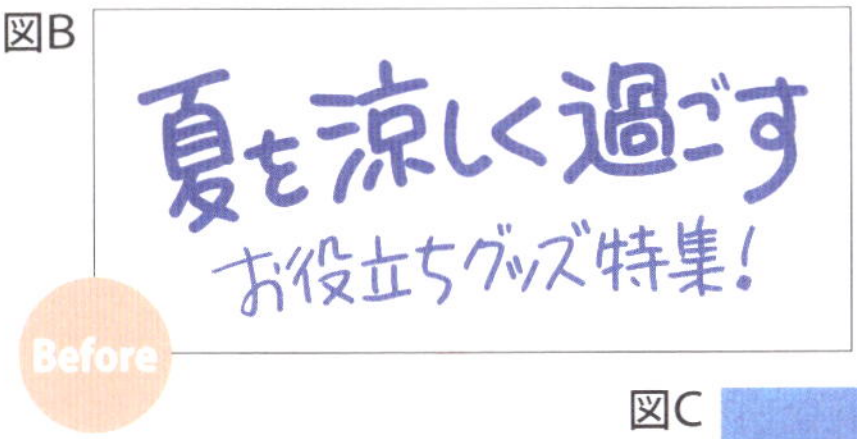

白い紙に青い文字で書かれたPOPが売場で目立たないと感じた場合は、青い紙に白い文字にすると目立つようになります。

図C

青い画用紙にポップスターやポスカの白色（134ページ参照）で文字を書き、イラストは素材集からプリントアウトして切り抜き、貼りつけました。

Part 5
04

色の効果③少ない色数で目立たせる

「色」の使いすぎはNG

絵画は額に入れられ壁に飾られます。だからどれほどたくさんの色を使っていても、外界と区切りをつけられるため、見にくくなることはありません。しかしPOPは額に入れて壁にかけて観賞するものではありません。店内には様々な色があふれており、その中のPOPにまでたくさんの色を使いすぎると、ゴチャゴチャするばかりで読みにくいのです（図A）。

主役は商品です。POPに使う色は、原則的に3～4色までに抑えましょう（図B）。

特に商品の近くに貼るPOPは、使っている色数が少なければ少ないほど見栄えがよくなります。

おしゃれさを重視する売場では、1色でまとめたほうが良いでしょう（図C）。紙の色や紙の素材とも統一させるとセンスよく「見せる力」がアップします。おしゃれなフラワーショップなどでは、黒い画用紙に白一色で文字を書いたPOPを利用しています。そのほうが主役である花の色を惹きたてることができるからです。

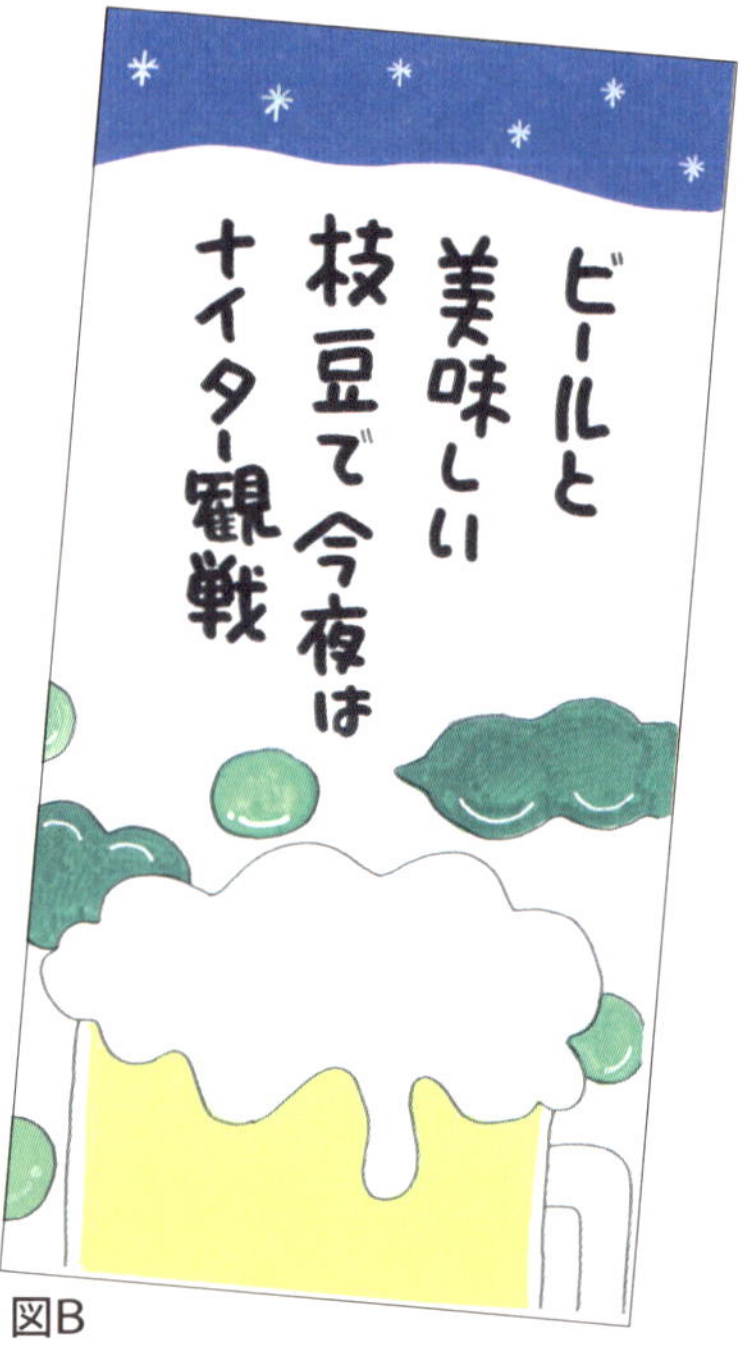

イラストは青、緑、黄で構成し、文字は黒だけでなのでスッキリと読みやすいです。

図B

図A

たくさんの色を使いすぎると、ゴチャゴチャするばかりで見にくいです……。

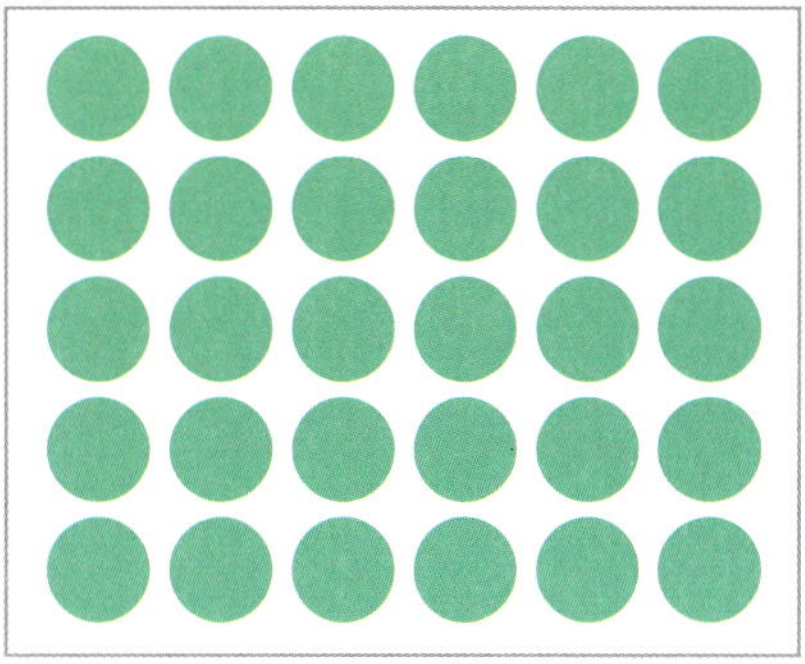

少ない色数のほうがすっきりします。

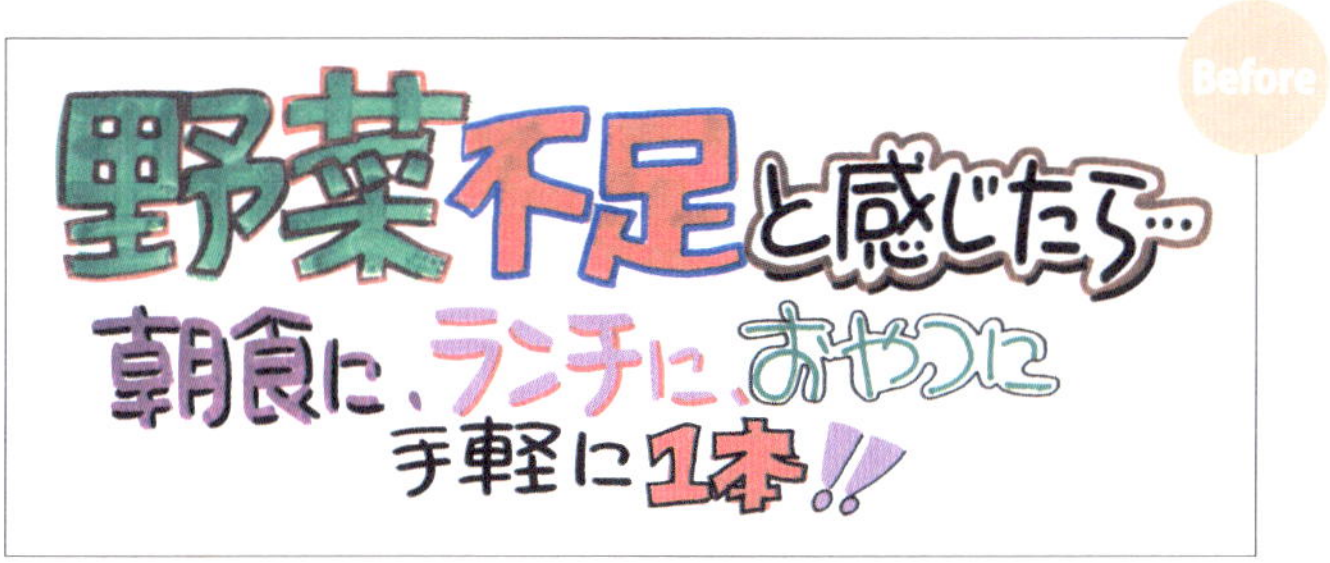

図C

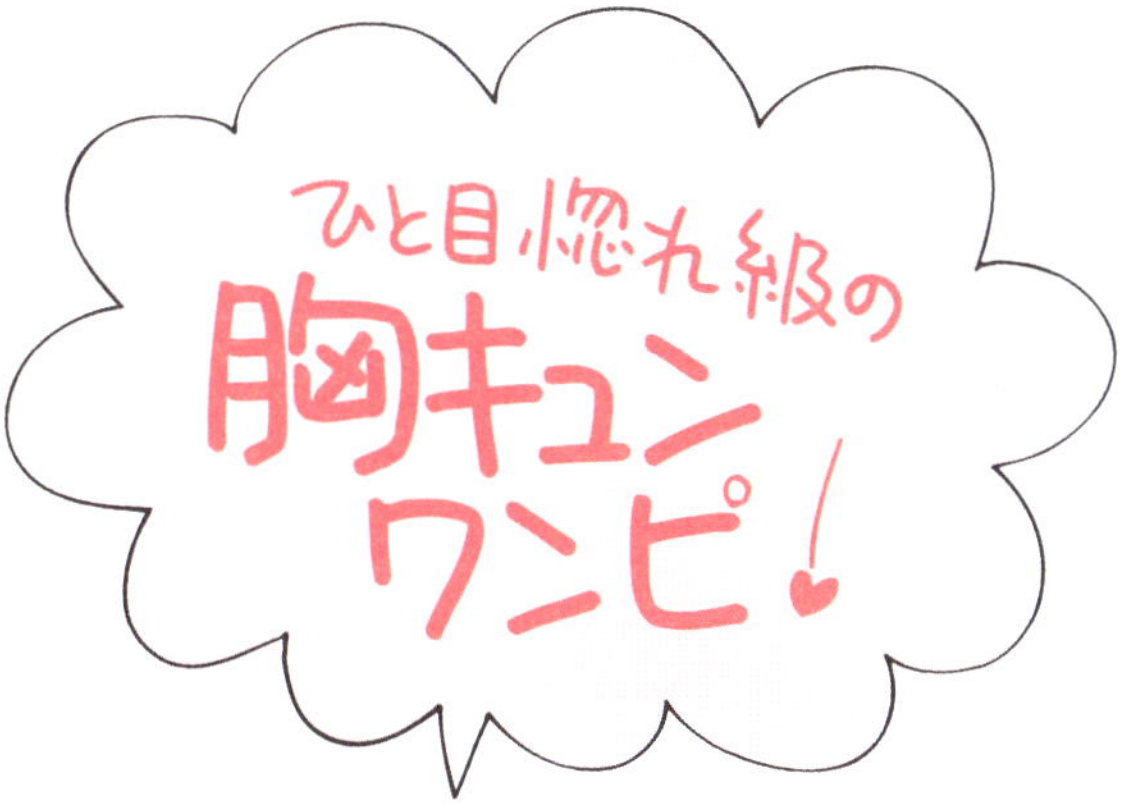

ピンク地に赤一色で書いたPOP。少ない色数で、かわいく目立ちます。

Part 5
05

色の効果④色で季節感を表す

POPに使う色で季節感を演出することができます。色を上手に使いましょう。

季節を感じる色を知ろう

春はピンク・レモンイエロー・黄緑など、やさしいパステルカラーでふんわり柔らかい色がおすすめです。夏は青・水色・白で清涼感を感じさせます。黄・橙は元気さを感じさせます。秋は赤・黄・橙・茶です。紅葉や秋の味覚の色味がおすすめです。冬は白・青・銀などがイメージ色ですが、暖かさを感じさせる場合は赤・黄・橙を使います。クリスマスは赤、緑、金色（図A※1）。年末は赤と黒でインパクトを出せます。正月は赤、金でおめでたさを感じさせます。紫をアクセントに使うと、和のイメージが出ます。

POPに使う色は3～4色が基本ですが、壁に貼ったり天井から吊るすタイプのものや、また店頭の黒板POPは、色数が増えてもきれいに見える場合があります。しかしキッズコーナーなどのようにカラフルなイメージが似合う売場以外は、色数を増やしすぎないように気をつけたいものです。色数を多く使いたい場合は、季節のイメージカラーを使うと自然な感じでなじみやすいものです。

季節感を出すには、季節にちなんだイラストをPOPに入れるのもいいでしょう。また、100円ショップの造花をあしらったりするのも簡単で、おすすめな方法です。

春のイメージカラーを使って作ったお花見シーズン用のPOP。

春のPOP

夏のPOP

秋のPOP

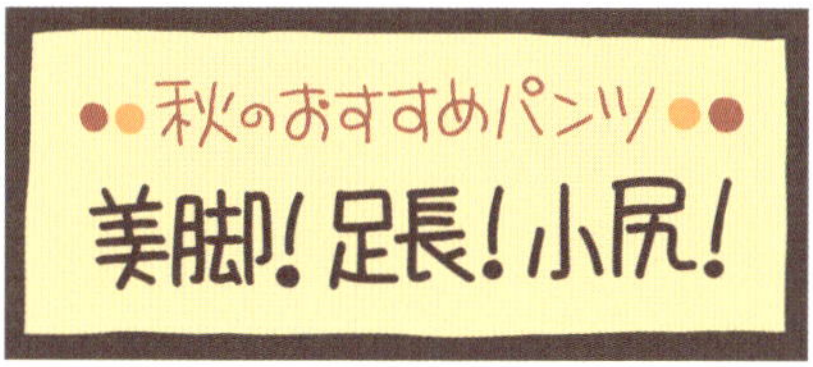

秋のPOP

冬のPOP

	季節のイメージカラー
春	
夏	
秋	
冬	

夏のPOP

Part 5
06

「動き」で見せる

▼動くものは気になる

人は静止しているものよりも、動いているものをつい見てしまうものです。動いているものは人の目を止める力とともに、活気を出す力があります。たとえば新幹線の車内やビルの上のほうでネオンのニュースが流れていると、つい目を止めて読んでしまいます。

1枚のPOPの中にも「動き」は「見せる力が」あります。整然と並んでいる中で1つだけ違う動きがあると、とても目立ちます（図A）。

また左右対称のレイアウトは静的・正統・格調といったイメージがありますが、コピーの一部を右上がりにしたり、アーチ型にしたりと、非左右対称にして動きを出すことで、「動的」、「躍動」、「元気」といったイメージを出すことができます（図B）。

風にパタパタとはためくのぼり旗は、あまり元気のないお店の店頭に設置するように、よくおすすめしています（図C）。のぼり旗が似合わない専門店では、フラッグ（旗）、のれん、懸垂幕などがおすすめです。旗の動きにつられて、意識していなくても目を引いてくれるのです。最近は電池で動くPOPや什器も増えました。画面がどんどん変化していく液晶型のポスターもあります。店頭でビデオを流したり、フォトフレームを使うのも「動き」を利用しているといえます。

人の動きも同じです。店内で人が動いていると、店外の通行客からは活気があるように見えます。

文字をまっすぐ書かないことで動きを出し、躍動感を出しています。

図A

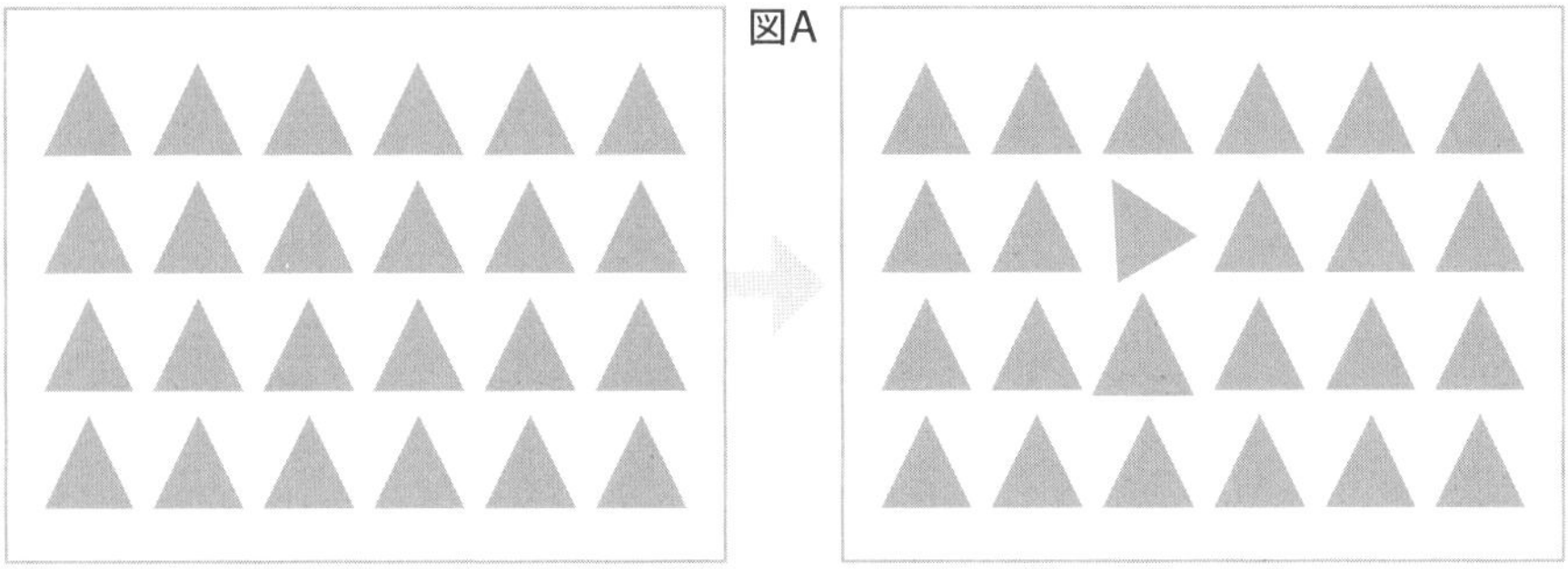

整然と並んでいる中で1つだけ違う動きがあると、とても目立ちます。

図B

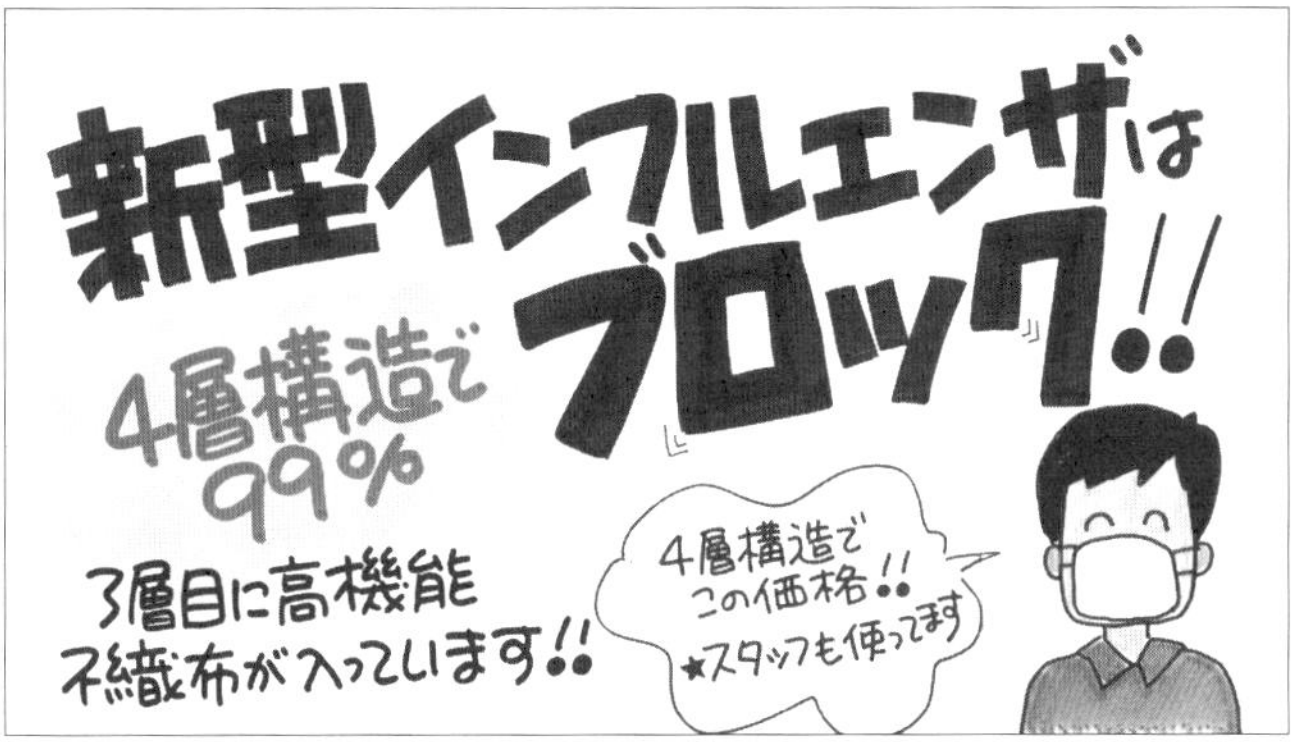

文字を右上がりにしたり吹き出しを利用することで、「動き」を出しています。

のぼり旗が元気よくはためいていると、「営業している店がある」ということをお客様に意識してもらえます。本数をたくさん立てれば、より活気が出ます。

図C

Part 5
07

「余白効果」で見せる

▼POPの余白は額縁と同じ

「額縁」には「見せる力」があります。ドリンク類やタバコの自動販売機の中で特に目立たせたい商品の周囲にカラーテープを貼ってあるのを見たことがありませんか？　**カラーテープで額縁を作ると、人は無意識にその内側を見ようとします**（図A）。

POP1枚の中で考えると、POPの余白も一種の額縁と考えることができます。例えばPOP用紙いっぱいに文字を書いてしまうと、売場で見にくいPOPになってしまいます（図B）。

POPは店内の商品など多くの色や形が混じりあった売場で直接貼られるものです。POPの文字を用紙いっぱいに書くと、周囲に埋没して混じり合い、「見せる力」を失います。またPOPをPOPスタンドなどに挟んだりする場合も、紙いっぱいに書いてしまうと、挟んだ部分の文字が見えなくなるので要注意です。

紙の周囲に余白があるPOPは、売場と文字の間に「余白」という額縁を作るので、POPが見やすくなるのです。

ぷりっ!!
何でお家で
食べるエビフライは
おいしいのかな…
大丈夫♥クックチャムのも
ぷりっとお家とおなじ
です!!
1尾180円

エビのイラストだけに色がついていて、後はすべて黒で構成されているPOP。周囲に余白をとることによって、文字とイラストを真ん中に集めています。エビを噛んだときのときの音「ぷりっ！」を大きくしたので、おいしそうでしょう?

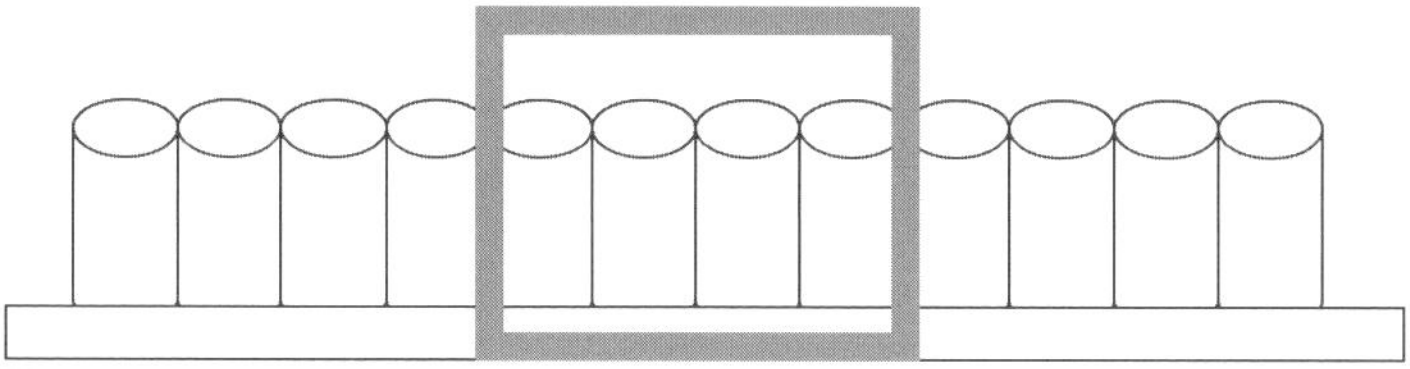

図A

人は無意識に「額縁」の内側を見ようとします。

用紙いっぱいに文字を書いてしまうと、売場で目立ちません。

図B

茶色の紙に白だけで書いたPOP。1色に絞ったことと、周囲の余白をたっぷり取ることで、スッキリおしゃれに仕上がります。

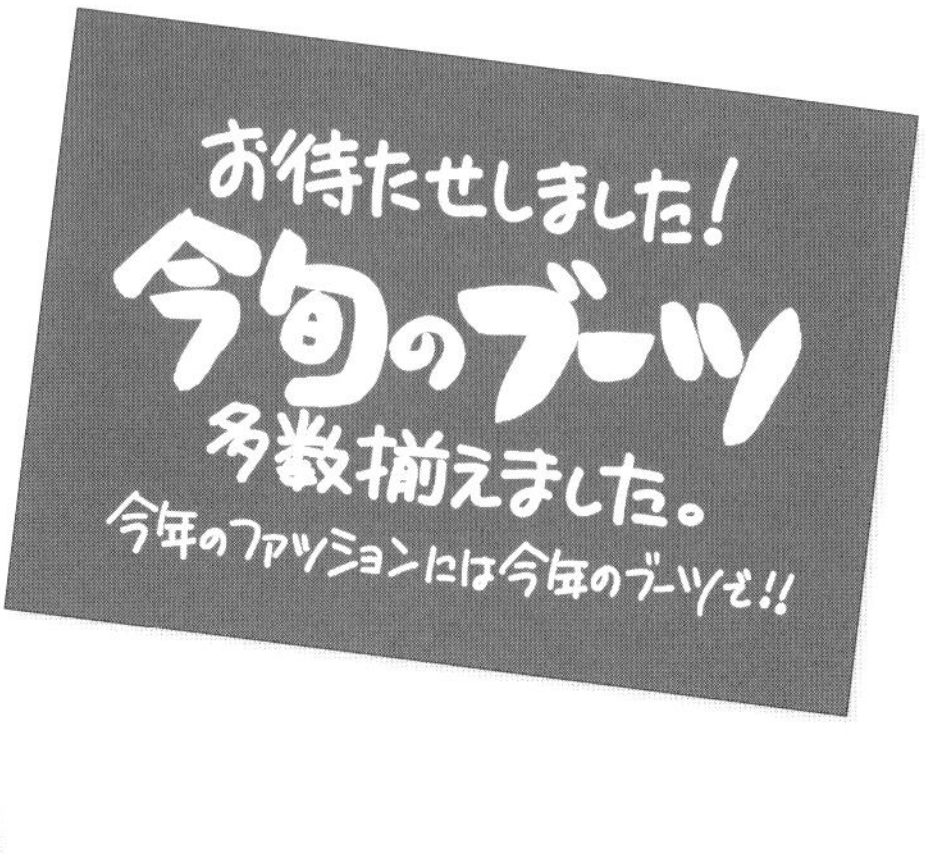

太いライン（青色）の「額縁」で囲まれたPOP

Part 6

手書きPOPマスターガイド

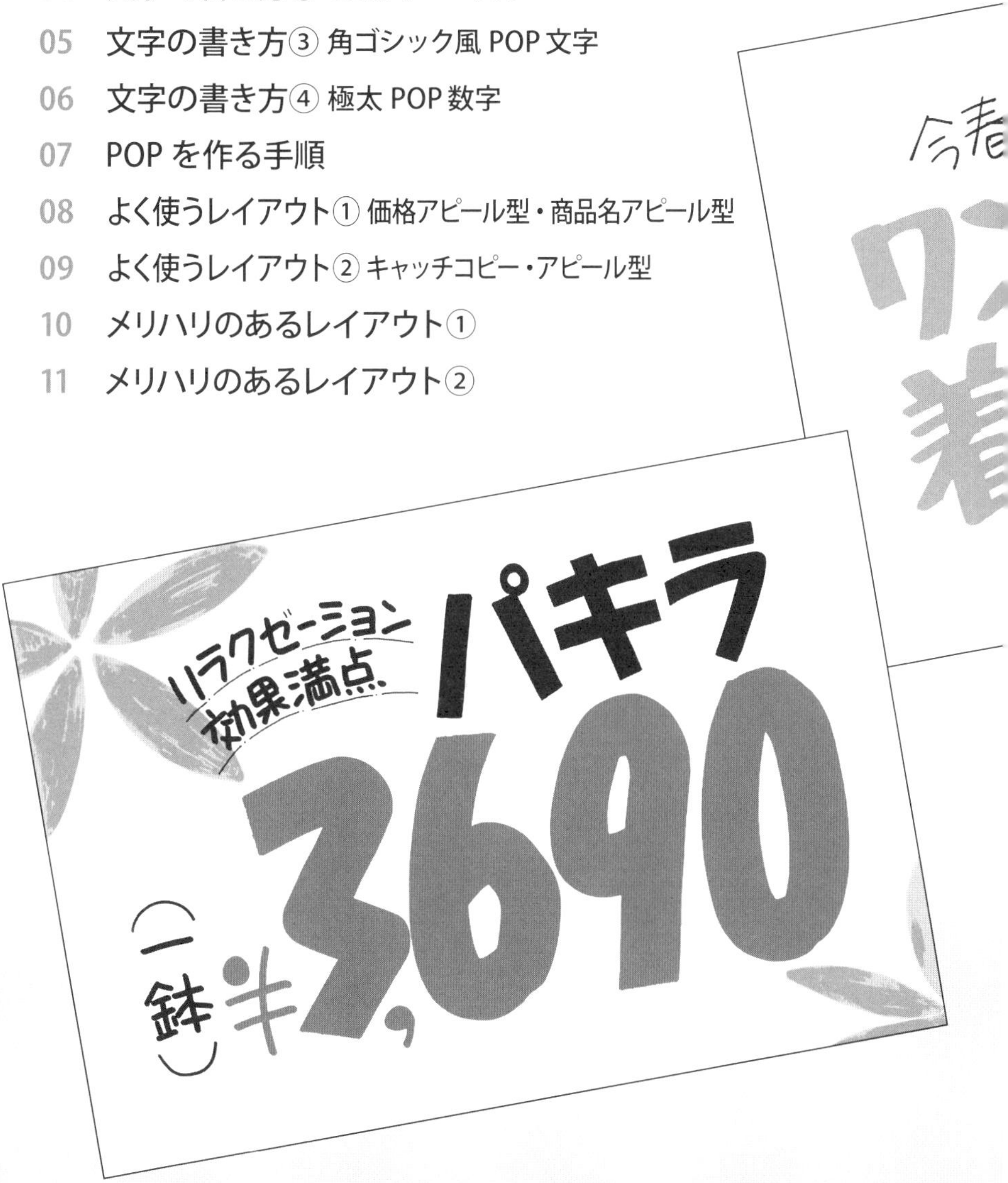
リラクゼーション
効果満点
パキラ
(一鉢)
¥3,690

Part6
01

手書きPOPの文字の種類

▼手書きPOPはむずかしくない!

現在は、パソコンを使えば手軽に美しいPOPが作れるようになりました。パソコンで作るPOPが決して悪いわけではないですし、私も元々パソコンPOP推進派で、今でもケースバイケースでがんがんパソコンでPOPを作っていますが、やはり「手書きPOP」には手書きならではの良さがあります。**手書きPOPはお客様に親近感を持ってもらえます。どんなに下手な字でも、人の手で一生懸命書かれたPOPは、説得力が違います。**

しかしいくら「下手な字でもいい」とは言え、やはり「商品説明」という役割を持ったものですから、「読みやすい」に越したことはありません。

ここでは、「読みやすい」手書きPOPを書くための簡単なルールをご説明します。手書きPOPを書くのは、むずかしくありません。ルールに沿って覚えれば、誰でも簡単に書けるようになります。まずはルール通りに練習してみてください。

丸ゴシック風POP文字 (p.138)

これは便利
新発売

丸ペン

使用するペン:
丸ペン(ゼブラポップスター丸芯、三菱ポスカ細字など)

POP文字の大きさ:約1cm～2cm角　難易度:★☆☆☆☆

明朝風POP文字 (p.140)

これは便利
新発売

角ペン

使用するペン：
角ペン（ゼブラポップスター角芯、三菱ポスカ角芯など）
POP文字の大きさの目安：約4cm角〜5cm角

角ゴシック風POP文字 (p.142)

これは便利
新発売

角ペン

使用するペン：
角ペン（ゼブラポップスター角芯、三菱ポスカ角芯など）
POP文字の大きさの目安：約4cm角〜6cm角

極太POP数字 (p.144)

2,680円

極太ペン

使用するペン：
極太ペン（ゼブラマッキー極太、マジックインキ極太など）
POP文字の大きさ：約10cm角　　難易度：★★★★☆

Part6
02

文字を書くときの「6つのルール」

読みやすいPOP文字を書くには

POP文字を書くときは、次の**6つのルール**を守ってください。

①右上がりにしない…文字の線はできるだけ垂直水平に書きます。

②箱詰めに書く…箱（マス目）いっぱいに、できるだけ大きく書きます。

③筆圧とスピードを一定に…強弱をつけて書いたり、すうっと払ったりせず、同じ筆圧、同じスピードでゆっくりと書きます。

④文字間は詰める…単語（商品名や価格、キャッチコピーなど）を書くときは、文字と文字の間隔を詰めて書きます。

⑤行間は空ける…文章（2行以上）を書くときは、行間を空けて書くと、読みやすく書けます。

⑥促音・拗音・長音は小さく書く…促音（小さい「っ」のような字）、拗音（小さい「ュ」のような字）は普通の文字の3分の2くらいの大きさで書きます。長音（伸ばす音）は、長さを3分の2くらいの長さにしましょう。

▶ルール①「右上がりにしない」

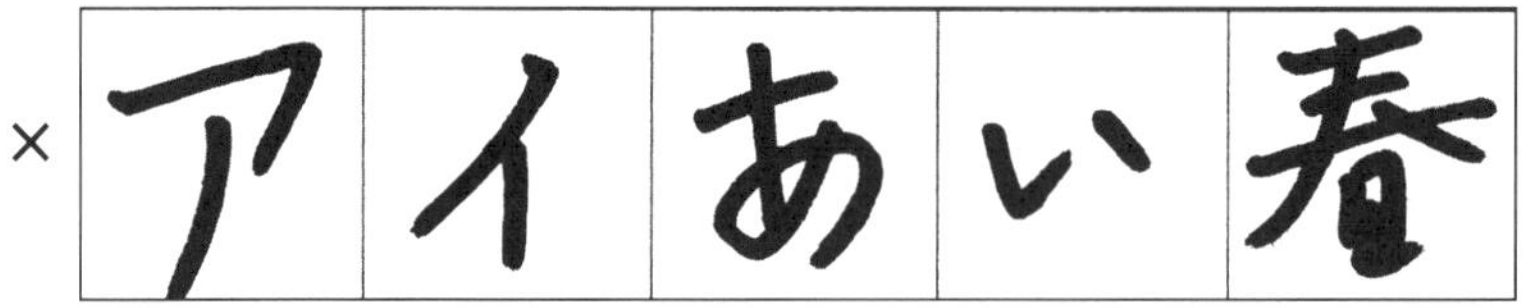

▶ルール②「箱詰めに書く」

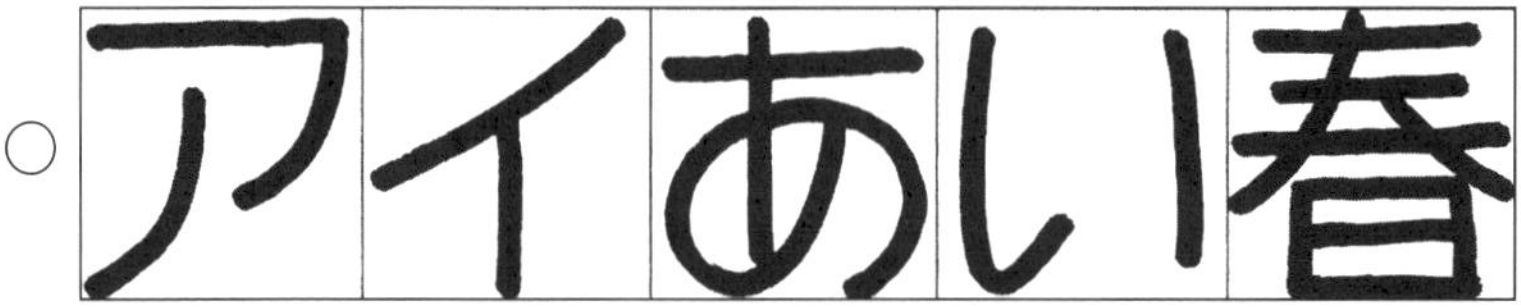

▶ルール④「文字間は詰める」

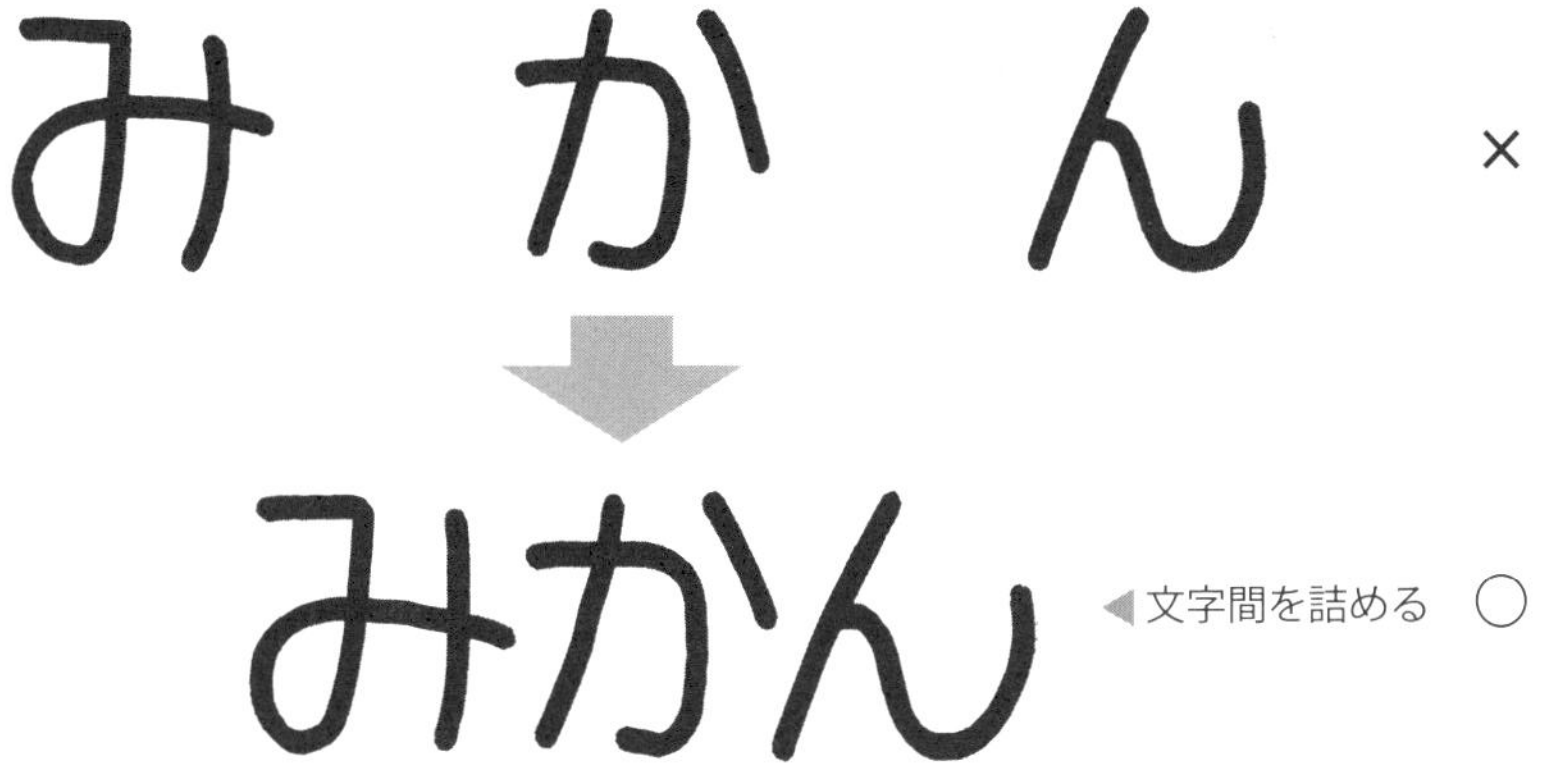
み か ん
×
みかん
◀文字間を詰める ○

▶ルール⑤「行間は空ける」

イチゴ
バナナ
レモン
×
イチゴ
バナナ
レモン
▲行間を空ける ○

▶ルール⑥「促音・拗音・長音は小さく書く」

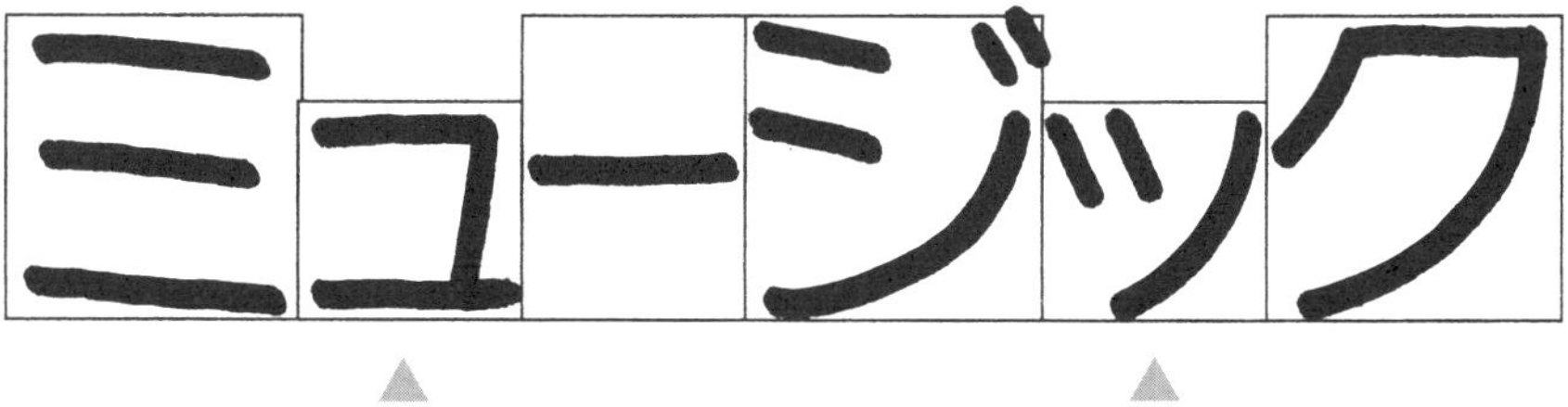
ミュージック

文字の書き方①　丸ゴシック風ＰＯＰ文字

丸ゴシックは、ＰＯＰ文字の基本です。一般によく使われているペン先が丸い「丸ペン」を使います。普段書いている文字でＰＯＰを書いても十分親近感のあるＰＯＰを作れますが、**文字をもっと見やすくわかりやすくしたい場合は、この「丸ゴシック風ＰＯＰ文字」を練習しましょう。**ペンは垂直に立てて持ち、一文字一文字ゆっくりとていねいに書きます。

左から右へ書くと書きやすいです（※ POP文字に書き順は関係ありません）。

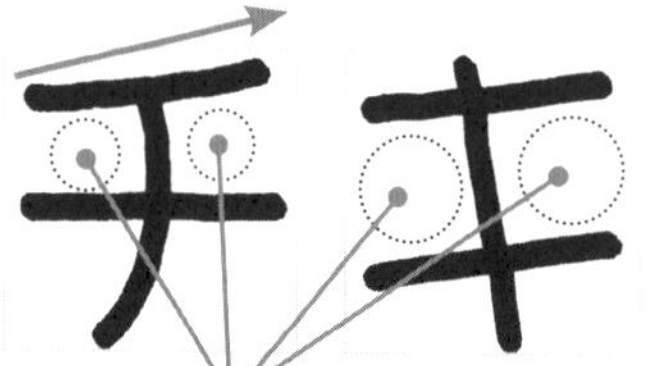

空間を広く取ると、
バランスが良くなります。

「ツ」と「シ」、「ソ」と「ン」は似ているので、線の方向と空きの違いで書き分けましょう。

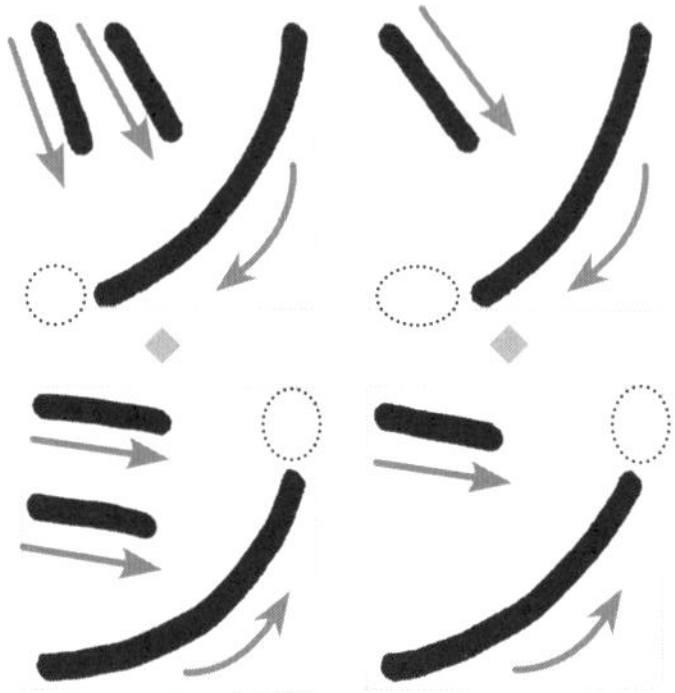

②の線でいったん止めて、
③から書くと書きやすいです。

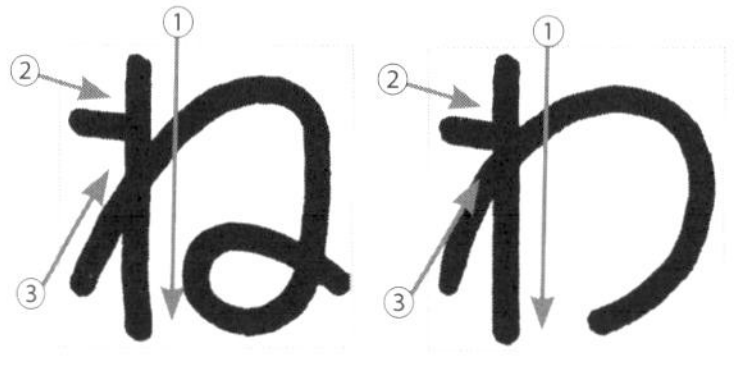

文字のふところ部分をなるべく大きく取ると、バランスが良くなります。

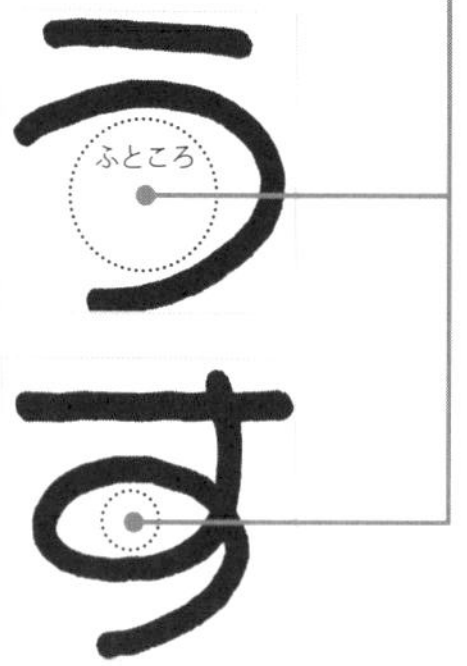

「品」の一番上の□は、横長に書くとバランスが良くなります。

同じ間隔になるように書くと、バランスが良くなります。

広い空きを作らないように書きましょう。

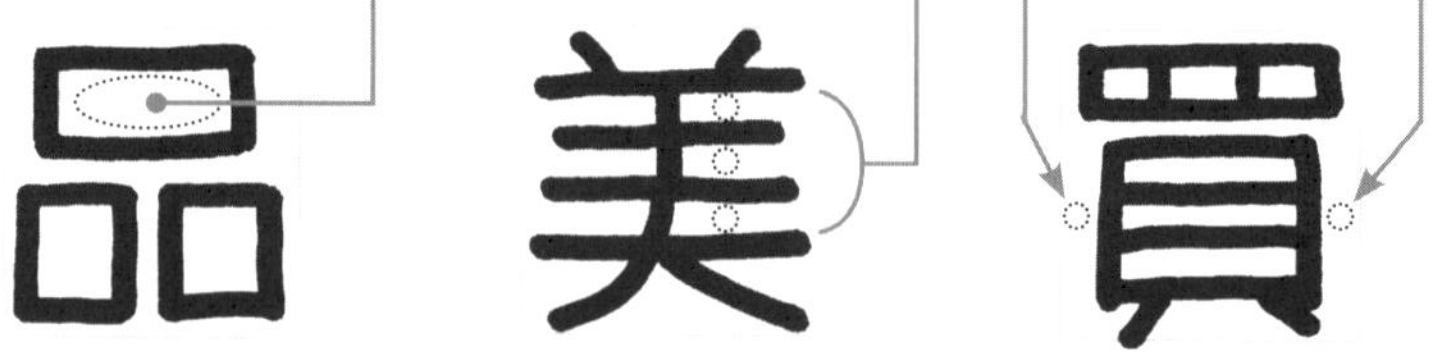

▶丸ゴシック風POP文字

※本書読者の方の特典：ここに載せきれなかったほかの文字のサンプルを、無料でダウンロードできます。ご利用ください。

http://www.pop21.biz/

使用ペン：丸ペン

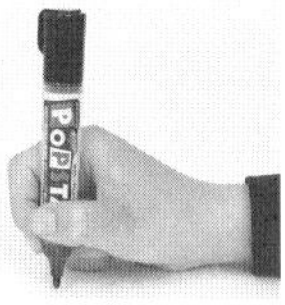
○良い持ち方

×悪い持ち方

あ	い	う	え	お
か	き	く	け	こ
さ	し	す	せ	そ
た	ち	つ	て	と
な	に	ぬ	ね	の
は	ひ	ふ	へ	ほ

ア	イ	ウ	エ	オ
カ	キ	ク	ケ	コ
サ	シ	ス	セ	ソ
タ	チ	ツ	テ	ト
ナ	ニ	ヌ	ネ	ノ
ハ	ヒ	フ	ヘ	ホ

1	2	3	4	5
6	7	8	9	0

A	B	C	D	E
H	I	J	K	L
O	P	Q	R	S
V	W	X	Y	Z

人	気	抜	群	美
限	定	商	品	売
春	夏	秋	冬	最
買	得	新	入	荷
店	長	便	利	楽
簡	単	発	表	幸
効	果	期	間	感

文字の書き方② 明朝風POP文字

前項で使った丸ペンだけでは、大きいサイズのPOPは書けません。「角ペン」を使います。

「明朝風POP文字」は、文字の縦画を太く、横画を細く書きます。縦横両方を太く書く「ゴシック体」よりもインパクトは弱いですが、比較的簡単にマスターできる書体です。

角ペンの持ち方

フェルトの長いほうが親指側、フェルトの短いほうが人差し指側になるように、ペンをしっかりと持ちます（**図A**）。

線を書いてみよう

縦線、横線を、それぞれ書いてみましょう。**図B**のⒶを紙面に当てて、書きます。**コツは「手首を固定して、腕全体で書く」ことです。ペン先に力を入れすぎると書きにくくなるので注意。**ペンの角度は、手前に約60度ほど倒した状態をキープします。ペンは軽く持ちます。慣れてきたら、斜め線、カーブ線も練習してみましょう。

図A

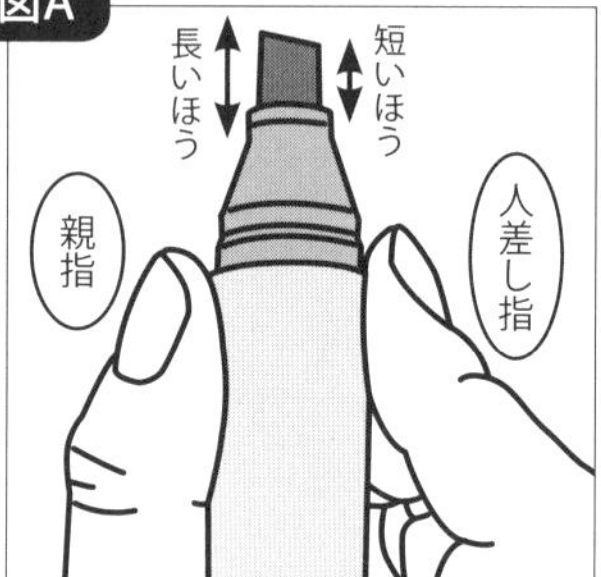
長いほう
短いほう
真上から見たところ
親指
人差し指

図B

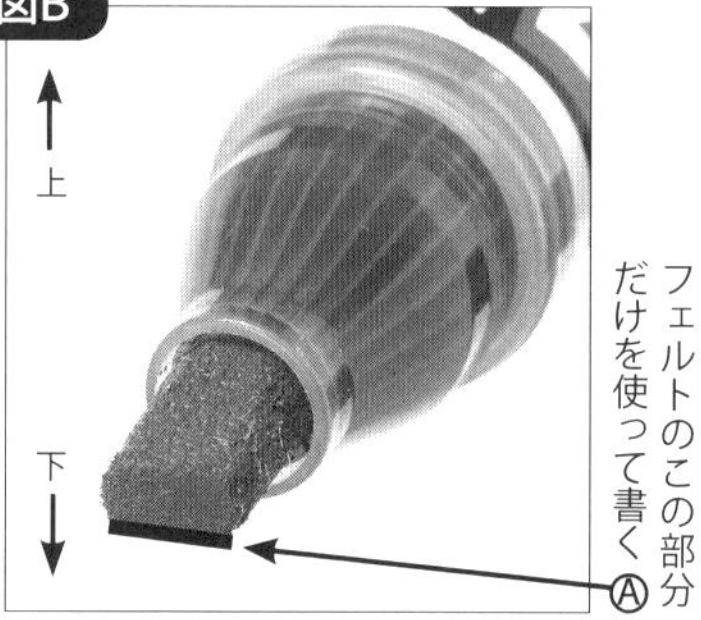
上
下
フェルトのこの部分だけを使って書く
Ⓐ

▶縦線を書く

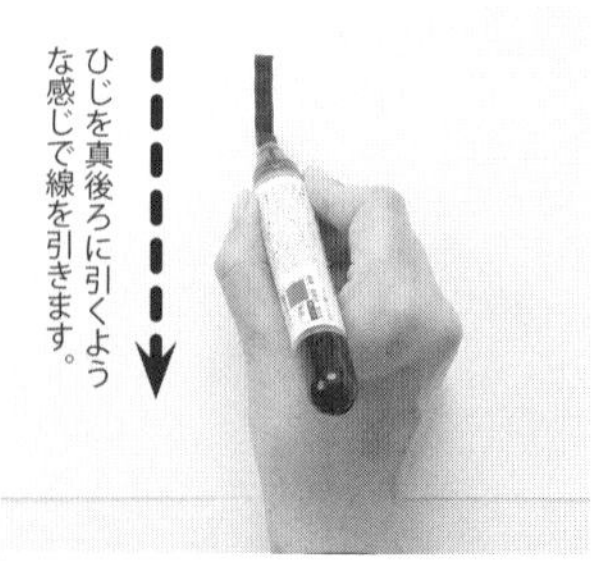
ひじを真後ろに引くような感じで線を引きます。

▶横線を書く

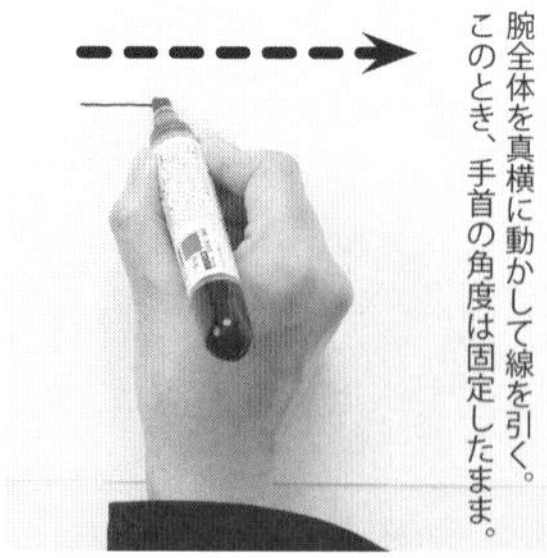
腕全体を真横に動かして線を引く。このとき、手首の角度は固定したまま。

※カーブ等もすべてこの持ち方の状態をキープして書きます。

明朝体風POP文字

※本書読者の方の特典：
ここに載せきれなかったほかの文字のサンプルを、
無料でダウンロードできます。ご利用ください。

http://www.pop21.biz/

使用ペン：角ペン

ア	イ	ウ	エ	オ
キ	ク	ケ	コ	サ
ス	セ	ソ	タ	チ
テ	ト	ナ	ニ	ヌ
ノ	ハ	ヒ	フ	ヘ
マ	ミ	ム	メ	モ

あ	い	う	え	お
き	く	け	こ	さ
す	せ	そ	た	ち
て	と	な	に	ぬ
の	は	ひ	ふ	へ
ま	み	む	め	も

12345
67890
ABCDE
HIJKL
abcdefg

買	得	最	新
限	定	店	長
春	夏	秋	冬
話	題	実	感
流	行	健	康

※練習は、カタカナ・ひらがなは 4cm 角程度のマス目に、
漢字は 5cm 角程度のマス目に書くことをおすすめします。

Part6
05

文字の書き方③ 角ゴシック風POP文字

「角ゴシック風POP文字」は、縦画も横画も同じ太さの線で書きます。ふつうの書き順と違ったり、カーブの書き方に独特のコツが必要ですが、**タイトルなどの大きい文字に適しており、インパクトのあるPOPが書けます。**

▼角ペンの持ち方

ペン先のフェルトの長いほうが真上、フェルトの短いほうが真下側になるように、ペンをしっかりと持ちます（図A）。

▼線を書いてみよう

縦線、横線を、それぞれ練習してみましょう。ペンを持つ角度は、線を引く方向に約45度ほど倒した状態をキープして、しっかりと持ちます。慣れてきたら、斜め線、カーブ線も練習してみましょう。カーブ線を書くときは手首をひねるようにして書きます。文字を書くときは太さを統一するため、**通常の筆順で書かず、書けるところまで書いて、つなぎ合わせて形を作っていきます**（左ページの下段左図参照）。

図A

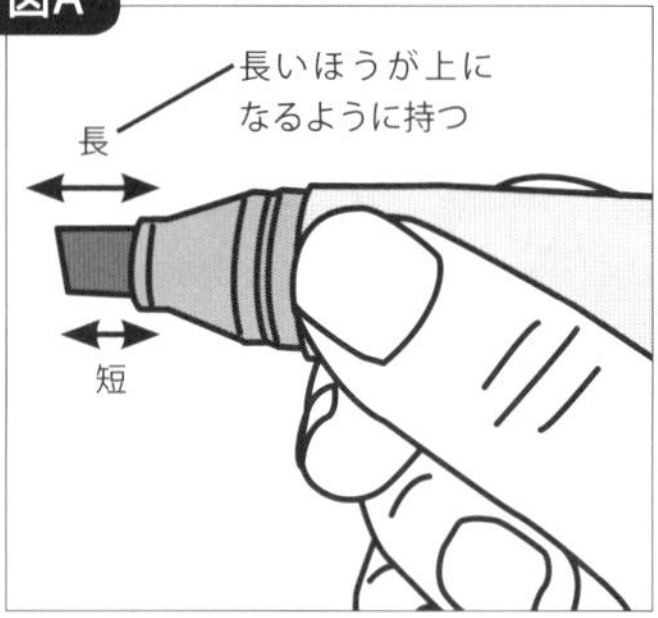

長いほうが上に
なるように持つ
長
短

真横から見たところ

図B

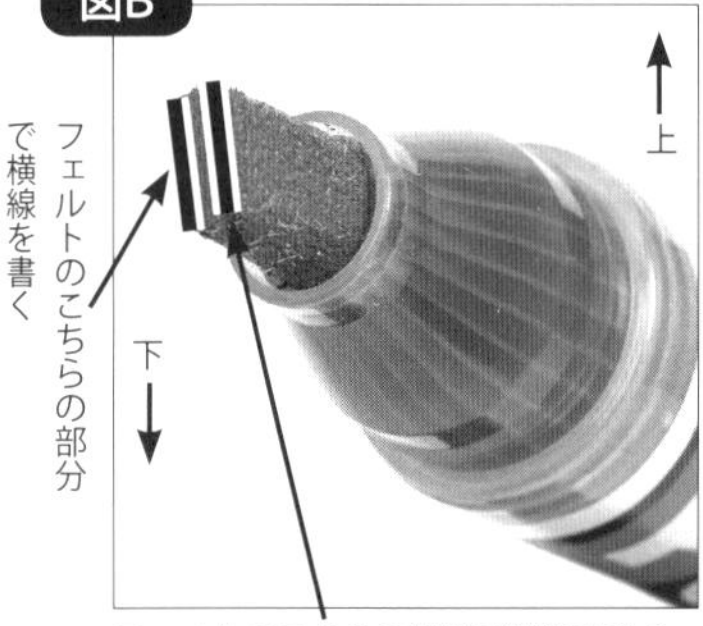

上
下
フェルトのこちらの部分で横線を書く

フェルトのこちらの部分で縦線を書く

▶縦線を書く

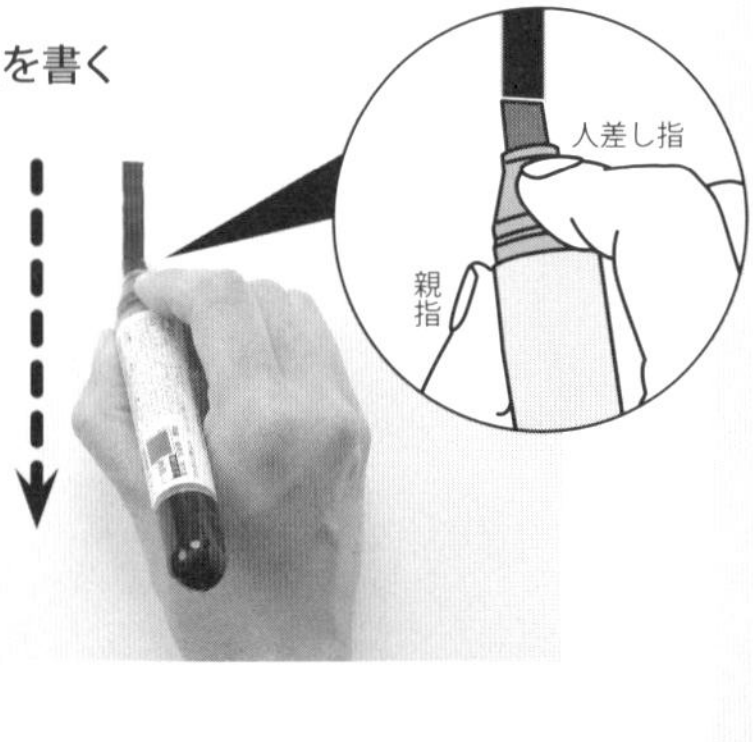

人差し指
親指

▶横線を書く

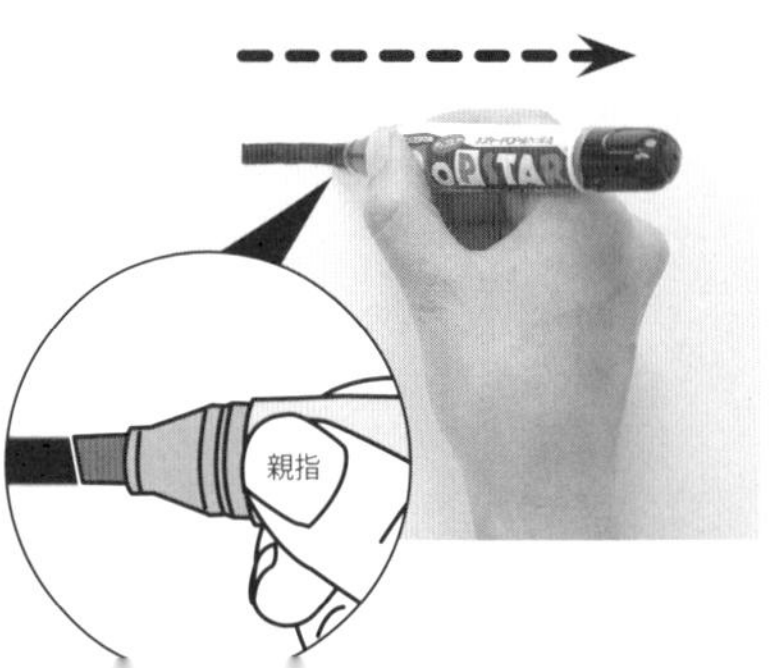

親指

▶角ゴシック体風POP文字

※本書読者の方の特典：
ここに載せきれなかったほかの文字のサンプルを、無料でダウンロードできます。ご利用ください。

http://www.pop21.biz/

使用ペン：角ペン

アイウエオ
カキクケコ
サシスセソ
タチツテト

あいうえお
かきくけこ
さしすせそ
たちつてと

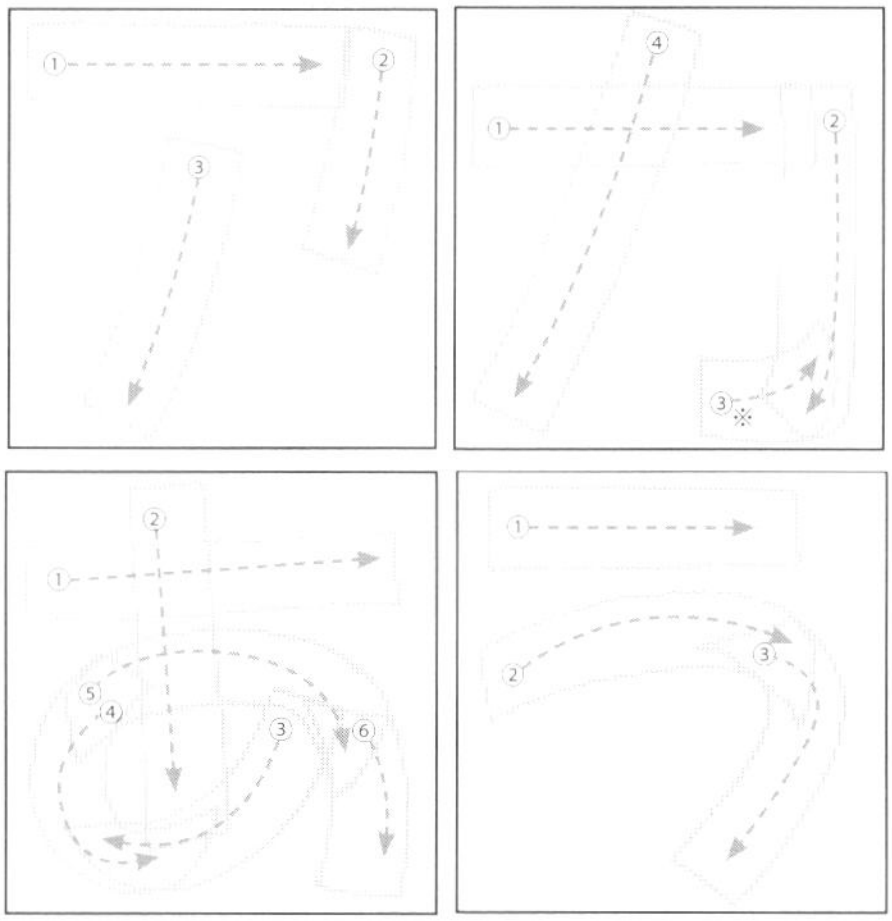

※通常の書き順、筆の方向、画数と異なり、書きやすい方法でつなぎながら書いていきます。

※漢字は画数が多いので、内側の画線を細く書くなど工夫してください（例：「買」の横画線、「夏」の横画線の内側が細くなっています）。

人気限定
買得売新
春夏秋冬

文字の書き方④ 極太POP数字

極太POP数字は、商品の値段を大きく書くときに使います。書き幅が20㎜前後の太い芯の「極太ペン」を使って書きます。遠くにいるお客様にも見てもらえるような、**大きいタイトルなどにも活用できます。**

▼極太ペンの持ち方

極太ペンでPOP数字を書くとき、重要なのはペンの持ち方です。**図A**を注意深く見て、指の位置を確かめてください。

▼カーブを書いてみよう

図Bのようなカーブを書く練習をしましょう。**C**は、ひじをだんだん上げていきながら、ひらがなの「し」を書きます。**D**は、ひじを体に近づけるように閉じながら「し」の反対を書きます。

図A

人差し指
親指
45度
真上から見たところ
真横から見たところ

図B

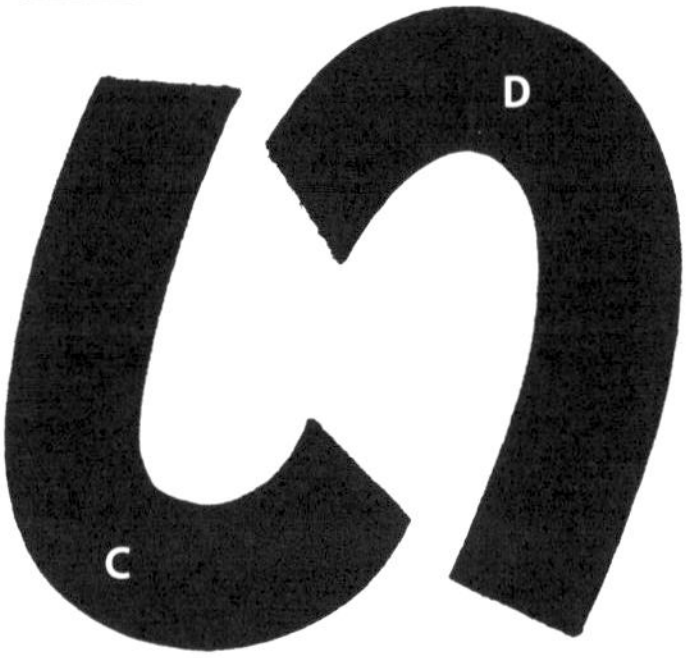
D
C

▶Cのペンと腕の動かし方

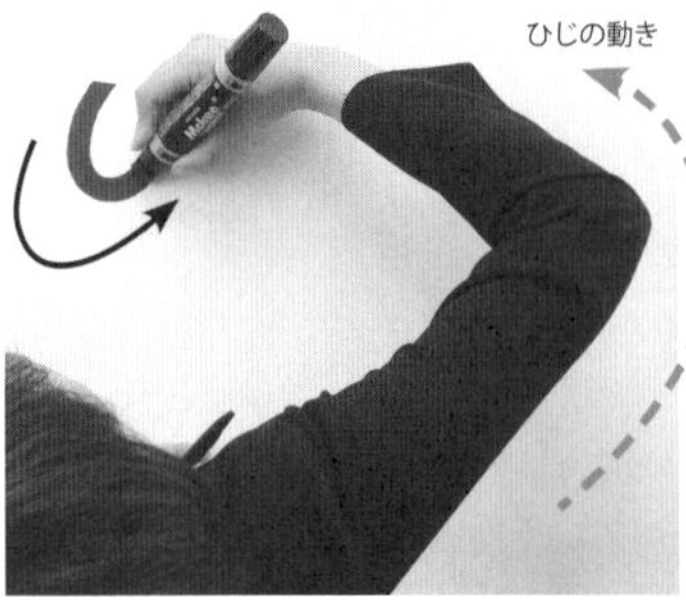
ひじの動き

▶Dのペンと腕の動かし方

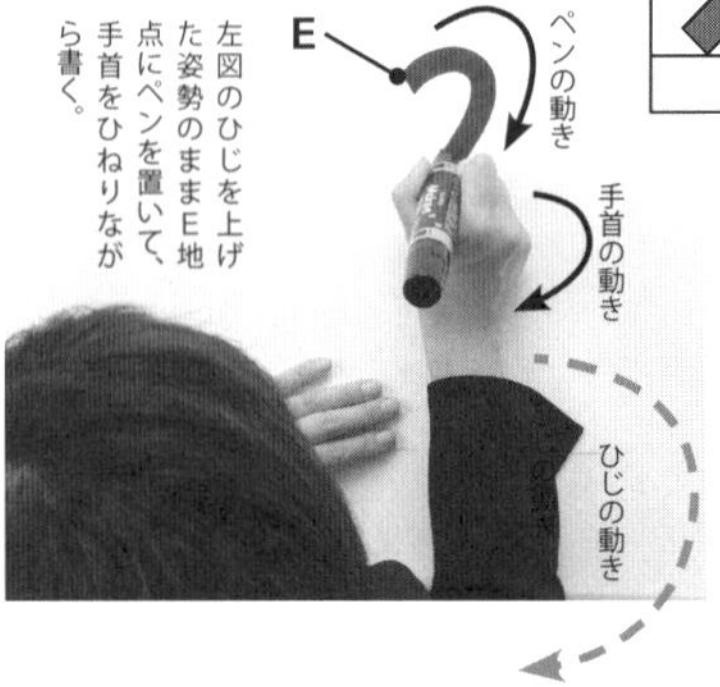
E
ペンの動き
手首の動き
ひじの動き
左図のひじを上げた姿勢のままE地点にペンを置いて、手首をひねりながら書く。

▶極太POP数字

※本書読者の方だけの特典→「極太POP数字の書き方・映像版」が無料でダウンロードできます。
http://www.pop21.biz/movie/

使用ペン：極太ペン

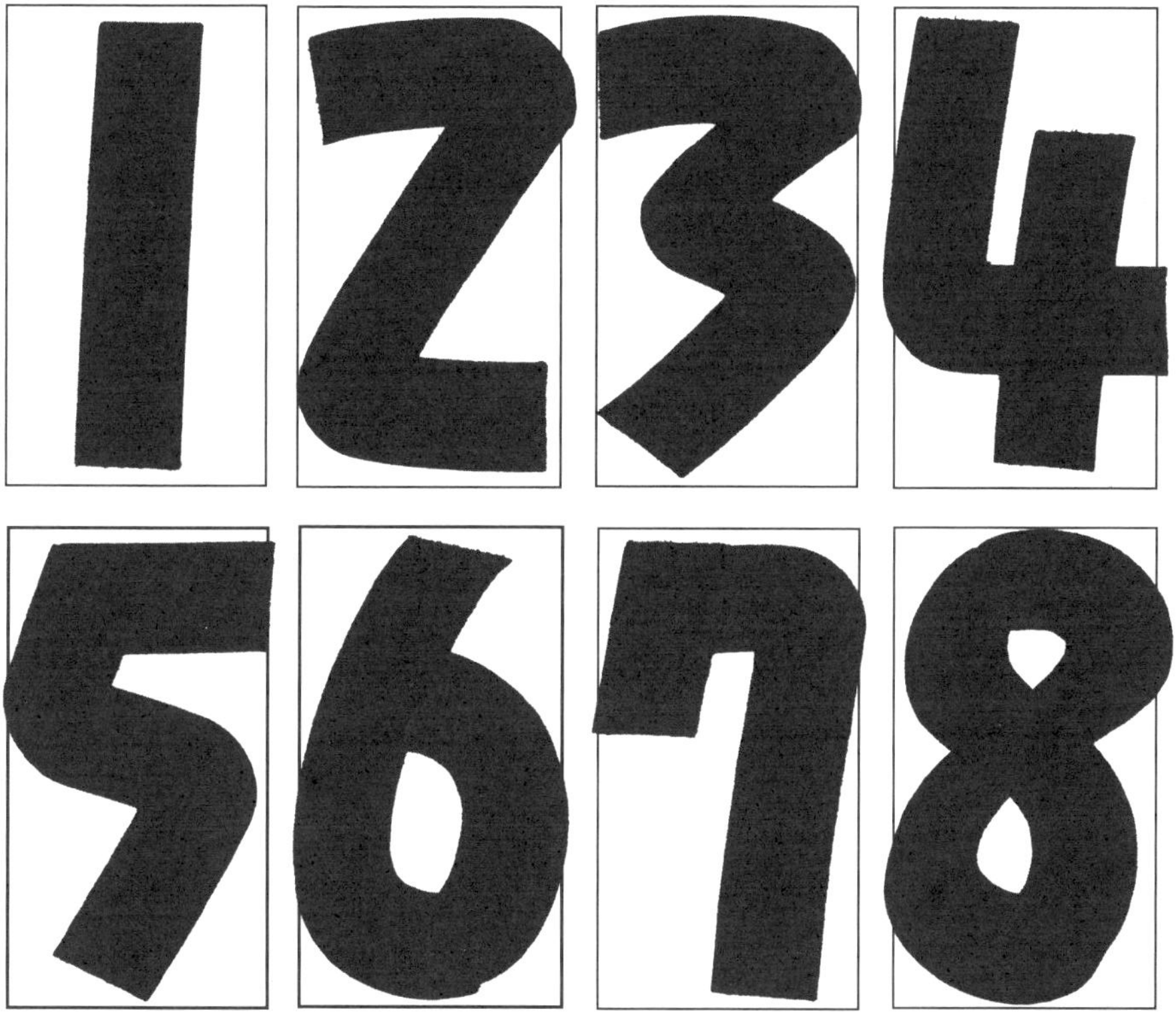

1
2
3
4
5
6
7
8

9
0

3個で
ナント
1,000
えん
500
円
均一

Part6
07

ＰＯＰを作る手順

▼ＰＯＰを作るには

ＰＯＰの文字がある程度書けるようになったら、まずは簡単なＰＯＰを作って、コツをつかみましょう。

例として「マンゴージュース」のＰＯＰを作ってみます（左ページ参照）。

手順❶　ＰＯＰの内容を考える

①商品名（マンゴージュース）②価格（1杯525円）、③コピー2種類（「しぼりたて！」、「太陽をいっぱい浴びて沖縄からやってきた！」）、以上の合計4つの項目を作りました。

手順❷　一番アピールしたい項目を一番大きく書く

「マンゴージュース」の文字を、Ｂ5サイズの紙の真ん中に角ペン（142ページ参照）を使って、大きく書きます。

手順❸　残りの項目を小さく書く

コピー「太陽をいっぱい浴びて沖縄からやってきた！」を、商品名の上に小さく書きます。コピー「しぼりたて！」を、商品名の横の空いている部分に、価格「1杯525えん」を商品名の下に書いたらできあがり。小さい文字は丸ペン（138ページ参照）で書きます。

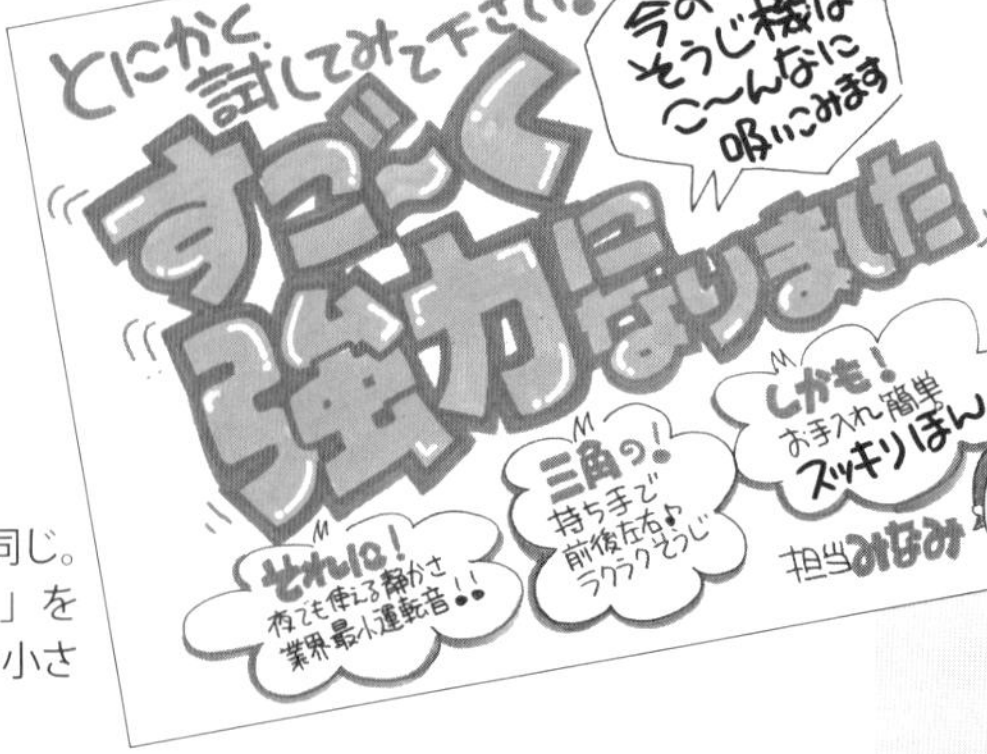

要素が多くなっても基本は同じ。「すご〜く強力になりました」を一番大きく、他のコピー類を小さく入れています。

手順① POPの内容を考える

「おすすめPOP」で伝えたいこと

①マンゴージュース
②しぼりたて！
③1杯525円
④太陽をいっぱい浴びて沖縄からやってきた！

手順② 一番アピールしたい項目を大きく書く

手順③ 残りの項目を小さく書く

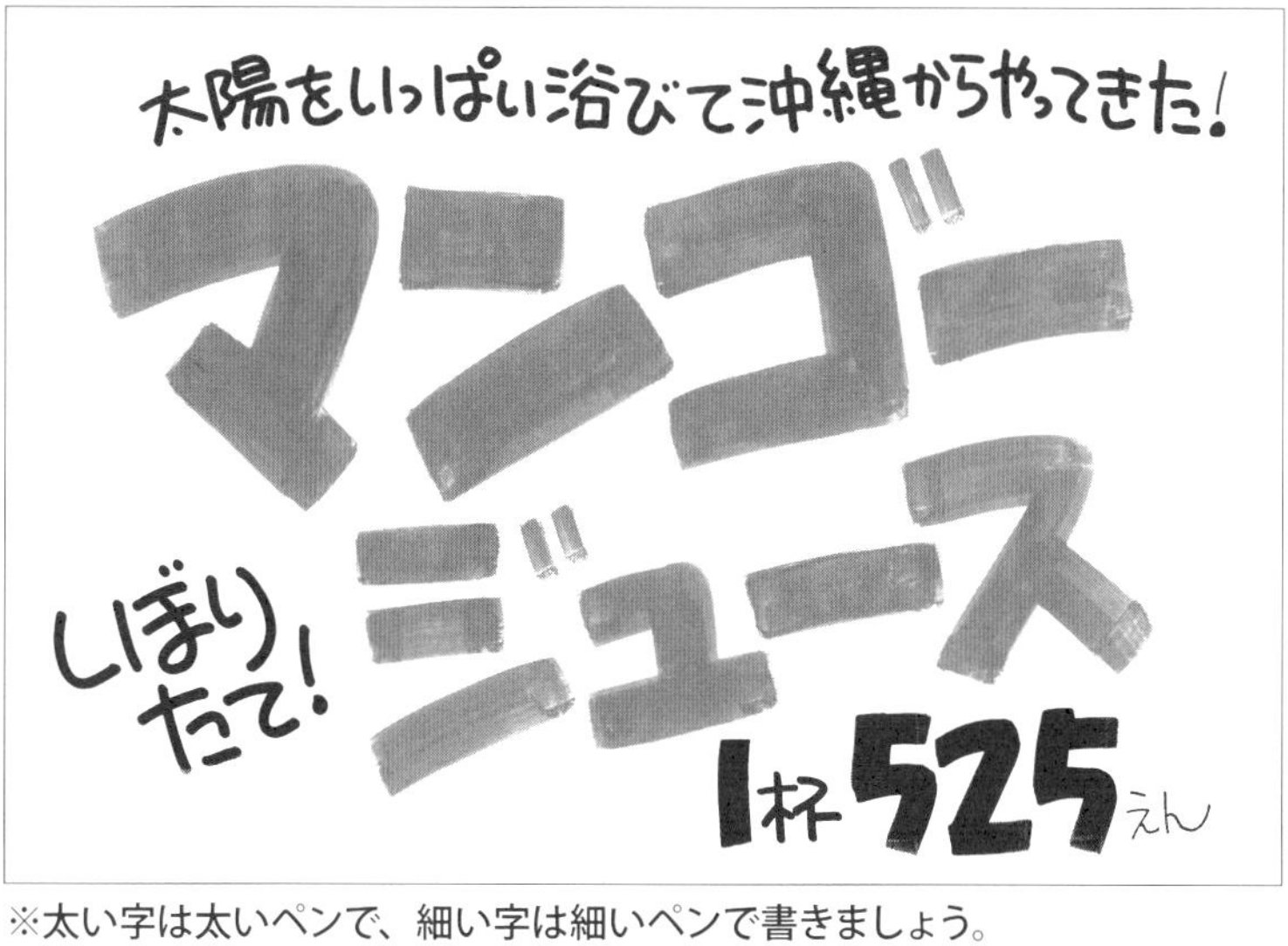

※太い字は太いペンで、細い字は細いペンで書きましょう。

よく使うレイアウト① 価格アピール型・商品名アピール型

▼価格アピール型のレイアウトとは

価格を訴求（アピール）するPOPを書いてみましょう。「セールPOP」という言い方もよくします。**価格の大きさは、用紙の面積の半分前後を目安にするとよいでしょう。**特に安くする「特価」の場合は、使う用紙も黄色が「お得感」を盛り上げます。セールPOPをたくさん書く場合は、**商品名・価格・催事名などのレイアウトを統一させるとよいでしょう。**

センスを重視する専門店では価格を小さめにしつつ、色を暖色系にするのがおすすめです。

▼商品名アピール型のレイアウトとは

商品名だけでお客様が興味を持つような、商品名に訴求力がある場合や、商品がその陳列場所にあることをしっかりアピールしたい場合は、その商品名を大きくレイアウトします。

価格アピール型のレイアウト例。価格が一番大きく書かれています。

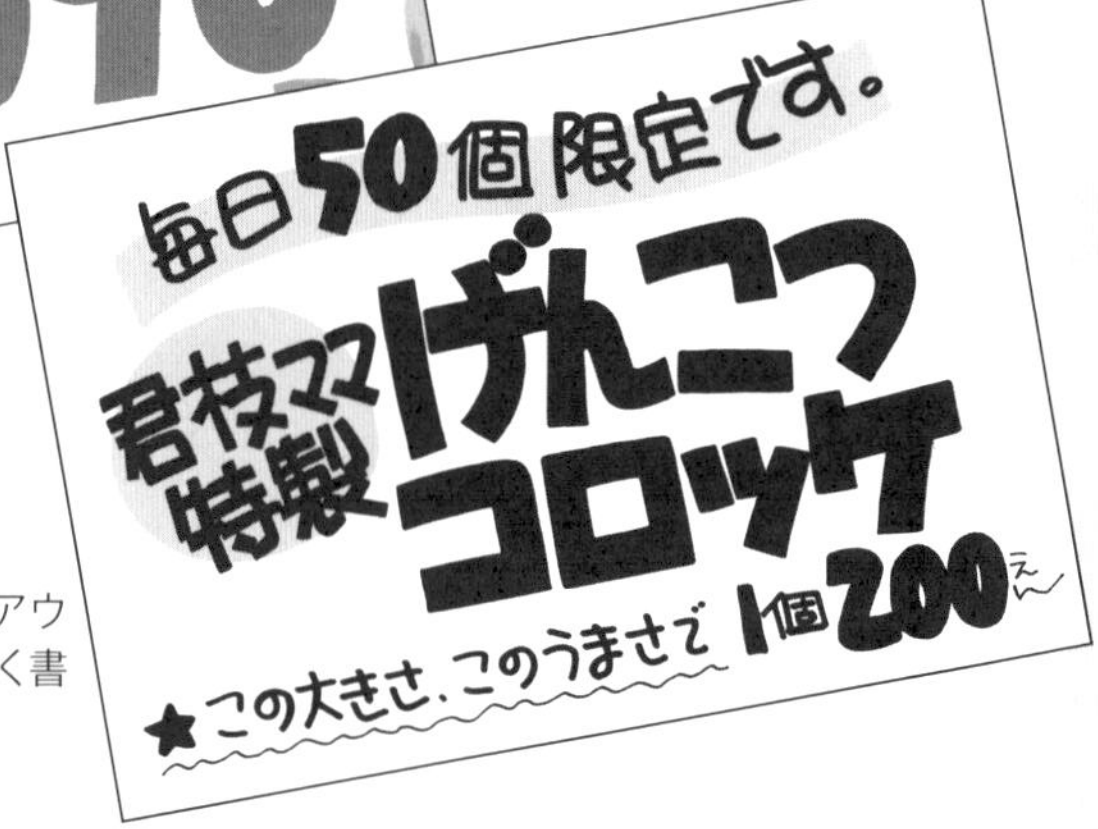

商品名アピール型のレイアウト例。商品名が一番大きく書かれています。

価格アピール型のレイアウト例

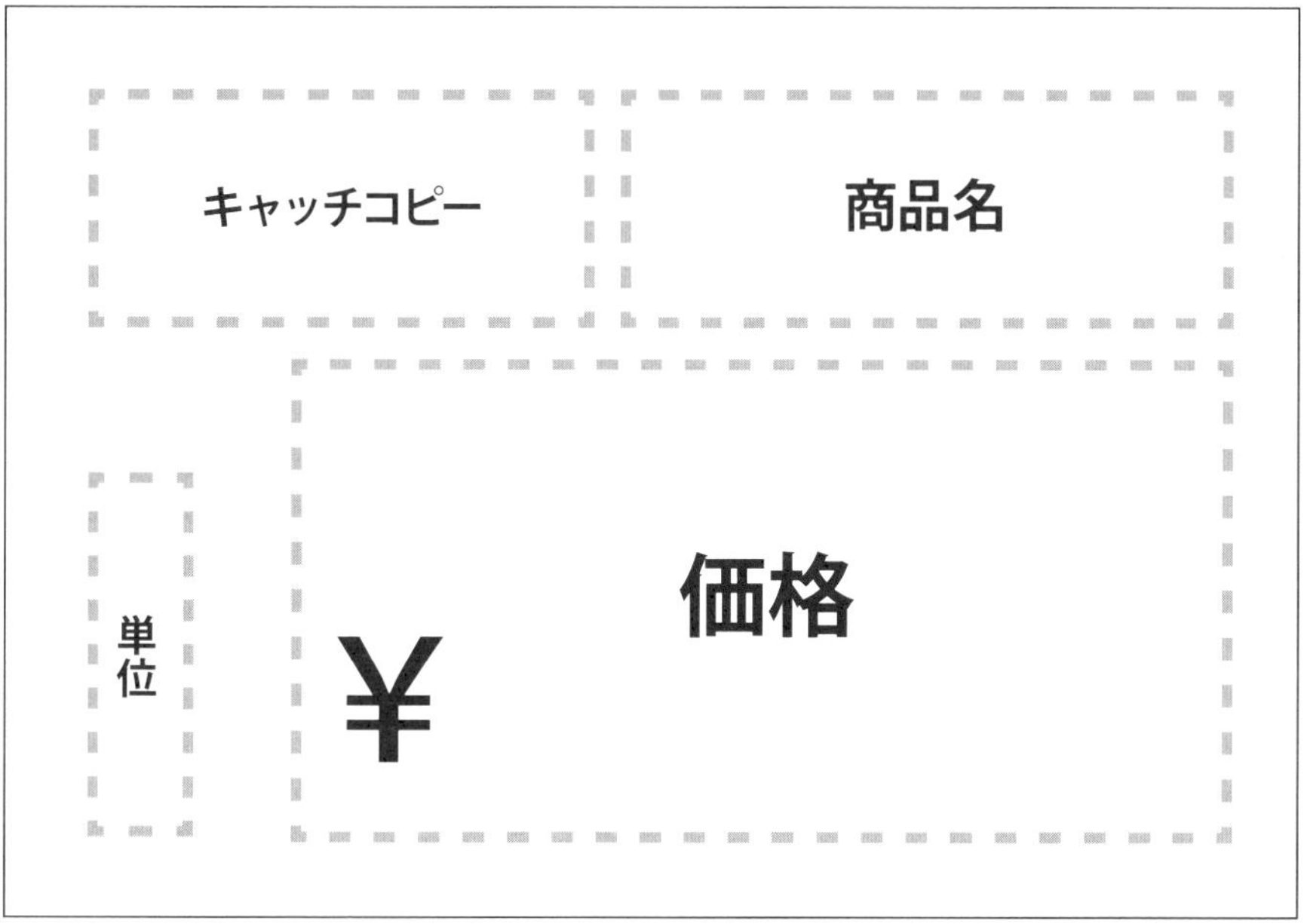

商品名アピール型のレイアウト例

Part6 09

よく使うレイアウト② キャッチコピー・アピール型

▼キャッチコピー・アピール型のレイアウト

キャッチコピーをメインにアピールするレイアウトは、お客様の目を引く効果が一番高いＰＯＰかもしれません。

お客様の気持ちを考え、喜んでもらえるようなキャッチコピー案をいくつも出して、その中で**一番伝えたいコピーを一番大きくレイアウトしましょう。**

伝えたいコピーがたくさんあっても、**すべてを大きく書いてしまってはいけません。**読みにくいＰＯＰになってしまいます。

一番大きく書くキャッチコピー以外は、小さく書くことが大切です。そうすることで**POPにメリハリが出て、結果的には小さなコピーもお客様に読んでもらいやすくなるのです。**

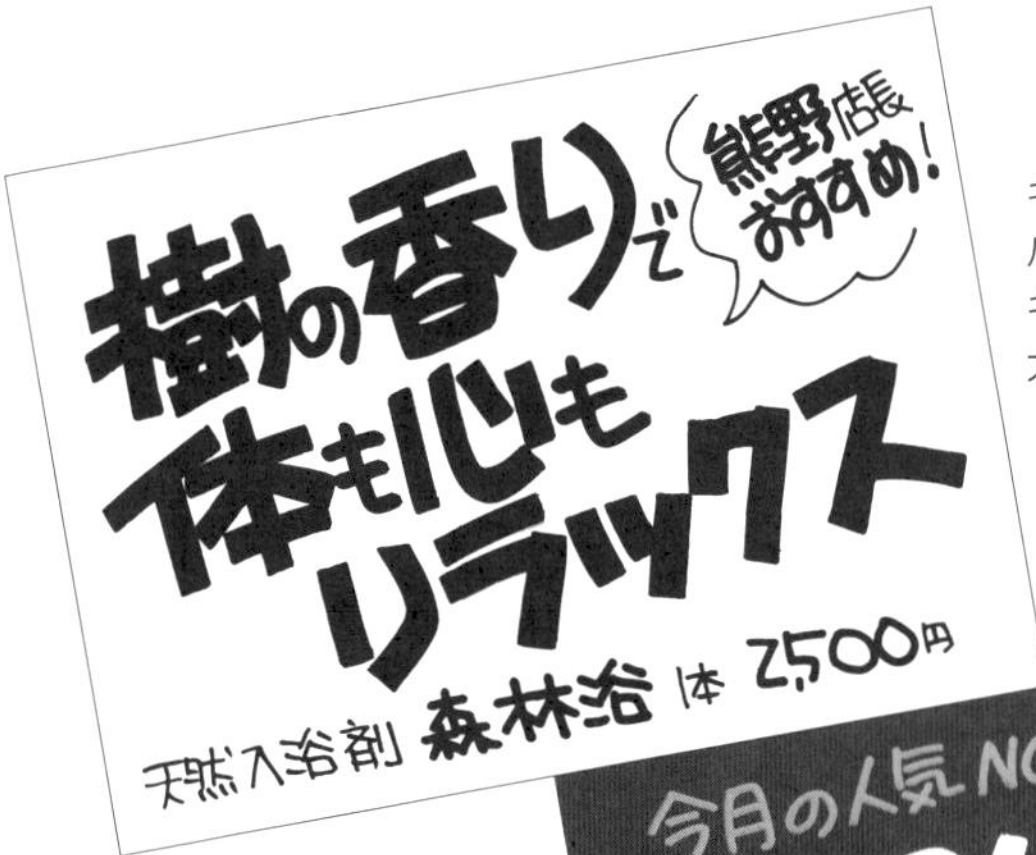

キャッチコピーアピール型のレイアウト例。キャッチコピーが一番大きく書かれています。

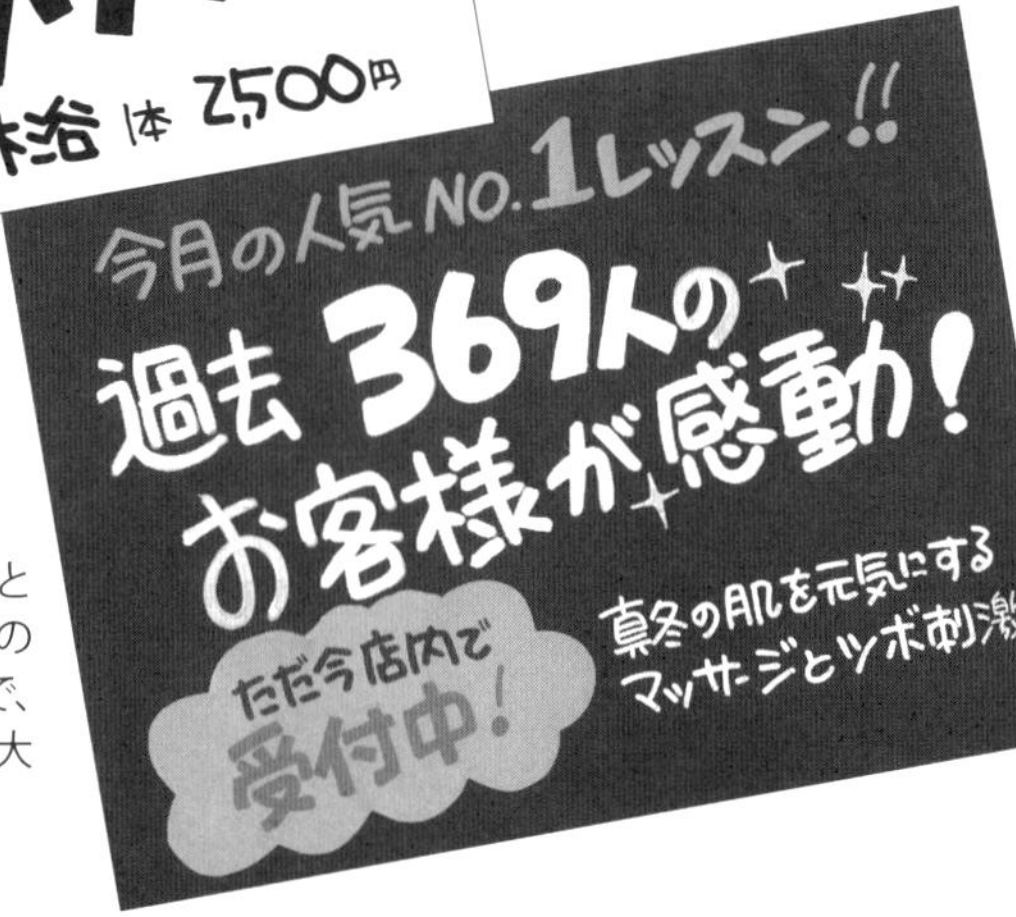

キャッチコピーだけでまとめたレイアウト例。複数のキャッチコピーがある中で、一番言いたいコピーが一番大きく書かれています。

キャッチコピー・アピール型のレイアウト例

「愛されて半世紀以上のロングセラー」というコピーも伝えたいコピーですが、我慢して小さくレイアウトすることで、読んでもらいやすいPOPになります。

Part6 10

メリハリのあるレイアウト①

▼POPにメリハリをつけるには、グループに分けて書く

文章量が多いPOPを書くときは、ダラダラ書かずにグループに分けて書くことで、メリハリがつき、**とても見やすいPOPになります。**

例として「こだわりおでん」のPOPを作ってみます。**まず原稿の内容をグループに分けます。**

グループ①「うちのおでんはひと味違います」／グループ②「こだわりおでん」／グループ③「おすすめNO．1　大根　まずはコレを食べてください………」／グループ④「おすすめNO．2　黒はんぺん　静岡から取り寄せた黒はんぺんは………」／グループ⑤「おすすめNO．3　こんにゃく　原材料にこだわったこんにゃくを………」／グループ⑥「当店はだしはもちろん、1つ1つの………」、以上のように6つのグループに分けました。

次に、一番アピールしたいことを決めます。ここでは「こだわりおでん」です。その他の要素に優先順位を決めます。2番目↓「うちのおでんはひと味違います」／3番目↓「おすすめNO．1」、「おすすめNO．2」、「おすすめNO．3」、／4番目↓「当店はだしはもちろん……」

それから、紙に軽く鉛筆でレイアウトを書きます。優先順位の3番目は4つのグループがあります。その中の3つ、「おすすめ」商品は「大根」、「黒はんぺん」、「こんにゃく」の3点なので、**今回は3つを縦割りにレイアウトしてみました。**グループの内側の行間は狭く取り、グループの間の余白はなるべく広く取ることで、見やすく、メリハリのあるレイアウトになります。

▶ POPにメリハリをつけるには

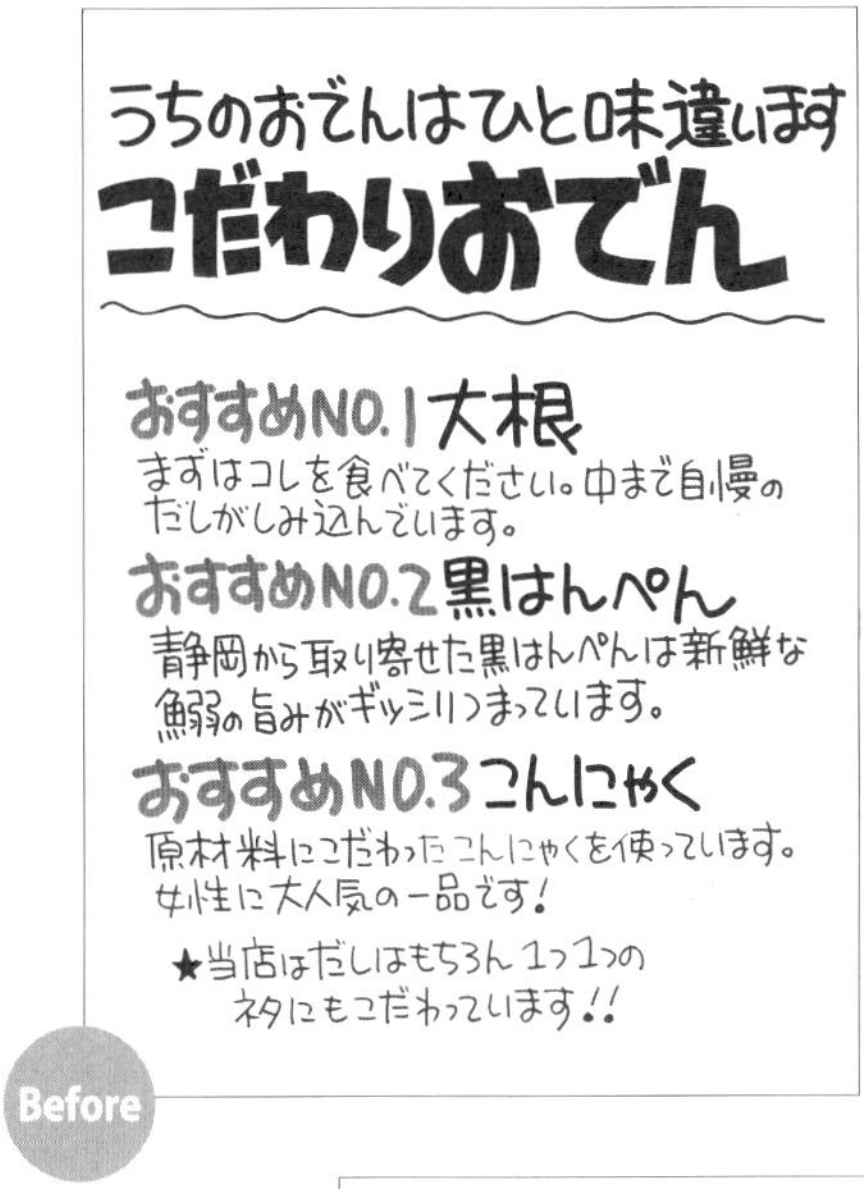
うちのおでんはひと味違います
こだわりおでん
おすすめNO.1大根
まずはコレを食べてください。中まで自慢のだしがしみ込んでいます。
おすすめNO.2黒はんぺん
静岡から取り寄せた黒はんぺんは新鮮な鰯の旨みがギッシリつまっています。
おすすめNO.3こんにゃく
原材料にこだわったこんにゃくを使っています。女性に大人気の一品です!
★当店はだしはもちろん 1つ1つのネタにもこだわっています!!
Before

一応メリハリはついていますが、ダラダラとして読みにくいPOPになってしまっています。

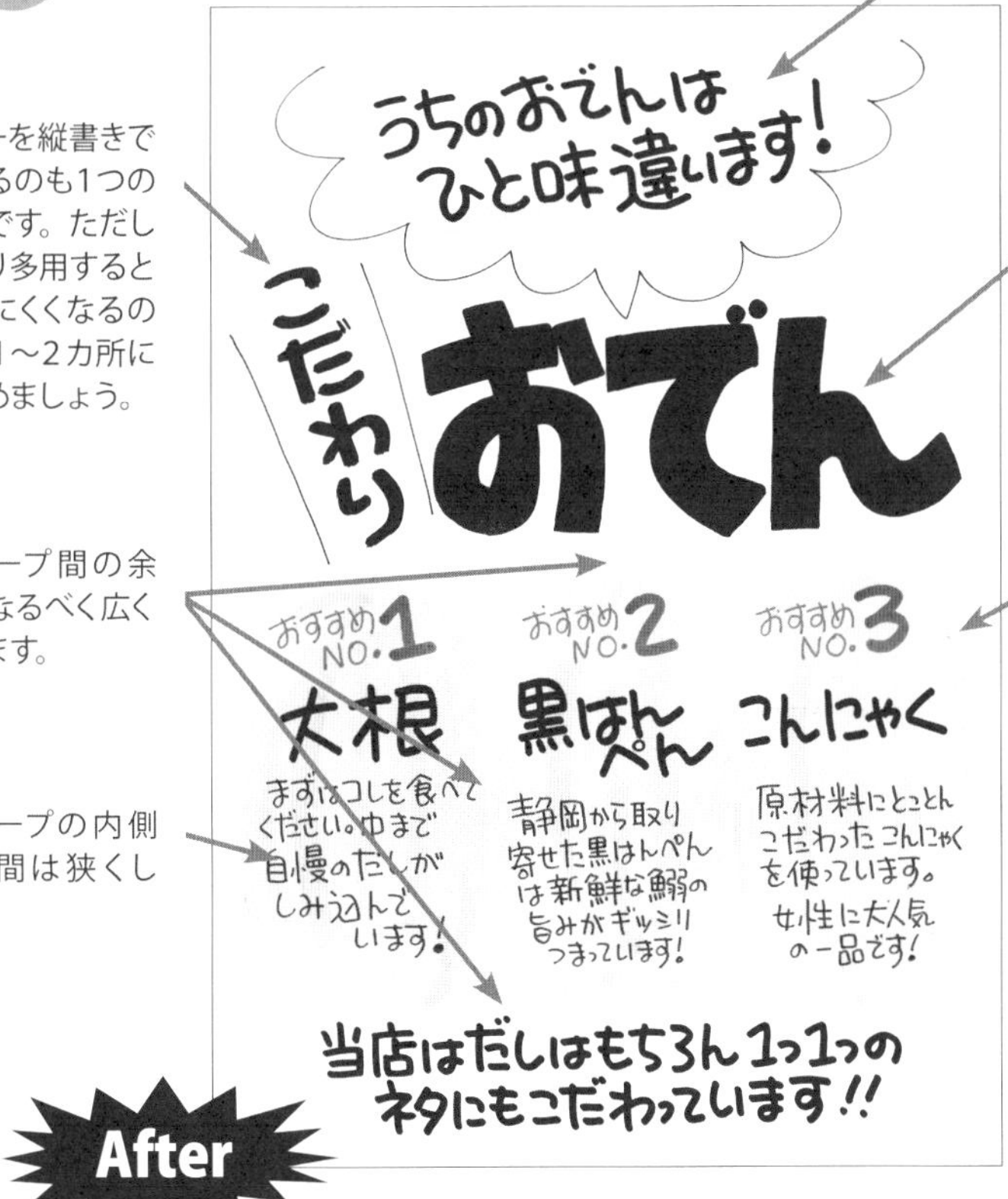
うちのおでんは
ひと味違います!
こだわり
おでん
おすすめNO.1
大根
まずはコレを食べてください。中まで自慢のだしがしみ込んでいます!
おすすめNO.2
黒はんぺん
静岡から取り寄せた黒はんぺんは新鮮な鰯の旨みがギッシリつまっています!
おすすめNO.3
こんにゃく
原材料にとことんこだわったこんにゃくを使っています。
女性に大人気の一品です!
当店はだしはもちろん 1つ1つの
ネタにもこだわっています!!
After

吹き出しの中にコピーを入れることで、コピーがかたまりとなって読みやすいです。

コピーを縦書きで入れるのも1つの方法です。ただしあまり多用すると読みにくくなるので、1〜2カ所にとどめましょう。

タイトルは太く大きく、しっかりと書くことで、ほかの部分とのメリハリが明確になります。

グループ間の余白はなるべく広く取ります。

グループを縦のかたまりとして入れることで見やすくなることも、覚えておきましょう。

グループの内側の行間は狭くします。

メリハリのあるレイアウト②

よりメリハリをつける工夫

前項のように、レイアウトにメリハリをつけるためにはグループ分けして書くことが大切なのですが、**グループをよりわかりやすく見せるための工夫として、吹き出しや枠線を利用する方法があります。**枠でグループを囲むことによって、グループ分けがよりはっきりします。吹き出しや枠線にはいろいろな種類があります。

文章の最後に感嘆符（びっくりマーク！）を入れることでも、元気のあるＰＯＰになり、よりメリハリのあるレイアウトにするために有効です。

また、ＰＯＰに書く文章はまっすぐ水平に書くばかりでなく、**右上がりにしたりアーチ型にしたりすることで躍動感が出て、メリハリがつきます。**

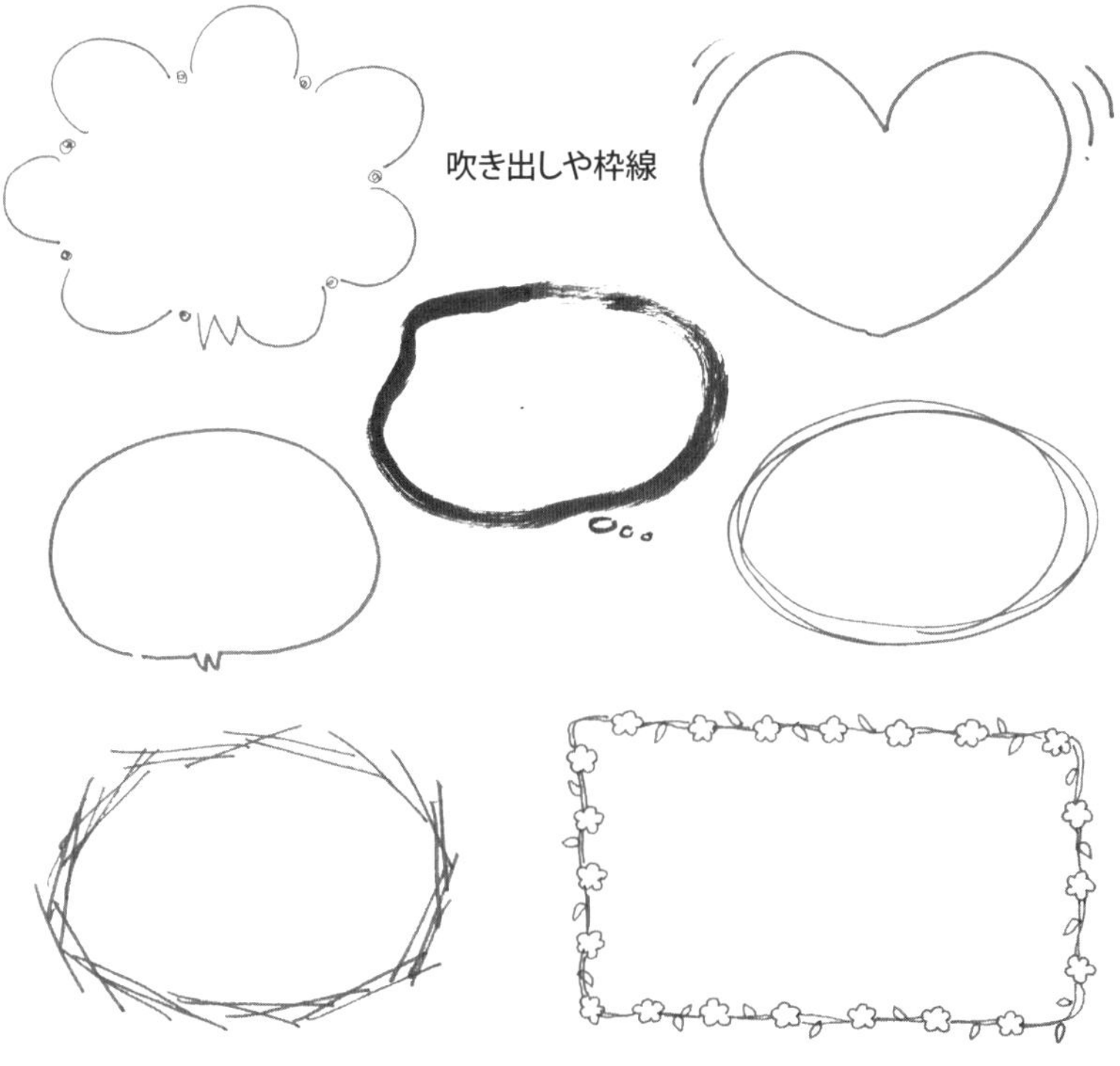

よりメリハリをつける工夫

吹き出し。

吹き出し。

細いラインもグループ分けする力があります。

メインのコピーがゆるやかなカーブの上に書かれることにより動きが出て、メリハリがついています。

コピーを吹き出しで囲むことによってグループ化され、文字を右上がりに書くことで動きも出て、メリハリが出ています。

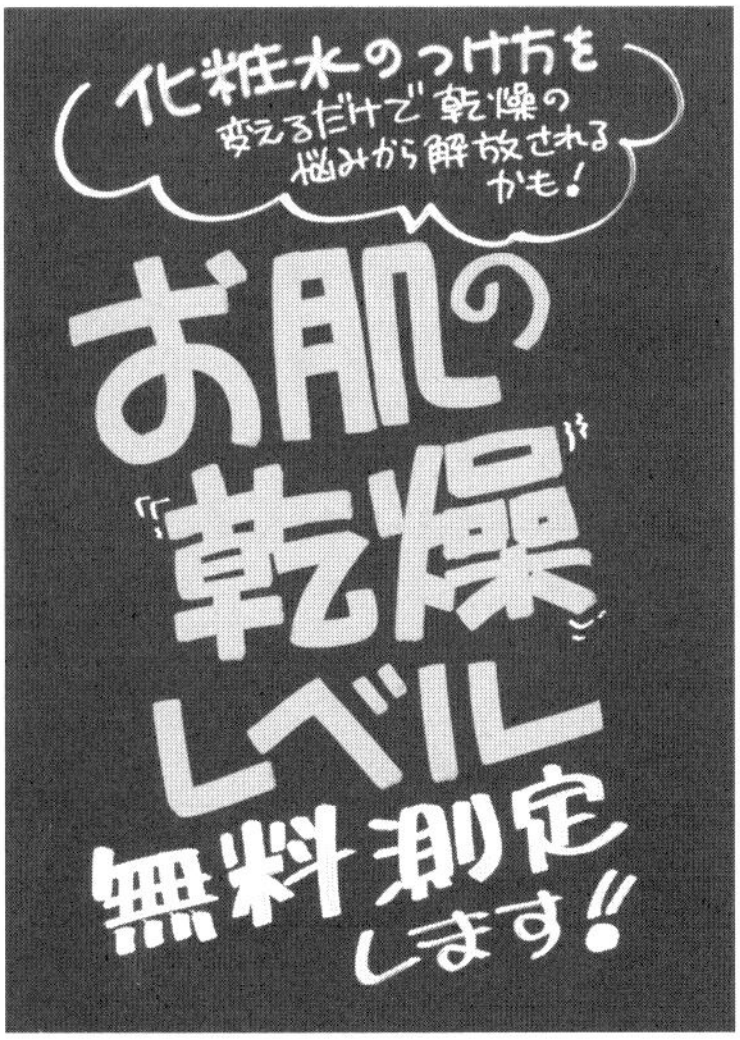

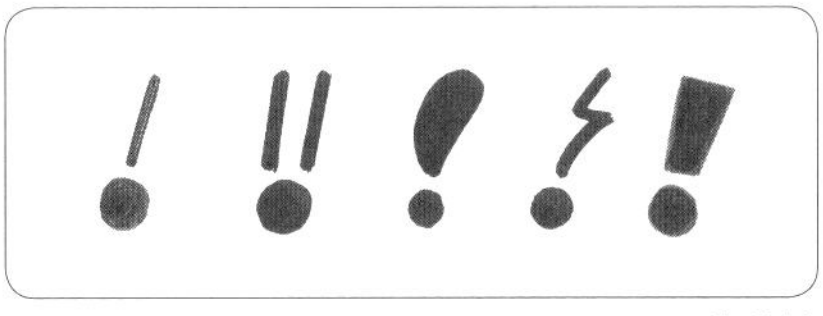

感嘆符

Part 7

“見せる”POPの応用例

01 写真入りPOP
02 筆ペンPOP
03 黒板POP
04 立体POP
05 ワードPOP

今月の耳寄り情報
カップにつきにくくて
落ちにくい口紅
肌色まで美しく見せる色です！
1月21日
マキアージュから新発売！
（全7色）

Part 7
01

写真入りPOP

写真入りPOPに挑戦しよう

写真には「見せる力」があります。**イラストもよいですが、上手に利用すると写真のほうが「見せる力」があるものです。**デジカメが普及し、POPに写真を入れるのも手軽になり、近年、食品売り場などで生産者の顔写真が使われることが多くなりました。**生産者が名前と写真を出せば、非常に安心感があります。**

POPに写真を入れるとそれだけで親しみが感じられるものになりますが、真面目な顔の写真は怒っているように見えてしまう（図A）ので、**どうせ入れるなら、笑顔の写真にしましょう**（図B）。とはいっても、プロのモデルではないのでカメラ目線で笑いにくい人も多いでしょう。ふだんの仕事の中で自然に会話したり笑ったりしているところをたくさん撮影してください。自然でキラリと光る笑顔を撮れることが多くなります。

写真のほかに、切り抜いた文字も組み合わせて貼りました。

写真は人間や動物に限りません。ここではマネキンを使ってみました。アイデア次第で「おやっ?」と思わせるPOPが簡単にできあがります。

図A

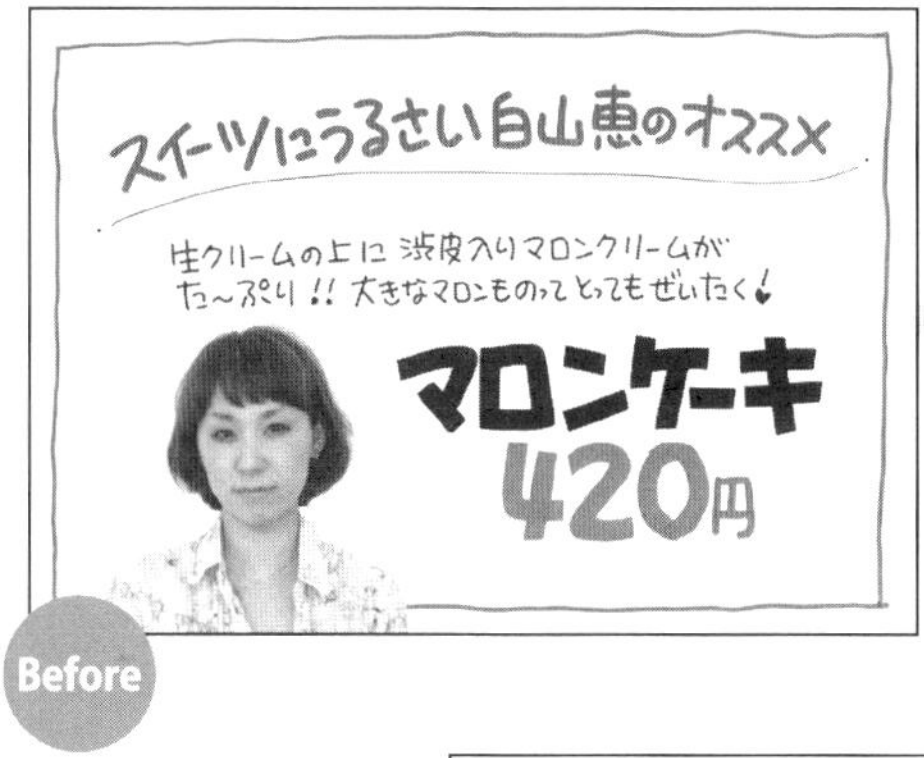
スイーツにうるさい白山恵のオススメ
生クリームの上に 渋皮入りマロンクリームが
た～ぷり!! 大きなマロンものって とってもぜいたく!
マロンケーキ
420円
Before

顔写真を入れるときは
ぜひ笑顔で！
イメージがグンと
明るくなります。

図B

スイーツにうるさい白山恵のオススメ
生クリームの上に 渋皮入りマロンクリームが
た～ぷり!! 大きなマロンものって とってもぜいたく!
マロンケーキ
420円
After

大好き!
たっぷり入ったもちもちの
ブラック
タピオカ!
タピオカ
ミルクティー

商品と人の大小を
逆にした合成写真
はかなりのインパクト。

筆ペンPOP

▼筆ペンPOPは手軽で効果大

筆ペンで書くPOPは、和風の商品だけでなく、洋風の商品にも使えます。文字を書く上で特にむずかしいルールはなく、**自由に自分のフィーリングで書いてOKです。**ペン習字のようなきれいな字で書く必要はありません。**上手い下手ではなく、読みやすさがポイントです。**何枚も書くうちに、自然と独特の「味」が出てきますので、がんばってトライしましょう。たった一つ絶対に忘れてはいけないルールは、「お客様に読める文字」であることです。

使う筆ペンは穂先がさばける毛筆タイプで、太めのものを選びましょう。穂先がさばけないタイプは、書きにくいです。文字の書き始め部分は、習字のような打ちこみを作らず、筆をすうっと入れるようにするときれいです。また、筆先の先端をはさみで0.5㎜ほど切っておくと、書きやすくなります（切りすぎないように注意）。

心地よすぎてごめんなさい〜
リラックスクッション
2,310円

筆ペンをなめらかなタッチで使うことで商品のなめらかさを表現した筆ペンPOP。

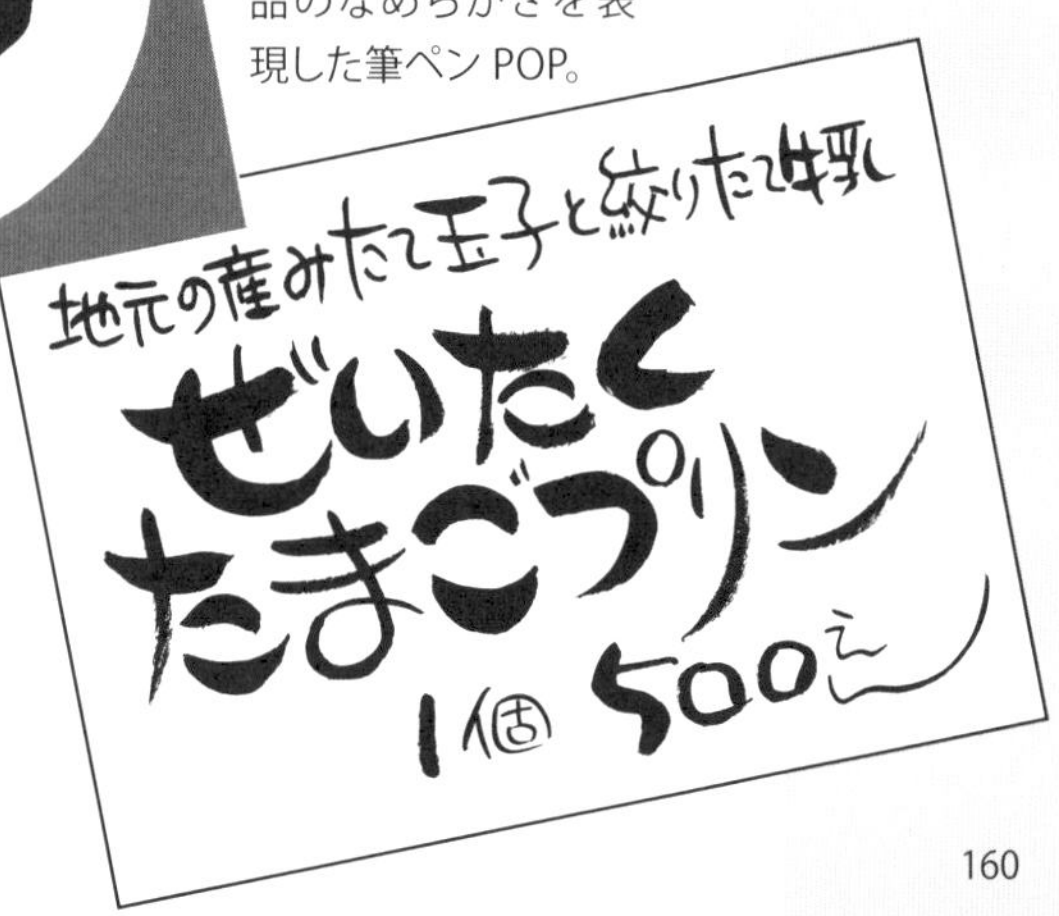
地元の産みたて玉子と絞りたて牛乳
ぜいたくたまごプリン
1個 500えん

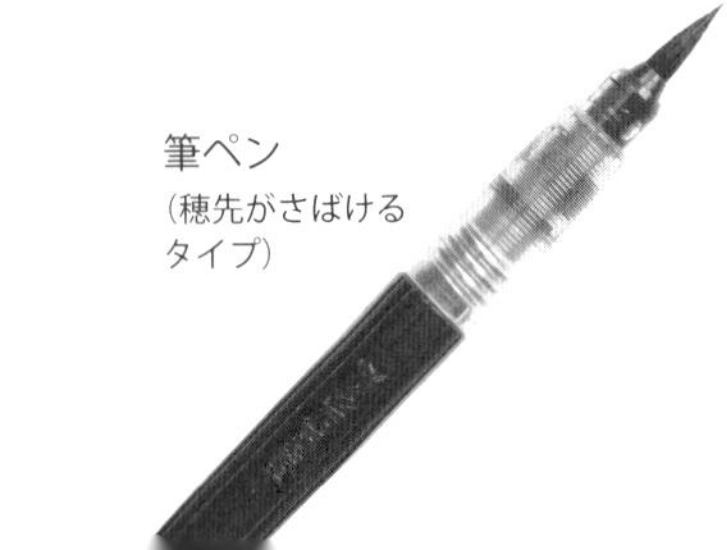

筆ペン
（穂先がさばけるタイプ）

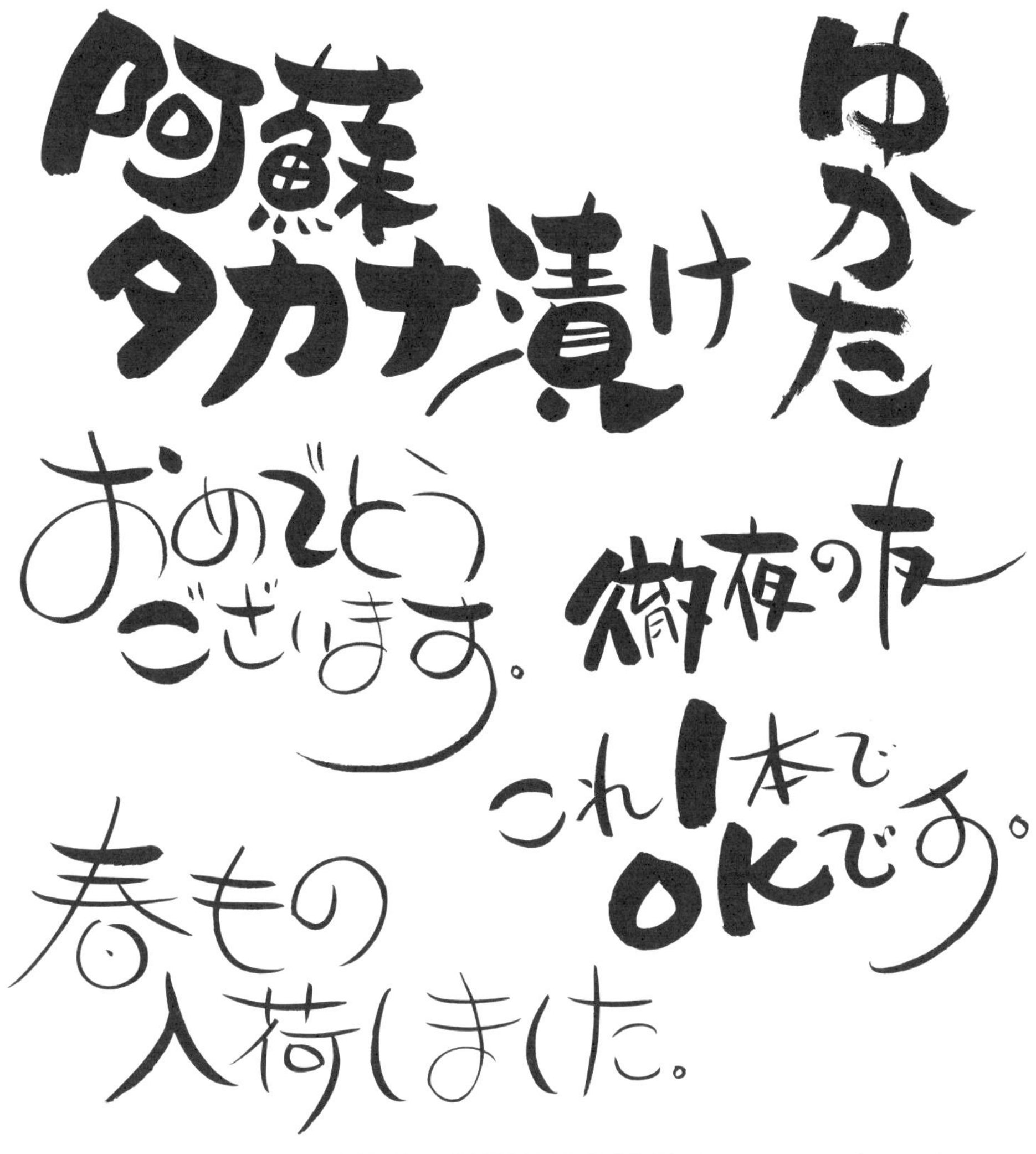
阿蘇タカナ漬け
ゆかた
おめでとうございます。
徹夜の友
これ1本でOKです。
春もの入荷しました。

ふだんのお昼ごはんにも大人気です♪
クック・チャムの赤飯の小豆が一層おいしくなって人気爆発中!
赤飯 -100g-
130円

筆ペンPOPは、左図のように筆だけでなく、マーカーで書いた文字と組み合わせるとすっきりまとめやすいです。

黒板ＰＯＰ

▼黒板ＰＯＰは上品に目立てる

飲食店・美容室・エステサロンなどは、**商品の形が目に見えないため、店頭での黒板ＰＯＰはとても有効な集客ツールになります。**また専門店などで敷居が高くて入りにくく感じるようなお店の店頭でも、黒板ＰＯＰが大いに役立ちます。

黒板にはマークタイプとチョークタイプがありますが、**店頭で使うものは遠目からでも見やすいマーカータイプがおすすめです。**マーカーは黒板専用で簡単に消せるものを使いますが、雨ですぐに流れてしまうため、屋外に出す場合は三菱ポスカのような水性顔料ペンを使います。水性顔料ペンは渇くと耐水性になるため、雨に強いです。消すときはマジックリンのような洗剤や、白くてキメが細かく何でも消せるスポンジを使うと消しやすくなります。

100円ショップで買える黒板

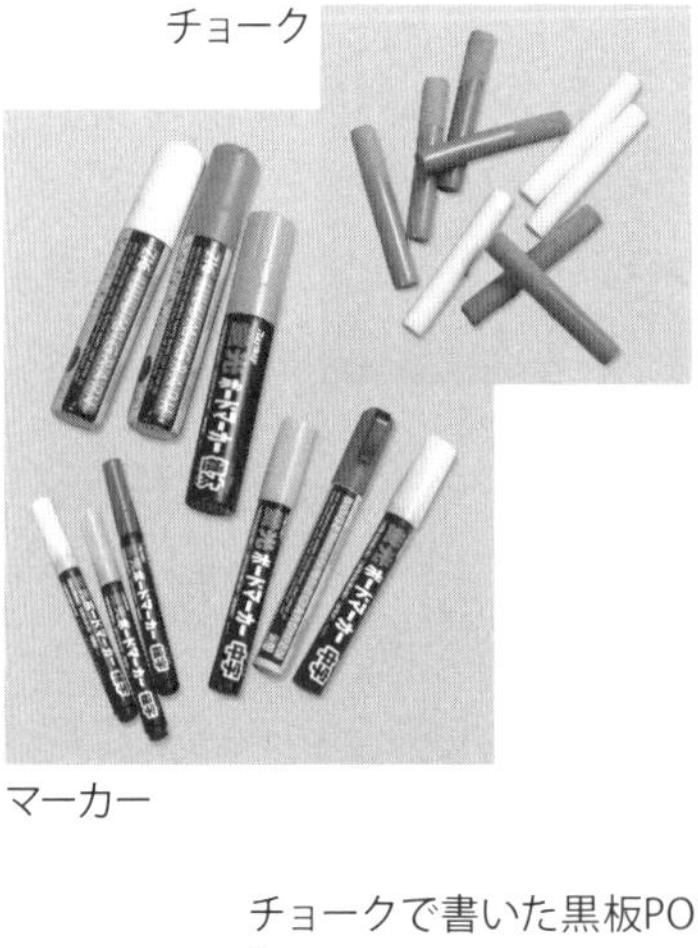
チョーク
マーカー

チョークで書いた黒板POP。「チョコレート」はチョークの先端を角ペンのように平たく削って書いています。

チョークで書くタイプは何かに擦れるとすぐに消えてしまうため、擦れる心配のない店内でディスプレイの一部などに使うのがおすすめです。チョークならではのナチュラル感は、マーカータイプにはない味が出ます。

黒板は店舗用品店・ホームセンター・画材店などで購入できます。小さいものなら100円ショップでも買えます。インターネット上でも入手できるので検索してみてください。黒板POPは、文字の書き方やレイアウトの考え方などは、普通の手書きPOPと変わりません。

ミニ黒板にマーカーで書いた黒板 POP。

マーカーで書いた黒板 POP。イーゼルに置いています。「300」の数字がよく目立っています。

Part 7
04

立体POP

▼とにかく目を引く「立体POP」

〝平面的〟なものより〝立体的〟なもののほうが「見せる力」を持っています。

POPに花のイラストを描く代わりに造花を貼ったり、罫線を描く代わりにモールを貼ったりすることで、立体感が出せて、インパクトが高まります。

立体POPは100円ショップで売っている100円グッズを使えば、手軽に、しかも安価に作ることができます。グッズで飾れば、イラストが描けなくてもビジュアルなイメージを表現することができます。また季節感を演出することも簡単にできます。ぜひ「立体POP」にチャレンジしてみてください。

青いカラーボードを北海道の形に切り抜きました。ソフトクリームの模型はカッターで縦に半分に切って、貼っています。

ポーズを撮った人物写真と現物のいちごジャムと組み合わせました。文字はワードで作ったものを切り抜いて貼っています。

100円ショップは、立体POPを作るのに
ぴったりな材料の宝庫です。

すだれをカットして、屋根に
見立てて黒のカラーボードに
貼ってみました。

100円ショップは、ぬいぐるみも豊富
にあります。犬のぬいぐるみに潤ん
だ目と鼻水を画用紙で切り抜いて
貼って、花粉症のイメージを作りま
した。POPは小さなイーゼルに乗せ
てみました。

Part 7
05

ワードPOP

▼うまく使えばメリット大

パソコンPOPは、代表的なビジネスソフトであるマイクロソフト・ワード（またはエクセル）を使えば簡単に作れます。「ワードPOP」を一度覚えてしまえば、美しいPOPをいつでも手軽に作ることができます。

手書きPOPとパソコンPOPはそれぞれに良さがあるので、ケースバイケースでうまく使い分けましょう。

ワードPOPの詳しい使い方は、私のホームページから詳細な解説書**『Wordフル活用！売れるPOPはこう作る！』**が無料でダウンロードできますので、ぜひ活用してください。

http://www.pop21.biz/

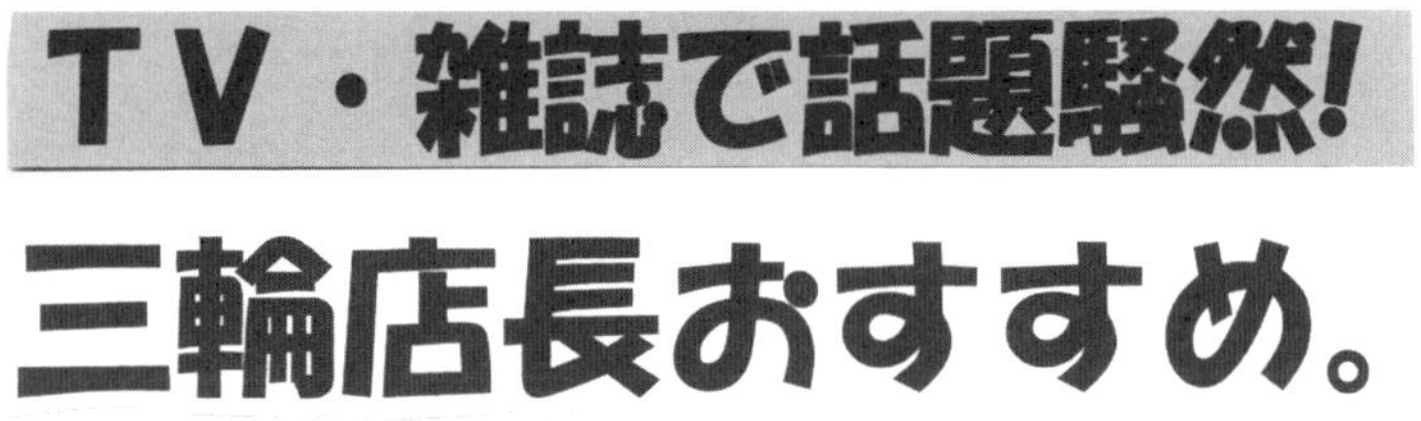
ＴＶ・雑誌で話題騒然！
三輪店長おすすめ。

人気抜群！

ワードで文字を入力し、
色紙にプリントアウトして、
文字のまわりを切り抜けば
簡単にPOPが作れます。

20％OFF
お待たせしました。
本日入荷！

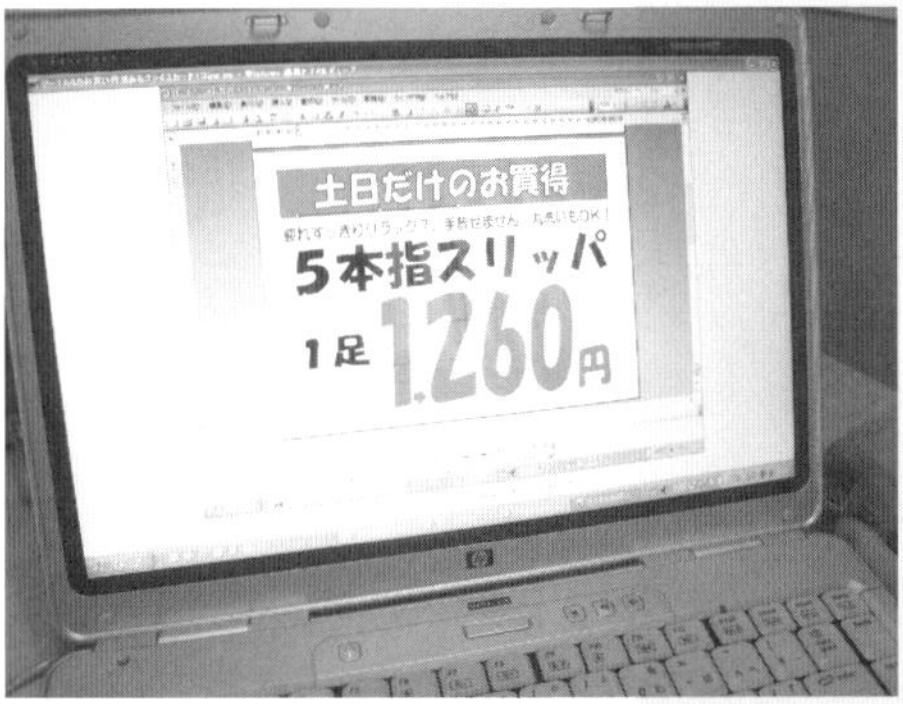
土日だけのお買得
5本指スリッパ
1足 1,260円

今月の耳寄り情報
肌色まで美しく見せる色です！
カップにつきにくくて落ちにくい口紅
1月21日 マキアージュから新発売！(全7色)

「今月の耳より情報」は、ワードで作った文字を印刷して、文字のまわりを切り抜き、黒板に貼っています。

雨が降ってもピッカピカ!!
抜群の光沢
驚きの撥水性
お待たせしません！
洗車時に1工程
わずか5分
お手軽・簡単・スピーディ！酸性雨からボディをガード！
簡単ボディ撥水ＥＸコート
セダンタイプ
2,100円 税込
ミニバン・SUVタイプ
3,150円 税込
効果持続期間は約1ヶ月、塗れば塗るほど効果がアップします。

絵が描けなくても、ワードPOPなら図形（オートシェイプ）の組み合わせでイラストが作れます。車も雨も、図形を組み合わせて作っています。

寝る時もくつ下が
欠かせない方に
冷え症改善におすすめ
ツムラの薬養酒
600ml (20日分)
3,675円

星形も簡単に作れるのがワードPOPの魅力。図形（オートシェイプ）の「フローチャート：書類」をタイトルの下に配しています。

Part 8

お客様目線のPOP作り

車と音で
ご迷惑をおかけし
申し訳ございません。
工事でご迷惑をおかけして申し訳ございません。
安全第一で丁寧に作業させていただきますので
しばらくの間、なにとぞご容赦くださいませ。
介護リフォームのことご存知ですか?
65歳以上で歩行器を
使う方なら
20万円支給の可能性があります!
●詳しくはチラシをごらん下さい

Part 8
01

「見せる」→「伝える」法則

▼POP作りは「見せる」→「伝える」がすべての基本

この場合の「見せる」とは「魅せる」ではありません。「人が無意識でぱっと思わず目を止めてしまう」要素です。「魅せる」は好ましい感情を含むので「伝える」にも関わってきます。だからあえて人の本能に「見せる」ことのできる要素と考えたいと思います。

その場合の「見せる」要素は以下の通りです。

①色（暖色・面積・単色）
②数
③大きさ
④動き
⑤明るさ
⑥異質さ

これらの要素は、本書の中でPOPの作り方や考え方を紹介する中で、いろいろな形で解説してきました。

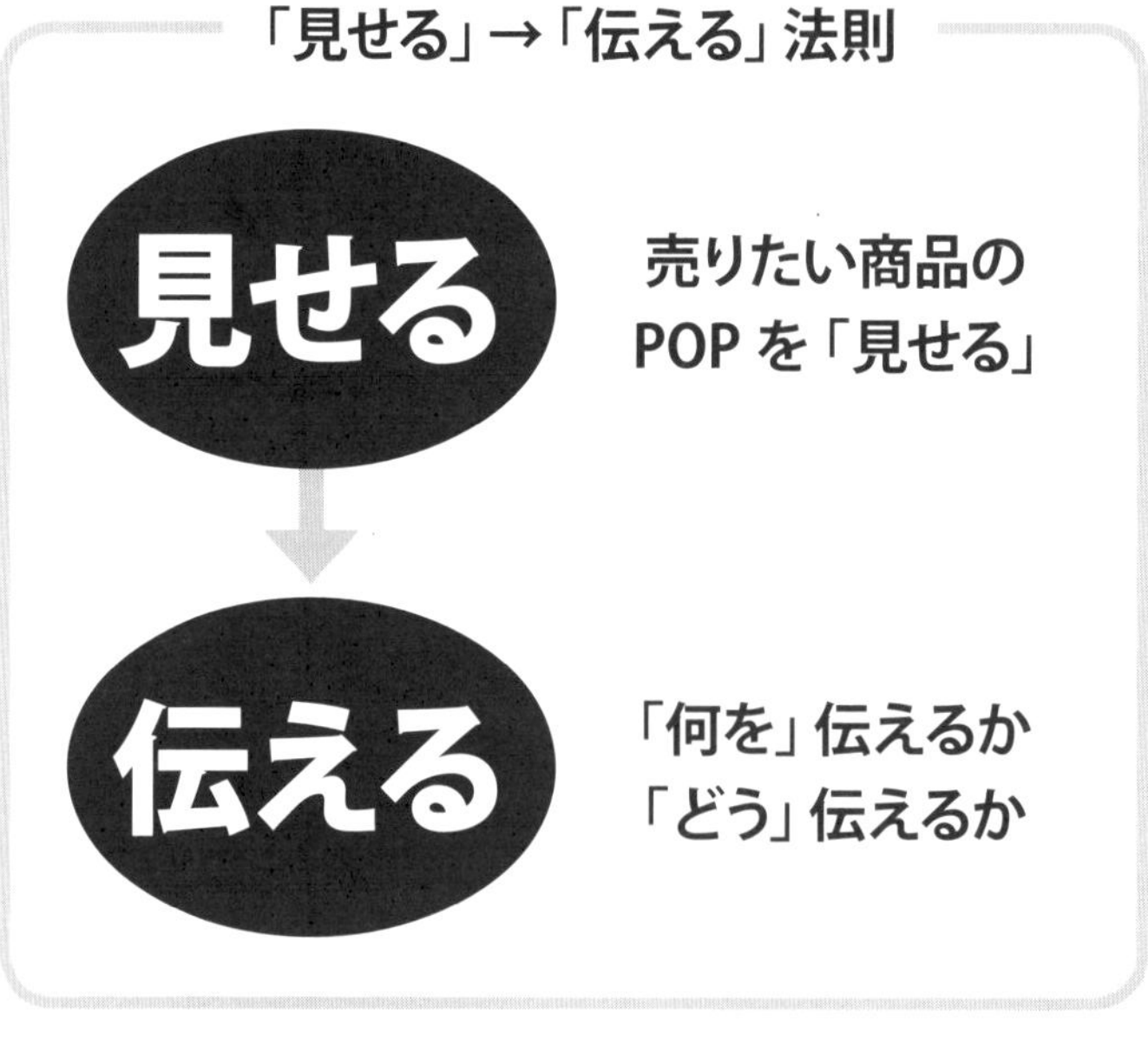

「見せる」→「伝える」法則
見せる
売りたい商品の
POPを「見せる」
伝える
「何を」伝えるか
「どう」伝えるか

これらの要素は、人に対する「刺激」と言い変えることもできます。「刺激」は「異質」です。人は円形がたくさんある中では三角形が目にとまり、三角形がたくさんある中では円形に目が止まります。小さいものより大きいものが目立つのは事実ですが、同じ大きさのものの中で小さなものが目立つ場合もあります。

「見せる」ためには、それ単独で考えるのではなく、「まわり」を考えた上で「異質」になれば「刺激」となり「見せる」効果を出すのです。

そして異質なものであっても、人は現実的に見ているものはすべて目と心が慣れてくるので、慣れた以外の異質なものに目がいくのです。

人の心理に沿ったその原則を使えば、「見せる」力はどんどん身に付きます。あなたの売りたい商品やサービスの「見せる力」をまずつけてください。

ただし「見せる」だけではだめです。その価値を「伝える」ことで売上アップに結び付けます。**あなたの売りたい商品やおすすめ商品を「見せる」→「伝える」法則で、販売力をアップしてください。**

「見せる」とはお客様に注目してもらうこと、「ここにおすすめ商品がある」と「見せる」ことです。しかし見せるだけでは売れません。**その商品の価値を「伝える」ことで売れるようになるのです。**

「見せる」→「伝える」法則は、チラシやダイレクトメールなど、すべての販促物を単純に考えたときに、同じことが言える原則となります。

Part 8 02

お客様の「欲しい」に合わせる

▼お客様は「何を」欲しいと思っているのか

売上を上げるためには、「お客様のニーズにマッチさせる」ことが必須です。**一番大切なことは、「お客様にどうしたら喜んでもらえるか」、それを考え、行動することです。**そのために、買ってもらいたいお客様（ターゲット客層）の生活スタイルを知り、「欲しい」と思ってもらえるものを提供することです。

環境によっても欲しいものが変わります。お客様が欲しくないのに無理矢理に押しつけ販売はできません。たとえばおいしいかき氷も、氷点下20度の凍った湖の上ではいくらがんばっても売れません。熱い飲み物と冷たい飲み物が欲しい時期が変わるのは最高気温15度が目安です。気温が27度を超えると人はアイスクリームが欲しくなり、30度を超えるとかき氷が欲しくなります。人は自分で意識していなくても、**気温や季節などの環境により「欲しい」が変わるので、お客様が「欲しい」と思うときにその商品を提供できることが大切です。**

季節の行事によっても欲しいものが変わります。節分、母の日、父の日、子供の日、敬老の日といった歳時のほか、運動会、遠足、お祭りといった行事によって、お客様の購買行動が変わります。歳時の場合は1日でも過ぎてしまうと、関連商品は必要なくなります。12月26日になったら、クリスマスケーキはパタッと売れません。

ランチタイムのときだけ、POP をこの黒板に変更することで、お客様の「欲しい」に合わせます。

夏に夏限定の日本酒をおすすめする POP。焼鳥との相性がいいお酒は、焼鳥を食べたいお客様にとって嬉しいお酒です。

お客様の「欲しい」に合わせる

「お客様が欲しいと思っていなくても、店から提案することで欲しいと思ってもらおう」と言われますが、**基本として「お客様の『欲しい』に合わせることで喜んでもらう」ことが、ものすごく重要なことなのです。**「この時期にはこの商品がこれだけ売れるだろう」と予測し、その予測に基づいて商品の仕入れ、陳列、ＰＯＰの掲出などを行います。そしてそれらを検証し、改善していくことで、売れる時期に売れる商品を提供できる店になるのです。

お客様の「欲しい」を引き出す

お客様自身が「欲しい」と気づいていない場合

前項の通り、お客様の「欲しい」に合わせることは大切ですが、お客様が「欲しい」と思い目当ての商品を探している場合と、**「欲しい」ことにお客様自身が気づいていない場合**があります。

お客様が「欲しい」とまったく気づかない商品というのは、たとえば世の中に初めて出てきた商品です。かつてテレビがなかった時代に、人々はテレビを見て、興奮し、「欲しい」と憧れました。そして現在液晶テレビで満足している人の中でも、３Ｄテレビを見て体験したら、「欲しい」という気持ちがつのるはずです。**今まで存在していなかった商品は、お客様に商品の存在を一から知らせて、その価値を伝えることが必要です。**

ＰＯＰが「欲しい」を生む

商品をただ「見せる」だけでは価値が伝わらない場合は、ＰＯＰ等で「伝える」必要が出てきます。

「むかご」という山芋の葉の付け根にできる球状の芽がありますが、普通の食品スーパーではあまり見かけず、産直所や道の駅で時折見かけられる程度です。むかごを知らないお客様は、むかごを「欲しい」とは思いません。むかごを見せて「山芋の芽　栄養満点、スタミナ長持ち　ご飯と一緒に炊いたり、素揚げでお塩パラパラでビールのおつまみに」と**ＰＯＰを書いておくことで、簡単なレシピ**

で作れる食材を探している人、またビールが好きな人に「欲しい」と思ってもらうことができます。

前項で気温や季節などの環境によって「欲しい」が変わると述べましたが、お客様がアイスクリームを「欲しい」と思っていない冬でも、暖かそうな暖炉の炎の前のテーブルにアイスクリームを置いた写真とともに「アイスクリームに濃いめの珈琲をかけてイタリア風デザート」とＰＯＰで提案してみたらどうでしょう。

お客様がＰＯＰを見て、「そんな使い方があるのか」、「美味しそうな食べ方だなあ」と思ってもらえれば「欲しい」につながるのです。

お客様の「欲しい」は何か再検討を

まずは現在、自分のお店のお客様が「欲しい」と思っている商品は何か、それをしっかりと把握し、お客様に働きかけができているかを再検討しましょう。

その上で、お客様が知らない新商品でも、お客様が喜ぶもの、合うものがあればそれを「見せて」、「伝える」ことが必要です。

新商品でなくても、あまり知られていない使い道などをＰＯＰで提案することで、「欲しい」と思ってもらうこともできるのです。

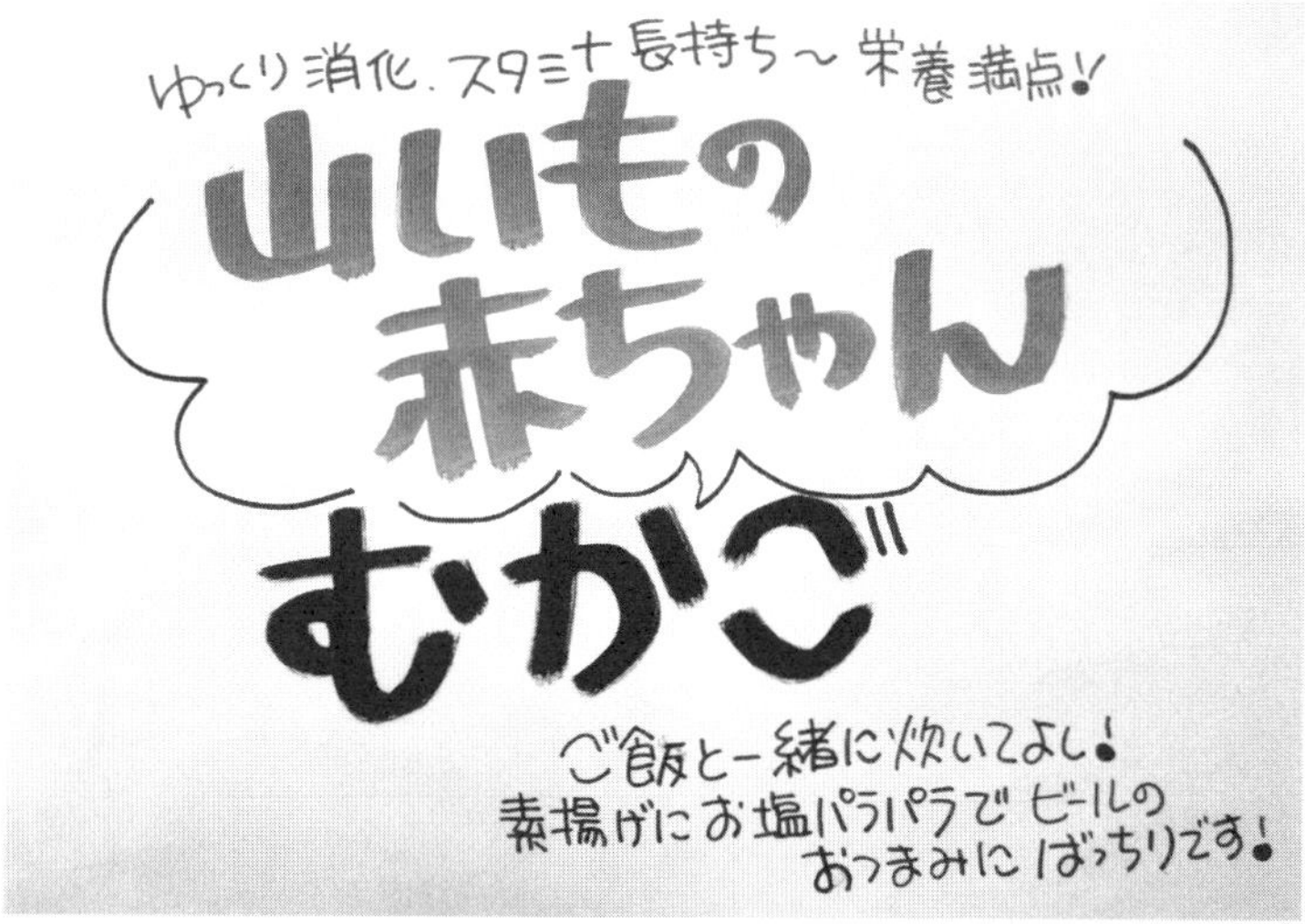
ゆっくり消化、スタミナ長持ち～栄養満点！
山いもの
赤ちゃん
むかご
ご飯と一緒に炊いてよし！
素揚げにお塩パラパラでビールの
おつまみにばっちりです！

Part 8
04

常にお客様目線で確認を

▼お客様の気持ちを無視したPOP

POPは必ずお客様の目線で作り、作った後も常に確認するようにしましょう。

少し前の話ですが、ある携帯電話ショップの充電コーナーにテーブルと椅子があり、休憩できるようになっていました。親切で嬉しい配慮ですが、そのテーブルに座ったときに目の前にあったPOPにびっくり。「MNPはとてもお得」といった内容のPOPでした。まずMNP（Mobile Number Portability）は業界用語です。ナンバーポータビリティとは、契約している電話会社を変更しても、現在使っている電話番号は変更しないまま継続して利用できるというものですが、一般の人で知らない人は大勢います。

しかも、そのPOPが仮に業界用語を使わずに書かれていたとしても、それ以前に大きな間違いがありました。そのPOPは他社携帯を持っているお客様用です（他社から自社の携帯にしてもらったときの特典がお得感いっぱいに列記されていました）。しかし充電コーナーに来るお客様は、既に自社携帯のお客様です。その既存のお客様に「他社から乗り換えてくれたら特典いっぱい」とアピールするのはおかしいのです。

またその充電コーナーには、充電中の暇つぶし用に雑誌が置いてありました。親切だとは言えもったいないことだと思います。**せっかく店内にいて下さる大切な時間ですから、自社のサービスや自**

社製品のことをもっと知ってもらってファンになってもらったら良いと思うのです。たとえば自社携帯をもっと充実して使ってもらえるためのサービスをＰＯＰにしたり、新サービスのお知らせをしたりするのも良いでしょう。スタッフが自分で使って便利なサービスや楽しいサービスを読み物風に紹介するのも楽しいと思います。**自分がお客様になったつもりでそのテーブルに座ってみればすぐにわかります。**

いつものお客様を大切に

既存のお客様を大切にすることも大事です。新規のお客様が欲しいという気持ちはとてもよくわかりますが、新規のお客様ばかり優遇するのは、既存のお客様にとってはあまり嬉しいものではありません。

特にお店にとって一番大切なお客様である、長年お店を利用してくれているお客様の心をしっかりとつかんでおくことに力を入れましょう。既存のお客様に対して、「いつも携帯を使っていただいてありがとうございます」という感謝の気持ちとお客様に嬉しい情報を提供して「楽しいお店」、「嬉しいお店」と、ますますお店のファンになってもらうことが重要です。

いつも携帯を使っていただきありがとうございます！
あなたの持つ携帯電話には
こんな便利な機能もあります！

既存のお客様に嬉しい情報をお知らせすることでお店を支持してくれるお客様が増えます。

Part8
05

お客様との接点を見つける

▼まずお客様との接点を見つけること

ＰＯＰ・チラシ・ダイレクトメール・フリーペーパー……どのような広告媒体を使うのであれ、**お店に来てもらいたいお客様、商品を買ってもらいたいお客様と自分のお店との接点を見つけて、そこで自分の商品の魅力を的確に表現していくことがとても重要です。**

来店してもらいたいお客様がいない場所でいくらがんばって宣伝しても、お客様は来てくれませんし、売りたい商品を必要としない、欲しくもないお客様に一生懸命説明しても、徒労に終わるだけでしょう。

▼お客様との接点は膨大にある

主婦向けの商品なら、新聞のオリコミチラシやポスティングチラシで宣伝するのが一つの方法です。若い女性向けの商品なら、若い女性が読むフリーペーパーで。ビジネスマン向けの商品なら、駅前で通勤客へ配布するチラシで。既存のお客様向けの商品なら、ダイレクトメールやコミュニケーションを深めるためのニュースレターで。店頭の看板や黒板ＰＯＰに興味を持ってくれた通行客に

お詫びの言葉を書いたPOPもお客様との接点になります。お詫びかたがた自分のお店の宣伝も兼ねてみました。

は、自発的に持って帰ってもらうチラシが役立つでしょう。

そのほか、ショッピングカゴの底に貼っておくＰＯＰ、商品の近くに貼るＰＯＰ、天井や壁面に貼るＰＯＰ、トイレ内のＰＯＰ、休憩場所のＰＯＰ、会計時にレジ袋に入れるチラシ（レジ作業をしながらチラシの代わりに次回の売出しについて口頭で告知するドラッグストアが大阪にあります。ローコスト！）などは、幅広いお客様と接点を持つことが期待できます。

お客様との接点にステップを作る

日常で使う低価格の消耗品などは、お客様との接点でアピールすることで、お客様が行動を起こしてくれることが多くありますが、高額商品になればなるほど困難になります。例えばフリーペーパーでエステサロンの広告が気になったお客様も、「私に本当に合うのかしら」、「どんなところかわからないと行きにくいな」、「エステティシャンは優秀な人かしら」などと思ってしまいます。**広告を気にしてもらうのが1ステップとすると、2ステップめとしてホームページやブログを紹介して検索してもらうと、フリーペーパーの広告枠では言えなかった情報を伝えることができます。**ホームページやブログという接点ができるのです。特に高額商品はお客様との接点にステップを作りながら、コミュニケーションをとりつつ信頼感を持ってもらうことが大切なのです。

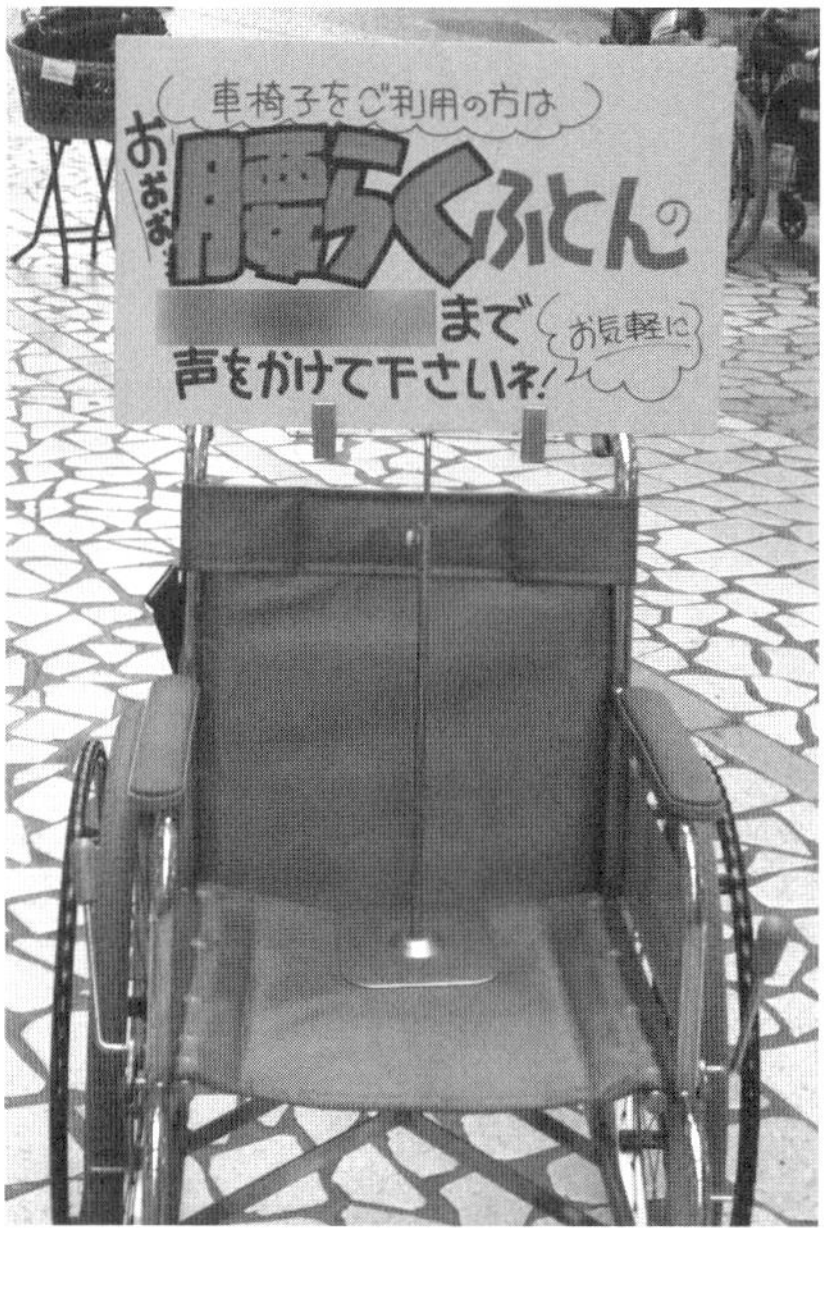

商店街を訪れるお客様へのサービスとして、車いすの貸し出しをしているお店。通行客の目に止まりやすいので「当店には腰らくふとんがあります」と強調してみました。

Part 8
06

購入後のフォローを大切に

▼私の買物、間違ってない？

人は商品を買った後、「自分の買物は正しかったんだろうか」と不安になることがあります。特にその人にとって高額な買い物をしたときに起こります。「もっと他に良いものがあったかもしれない」、「他の店で買ったほうが良かったんじゃないか」、「もう少し待てば安く買えたかもしれない」と不安になるのです。

高額商品であれば、自分の買物の正しさを実証するためにチラシやコマーシャル、商品パンフレット、雑誌の記事等を、買う前以上の熱心さでチェックするのです。そのときあまり評価が高くない情報なら無視する傾向があります。**自分の買物が失敗だったと思いたくないからです。**そして高品質をうたう広告を読んで「そうそう。こんなにいい商品だったんだ。だから自分が買ったのはとても正しかったんだ。良い買物をしたなあ！」と納得するのです。

▼「あなたの買物は正しい」と言ってあげる

お客様がそんな涙ぐましい努力をしているのに店が何もせずにいて良いはずはありません。**お客様に「あなたの買物は正しい」ときちんと伝えるべきです。**たとえば会計をしながら「本当にお客様にお似合いになっていらっしゃいましたよ。良いものが見つかってよかったですね」とか「この商品、入荷とともになくなってしまう人気商品なんですよ。手に入れることができたお客様はとってもラッキーですね！」と言ってあげましょう。日常的な食品でも「この商品、私も食べてみたんですが本当においしかったです！」と言ってあげることで、**「私の買物は正しかった」、「買ってよかった！」とお客様は安心し、嬉しくなるのです。**

▼買物が終わった後も、ご贔屓《ひいき》にしていただくためには

接客の代わりにうんちくカードやミニチラシを入れても良いでしょう。たとえば道の駅でハムを買ったとします。帰ってからそのハムを「おいしいなあ」とただ食べるより、ハムに小さなうんちくカードがついていて、そのハムの素材や製造方法についてこだわりが書かれていると、おいしさも倍増します。また、そのカードに通販やネット販売ができることが書かれていれば、その道の駅が遠方であっても電話やファックス、インターネットで購入しようと思う人が出てくるはずです。**こうしたお客様との接点で表現できることは何かないかと考えることが、売上につながるのです。どんな場合でも、形は変わっても「見せる」→「伝える」法則が使えます。**

高額商品なら、サンクスレターを送るのも、お客様の満足度向上につながります。商品のあまり知られていない使い方や効果、他のお客様の声などをお届けするのです。電話連絡が可能であれば、お礼を言うとともに「いかがですか？」と状況を伺うことも接点の一つです。

薬局を利用してくれたお客様へ送るサンクスレター。お礼とともに自分のお店のポリシーをお知らせすることで「この薬局で買ってよかった」と安心してもらうことができます。

Part 8 07

古くなったPOPはNG

汚れているPOPはありませんか？

営業中の飲食店の店頭に、激しく汚れている黒板POPがありました。何度も書き直して黒板そのものが白っぽくなっています。チョークで書かれた文字はかすれて読みにくくなっており、黒板の枠はボロボロに壊れていて、補強用に貼られたガムテープまではがれてボロボロ、セロテープの跡もあちこちベタベタ。驚きの汚さです。**しかしこんなに汚くても、たぶん店の人は気づいていません。**黒板が一晩で汚くなったのであれば驚いて気づくでしょう。**でも黒板は時間をかけて少しずつしか汚くなりません。だから気づかないのです。**

黒板だけでなく、紙に書いたPOPも同じことが言えます。紙は少しずつ日焼けして黄色っぽくなっていきます。マーカーの色はあせて薄くなります。紙の貼り方がゆがんできたり、端が折れたり曲がったり……。

チョークで書く黒板は何度も消していると黒板が白くなってきます。黒板のためには良くないですが、ときどき水拭きすることをおすすめします。

長い間貼っていると日焼けし、折れや破れが出てきて見苦しいPOPになります。長期間使用するならラミネート加工しましょう。

ＰＯＰは「見た目」も「内容」も「旬」が大事

古いＰＯＰは商品イメージや店舗イメージを落とすので、本当に要注意です。ディスプレイも同じです。クリスマスが終わったのにツリーが残っていたり、桜が散って初夏なのに桜の造花が店内に残っていたりしませんか？　心も弾む春なのに、冬の装飾なんて悲しいです。冬が間もなく終わろうかというときに、春の装飾が欲しいのです。

「見た目」の鮮度とともに、「内容」の鮮度も大切です。バレンタインデーが終わっているのにバレンタインデーのＰＯＰが残っていたり、母の日が終わったのに母の日ＰＯＰが残っていたり……というのはもちろんのこと、商品が売れてしまって在庫がないのに、その商品について語っているＰＯＰを貼ったままにしておくなんて無神経です。お客様がそのＰＯＰを読んで商品が欲しくなっても買えないわけですから。**ＰＯＰのメンテナンスはとても重要なのです。**

ＰＯＰの保護にはラミネート加工がおすすめ

ラミネート加工とは、ＰＯＰを書いた紙を薄い塩ビフィルムの間に挟み、熱ローラーで圧着するものです。**用紙が破けずＰＯＰの寿命が格段に延びるので、長期間使用するＰＯＰに最適です。**また表面がプラスチック状になって水をはじくので、水気のある商品や売場のＰＯＰに必須です。ラミネート加工を簡単に行える「ラミネーター」は、ホームセンターなどで手軽に手に入ります。

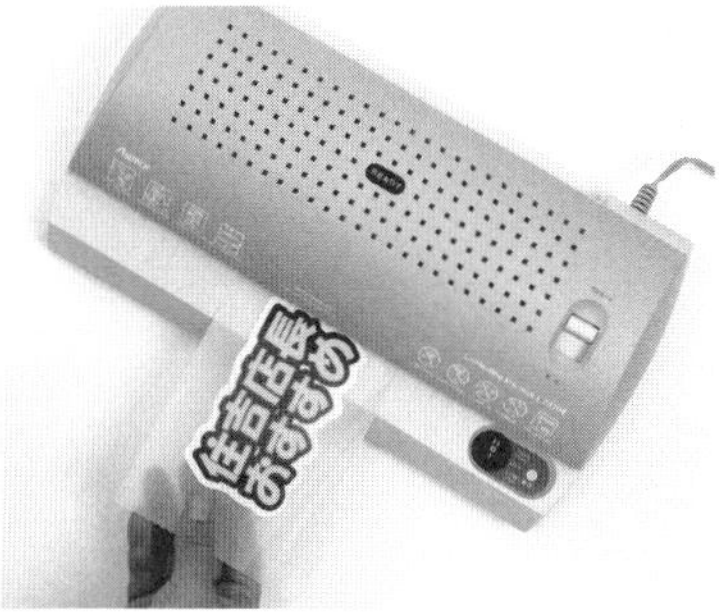

ラミネーターで簡単にラミネート。

Part 8 08

POPの設置①「高さ」で見せる

▼目線より上の「高い位置」に貼るPOP

天井近くの高い位置にあるPOPは、近くからだと見えにくいですが、離れたところから見ると逆によく見えます（図A）。お客様とPOPの間に障害物があったとしても、高い位置に貼られたPOPはよく見えるのです。

お客様が店内を歩くルートを客動線といいますが、客動線を伸ばすためには「高い位置」の活用が重要です。客動線が伸びるということは、お客様が店内を見て歩くことであり、様々な商品を見てもらえて、商品購入につながるということです。

店の奥などにお客様を誘導できない場合がありますが、それはその場所がお客様にとって魅力のある場所だと思えないからです。その場合、「高い位置」の活用が適切です。「高い位置」に大きい文字のPOPを貼って、ディスプレイを施したりスポットライトを当てることで「見せる」ことができ、気になったお客様を引き寄せることができます。

販売する側は、自分の立場でしか店内を見ていません。カウンター内にいる場合、カウンターに立って店内を見渡しているため、その位置から見えるところはPOPなどで充実させているお店を見かけます。私がよくおすすめすることは、**お客様の気持ちになって店の外から店内に入ってきて、お客様のように店内を歩いてみることです。**もし買いたい商品が探しやすくなければ、「高い位置」にPOPが必要だと気づく場合も多いものです。

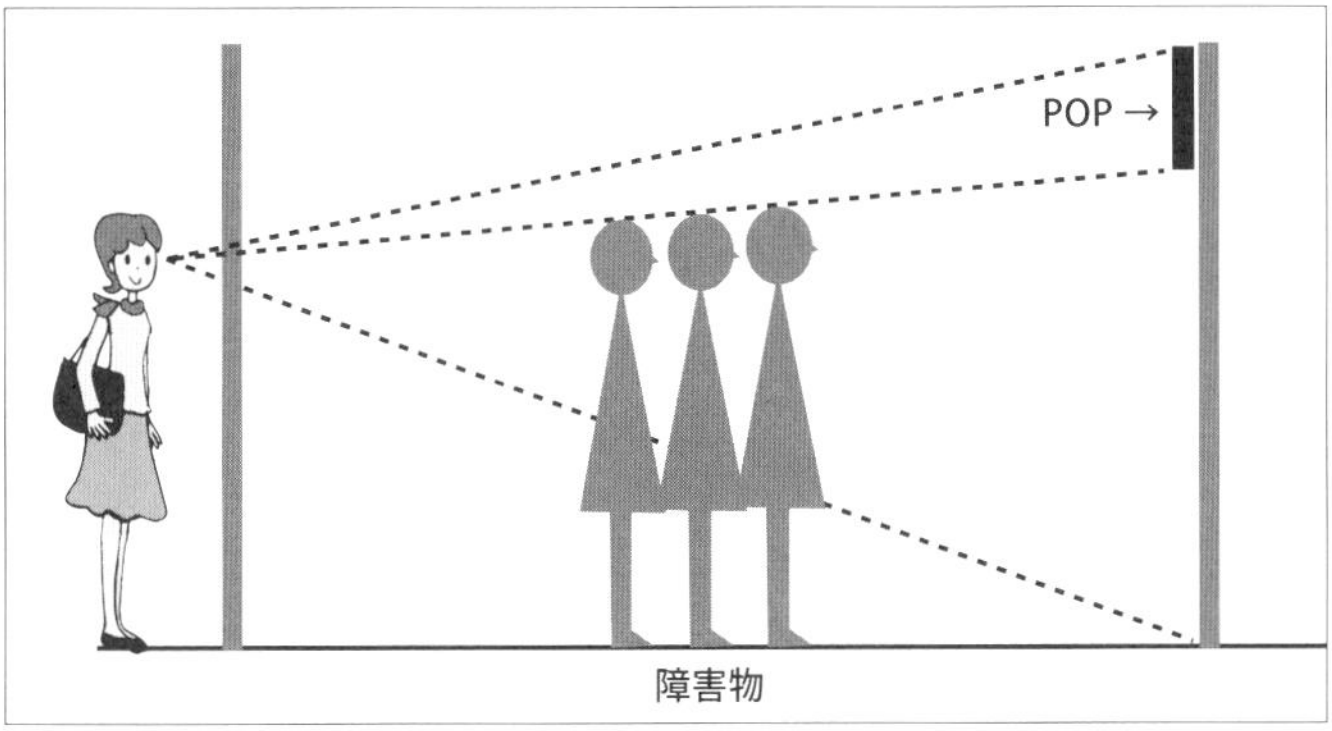

図A
高い位置にあるPOPは遠くからだとよく見えるます。たとえ障害物があっても、上のほうはよく見えるのです。

アメリカの雑貨店にて。店内の背の高い柱に、上から下までやかんのパッケージがたくさん貼られていました。遠く離れた場所からでも、やかんがあることがよくわかります。

Part 8
09

POPの設置②「低さ」で見せる

▼腰より下の位置に貼るPOP

商品の陳列スペースの近くで商品を比較検討しているお客様にとって、腰より下から足元にかけては見やすい位置ではありません。この腰より下の位置に小さな商品説明のPOPを貼っているところをよく見かけますが、商品の近くにいるお客様は読んでいません。

しかし**商品から遠くにいるお客様から陳列スペースまで障害物がない場合は、この腰より下の位置も「見せる力」があります**（図A）。**屋外や展示会場などの広い場所などで、この位置にPOPを設置すると効果的です。**遠方にいるお客様に見せるPOPなので、文字は大きくないといけません。しゃがんでわざわざ読んでくれるお客様は少数ですし、そんなことはさせてはいけません。

催事（売出し）のときに、腰より下の位置にチラシを貼るのはかまいません。そのチラシは読んでもらうために貼るのではなく、「催事（売出し）をしているんだ」と認知してもらうことと、活気づけのためなので、同じPOPを数多く貼ります。

またこの腰より下の位置は、業種によってはディスプレイとしても使えます。東京の百貨店の和菓子コーナーで、陳列ショーケースの真下の部分に石などを使って和風の庭に見えるディスプレイをしてありました。スポットライトが当たっていて、とてもおしゃれです。このディスプレイもきちんと見せるためのものではなく、その店の和菓子のイメージアップのために利用されています。

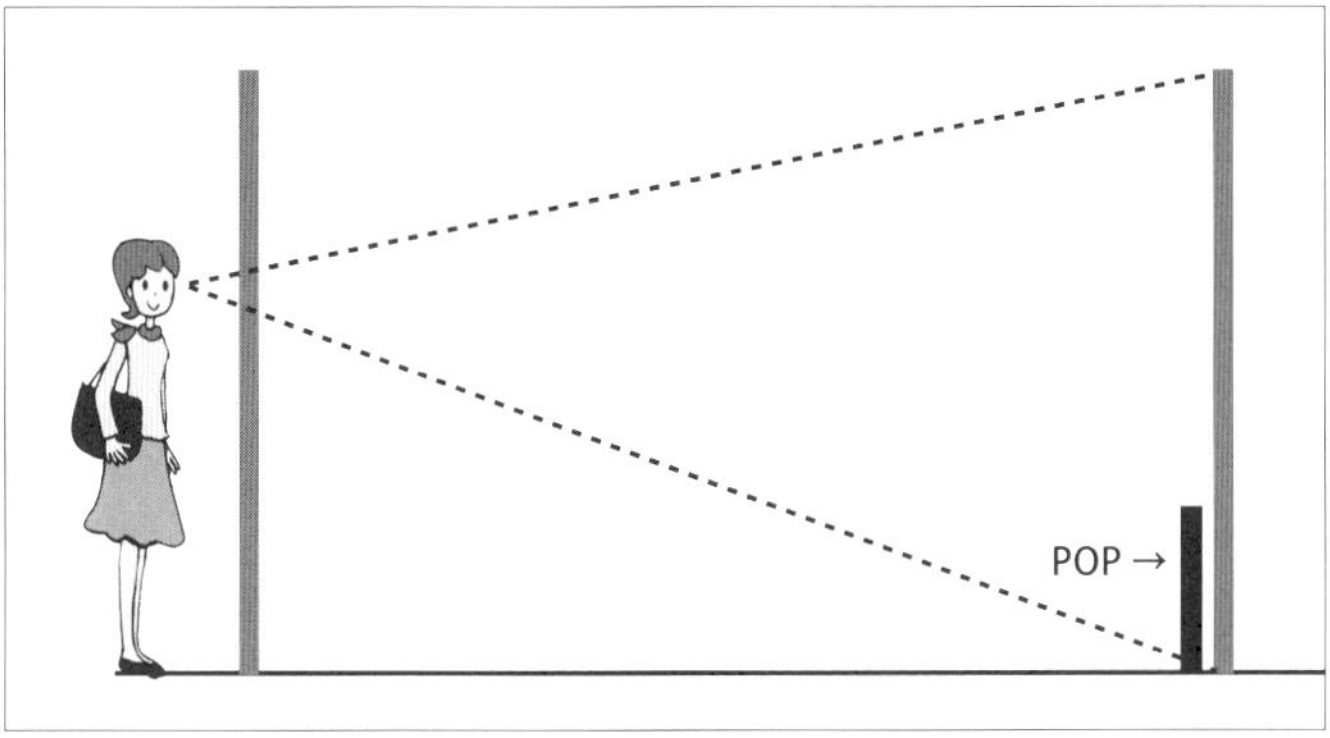

図A
腰より下の位置は、商品の近くにいるお客様には効果がないが、障害物のない遠方にいるお客様には効果があります。

奄美空港のゲートを出たところにある売店です。ここは陳列台の下部が遠方からよく見える位置にありました。黄色い縦長のPOPで商品を訴求したところ、大変よく売れたそうです。

撮影協力：奄美空港売店・ばんしろう館

Part 8
10

POPの設置③「角度」で見せる

▼POPを設置するときの「角度」が重要！

店頭にPOPを貼ったり、黒板POPを置いたりするときに、**貼る角度や置く角度を間違えないようにしないといけません。**たとえば店の前を通行するお客様がまっすぐ（店に対して垂直方向から）歩いてくるなら、店に対して平行にPOPを貼ったり置いたりすればよいですが、店の左右から歩いてくるお客様には見えにくいです。その場合は、通行中のお客様の目に入りやすいように、店に対してPOPを垂直に設置する必要が出てきます。通行の邪魔にならない程度に、置く位置を調節しましょう。

▼腰より下に設置する場合も、「角度」で解決できる！

前項通り、人の腰より下の位置にPOPを貼ると、近くのお客様はPOPが読みにくくなります。その場合は、お客様が見やすいように、可能な限り垂直に角度を調節するといいです。書店の平台にスタンドタイプのPOPを設置する場合や、園芸店で地面に置いた鉢物につけるPOPに有効です。ただし、角度をつけすぎると肝心の商品を隠してしまうので注意が必要です。

POPを何気なく貼るのではなく、どの位置にいるお客様に見せたいものなのか、読ませたいものなのかを明確にし、お客様の見やすいPOPの大きさ、文字の大きさ、POPを貼る位置、角度に気を配ることが非常に大切です。一生懸命がんばって作ったPOPも、お客様に見てもらえなければ意味がありません。

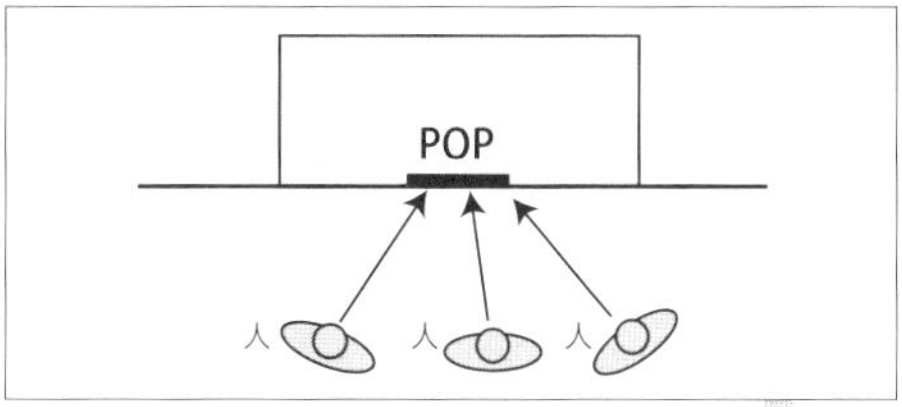

店の正面からは見やすい POP でも、店の前を通行するお客様には見てもらえません。

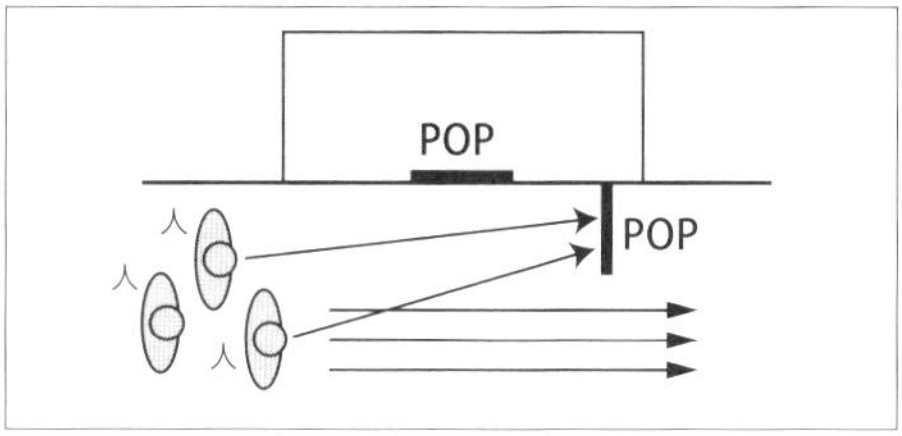

通行客にも見やすい位置（店に対して垂直）にもうひとつ POP を設置すれば完璧です。

A 型黒板なら、お店の前の通りを左右から歩いてくる通行人に対して、それぞれ正面を見せることができます。

書店でよく見かけるスタンドタイプのPOP。図AではPOPを垂直に立てているので、お客様の視線ではPOPの内容が見えません。図Bのように、お客様が見やすい角度になるように調整しましょう。

Before
図A

After
図B

Part 8
11

POPとともに、商品の陳列にもぜひ工夫を

▼商品の「数」の力で活気をアップ！

前述の物菜チェーン店クック・チャム（58ページ参照）は、3日ごとに「特におすすめする商品」を決めて、販促活動をしています。通常1日10～20個のかぼちゃコロッケを販売していますが、クック・チャムのあるお店がかぼちゃコロッケを「特におすすめする商品」として販促をかけたとき、**1日で270個販売**することができました。

そのとき、クック・チャムで販促を担当している岩本睦美さんが書いたPOPが左ページの写真です。どれもとてもインパクトが強く、お客様へのアピール度も満点でした。

しかし、岩本さんのPOPだけでこれだけの売上がアップしたわけではありません。岩本さんをはじめとするスタッフの皆さんが一丸となって取り組んだこの販促には、6つのポイントがありました。

株式会社
クック・チャム
岩本 睦美さん

①**店頭で目立つPOP：**店頭の看板と黒板POPを利用して道行く人にアピール。
②**売場で目立つPOP：**店内のかぼちゃコロッケ売場には、黄色の紙に大きく書いたPOP。
③**売り方の工夫：**普段はお客様が買いたい数だけ買えるようにパックに自分で詰められるようにしていますが、スピーディに手軽に買いたい方用に1個売りパックも置きました。
④**プレゼント：**5個以上お買上げのお客様に、1個無料でプレゼント。

⑤**試食**：お客様に声をかけながら、試食をおすすめしました。

⑥**あと一品**：レジにも1個売りパックを置き、かぼちゃコロッケを買われなかったお客様用に、最後の一品としておすすめしました。

このように本当にお客様におすすめしたい商品があれば、ＰＯＰとともに陳列の工夫や接客がとても重要です。それがお客様の心にマッチしたときには、このように売上も爆発的に増えるのです。

店頭の看板の下に貼ったかぼちゃコロッケのPOP。

入口のドア近くに、イーゼルに立てかけたPOPを置きました。道行く人へ強烈にアピール。

店内の商品のそばに置いたPOPで商品を目立たせています。

購入されなかったお客様に、もう一度最後のアピールができるレジカウンター上にも、POPを設置。

<協力>

株式会社イヌイ薬局
家具のオクダ
紙館島勇／和来
株式会社クック・チャム
五月田知恵工房
三省堂書店成城店
小路ダンスクラブ
ジョブカフェ久慈
JA 佐波伊勢崎
ドラッグはるな
眠り屋よねはら
株式会社MASHU
やませ土風館　山海里
株式会社ワンダーコーポレーション CoLeColle

<制作スタッフ>

編集：伊藤 淳（アトリエ・ジャム）
編集・制作：南 美樹（アトリエ・ジャム）
本文デザイン・DTP：アトリエ・ジャム
POP制作協力・カバーイラスト・扉イラスト：石川 伊津
カバーデザイン：阪本 浩之
編集統括：野田 恵子（廣済堂出版）

ぐんぐん売れる！ POPのきほんとツボ

2010年11月1日　第1版　第1刷
2017年2月10日　第1版　第7刷

著　者　石川《いしかわ》　香代《かよ》
発行者　後藤　高志
印刷・製本　株式会社 廣済堂

発行所　株式会社 廣済堂出版
〒104-0061
東京都中央区銀座 3-7-6
電話　03-6703-0964（編集）
　　　03-6703-0962（販売）
FAX　03-6703-0963（販売）
振替　00180-0-164137
URL　http://www.kosaido-pub.co.jp

ISBN978-4-331-51488-7 C2063